JN048954

中世史とは何か

What is Medieval History?

John H. Arnold

中世史とは何か

ジョン・H. アーノルド

図師宣忠
赤江雄一 訳

岩波書店

アレックスに

WHAT IS MEDIEVAL HISTORY?
Second Edition
by John H. Arnold

First edition published 2008,
second edition published 2021
by Polity Press Ltd., Cambridge.
This Japanese edition published 2022
by Iwanami Shoten, Publishers, Tokyo
by arrangement with Polity Press Ltd., Cambridge.

目　次

第二版への序文

私が初版を執筆してから一〇年余りで方法論や議論がより顕著になった領域がある。第二版を出版する第一の目的は、それらに関連するいくつかの新しい資料を追加することにある。主要な追加部分として、第3章の節をそれぞれ拡張し、第4章の「グローバリズム」についての節を新設した。初版の序文にあるように、「私の対象範囲は西ヨーロッパに偏りがち」であり、それは第二版でも変わらない。しかし初版でもすでに時折、より広い地理的範囲に手を伸ばしており、第二版ではその拡大した「中世」の意味を展開しようと試みた。

なお、表現をより明確にし、特に示唆に富む事例を追加するために、他の箇所でも文章を若干修正した。初版と同様、中世を理解する上で、多くの同僚とその仕事に深く助けられている。とりわけ、ウルフ・ビュントゲン、マシュー・コリンズ、パット・ギアリ、キャロライン・グッドソン、モニカ・グリーン、エヤル・ポーレグ、ピーター・サリスとの間で、科学と考古学における最近の研究に関して交わした会話は特筆すべきものである。また、ポリティ社のパスカル・ポーチェロンが私のさらなる研究を鼓舞し、エレン・マクドナルド゠クラマー、サラ・ダンシー、その他本書の制作に携わった人々が丁寧に仕事を進めてくれたことに感謝している。この第二版も、あくまで「中世」の紹介を目的としたものであり、中世を完全に代表するものでもないし、中世学の全容を示すものでもない。

序文と謝辞

本書は中世そのものの歴史というよりも、中世史を研究対象とする歴史家の営みについての本であるが、本書を通じて中世という時代の感覚に触れることもできるだろう。各章では、他の時代とは異なる中世史家に特有の務めとはいかなるものか、その務めに備わる可能性にはどのような条件があるのかといった点に焦点を当てている。第1章では、「中世」という概念とそれに関連づけられたさまざまな要素、そして学術的な中世主義〔としての中世学〕の基礎となる輪郭について論じる。第2章では、史料およびそれが歴史家に与える可能性と問題点について考察する。第3章では、中世史家が他の学問領域から借用してきた知的ツールと、それがもたらす洞察について検討する。第4章は、現在の歴史学における重要かつ広範な議論の形を示そうとするものである。最終章では、中世史の目的について扱うが、学術的な議論において、またより広く社会のなかで、中世史が現在担っている役割や潜在的に担いうる役割について考察する。本書は、中世史分野についての純然たる「客観的」な報告書でもないし、論争的な檄文でもないが、この学問分野を幅広く説明し論評することを目指した血の通った概観として書いたものである。以下では、読者が歴史についてある程度の知識と関心を持っていることを前提とするが、中世(およそ五〇〇年から一五〇〇年まで)の時代については予備知識があまりない想定で話を進める。また、何世紀というふうに特定の世紀を常に示すのではなく、中世を

「初期」「盛期」「後期」という緩やかな区分を用いて区切ることもある。この場合、その三つの区分はそれぞれ、およそ五〇〇―一〇五〇年、一〇五〇―一三〇〇年、一三〇〇―一五〇〇年くらいを指す。私の対象範囲は西ヨーロッパに偏りがちだが、それ以外の地域にも存在する中世学（メディーヴァリズム）の奥行きの深さを示すように努めた。これ以上のことをするには、もっと大部な本が必要だろう。

　これほど広い範囲を少ない紙幅で図式化しようとするにあたって、さまざまな方々にお世話になった。ロブ・バートレット、マーク・オームロッド、リチャード・キーケファーの各氏は、重要な場面で特定の質問に親切に答えてくれた。ロブ・リディアードとキャロライン・グッドソンは考古学の諸側面について、ソフィー・ペイジは魔法について私の理解を助けてくれた。そしてデイヴィド・ウェルズはヴォルフラム・フォン・エッシェンバッハについて把握する手助けをしてくれた。個々の章、あるいは本書全体について、寛大にも読んでコメントを寄せてくれた方々にも大きな感謝を捧げる。すなわち、ポリティ社の匿名の読者二名の他、コーデリア・ビーティ、キャロライン・グッドソン、ヴィクトリア・ハウエル、マット・イニス、ジェフ・コジオル、クリスチャン・リディ。マットとジェフは未発表の資料を親切にもシェアしてくれた。とはいえ、本書に誤りがあるとすればその責任はすべて私にある。この本を書くことを私に勧め、その過程で理解ある編集者となってくれたポリティ社のアンドレア・ドラガンにも謝意を表する。また、これまでと同様、私に執筆のためのサポートと空間を与えてくれたヴィクトリアとゾーイにも感謝している。

　最後に、私の両親ヘンリーとヘイゼル・アーノルド、過去から現在に至るまでの私の学生たち、私に教え方を教えてくれたすべての人に本書を捧げる。

エストニア人
ノヴゴロド
キエフ大公国
ブルガール
ゴットランド
ペスコフ
チュヂ族
リヴォニア人
バルト海
ムロム
ヴォルガ・ブルガール人
クリヴィチ族
ヴャチチ族
リトアニア人
スモレンスク
古プロイセン人
ラヂミチ族
ブルタス人
シヴェーリア族
トゥロフ
クマン人
ポラニェ族
ドレゴヴィチ族
ハザール帝国
キエフ
白フルヴェート人
ハザール族
クラクフ
マジャール人
大モラヴィア国
エテルキョズ
ロストフ
ペチェネグ族
カソグ人
(チェルケス人)
サマンダル
ケルチ
マジャール
アヴァール人
ケルソネソス
ベオグラード
ドロストル
黒海
セルビア人
セルビア
ブルガリア人
スィノプ
トラブゾン
カルス
ディオクレア
ブルガリア王国
アルメニア
コンスタンティノープル
ニカイア
カエサレア・マザカ
ペルガモン
エデッサ
モースル
東ローマ帝国(ビザンツ帝国)
タルソス
サルディス
アレッポ
メトーニ
ロードス島
キプロス島
ダマスカス
クレタ島
地中海
イェルサレム
バルカ
アレクサンドリア
トゥールーン王国
フスタート
(カイロ)
カリフ帝国

900年頃のヨーロッパ

フィンランド
ヴィボルグ
モスクワ公国
カザン
ノヴゴロド
ニジニ・ノヴゴロド
レーバル
エストニア
ゴットランド
リヴォニア
リガ
バルト海
モスクワ
ジェマイティヤ
ヴィーツェプスク
スモレンスク
グダンスク
ドイツ騎士団
ミンスク
ジョチ・ウルス
(キプチャク・ハン国)
ポドレシア
ポーランド
王国
リトアニア
ヴォルィーニ
キーウ
ルブリン
ウクライナ
アストラハン
クラクフ
ポジーリャ
アゾフ
スピシュ
ブダ
ペシュト
モルダヴィア
ハンガリー
トランシルヴァニア
ケルソネソス
ベオグラード
ワラキア
ジョージア
トレビゾンド帝国
黒海
セルビア
諸侯領
トラブゾン
ヴァルナ
ブルガリア
コンスタン
ティノープル
アルバニア公国
カドゥ・ブル
ハネッディン朝
東ローマ帝国
セルビア帝国
ニカイア
テッサロニキ
カラ・コユンル
(黒羊)朝
オスマン侯国
アテネ公国
トルコ系8侯国(ベイリク)
モースル
コルフ島
スミルナ
アルメニア人
トルコマン人
アテネ
聖ヨハネ騎士団領
アンティオキア
ケファロニア=
ザキントス宮中
伯国
ロードス島
ジャライル朝
モドン(メトーニ)
キプロス王国
ダマスカス
クレタ島
アカイア公国
旧ラテン十字軍諸国家
(ラティノクラティア)
イェルサレム
バルカ
アレクサンドリア
マムルーク朝

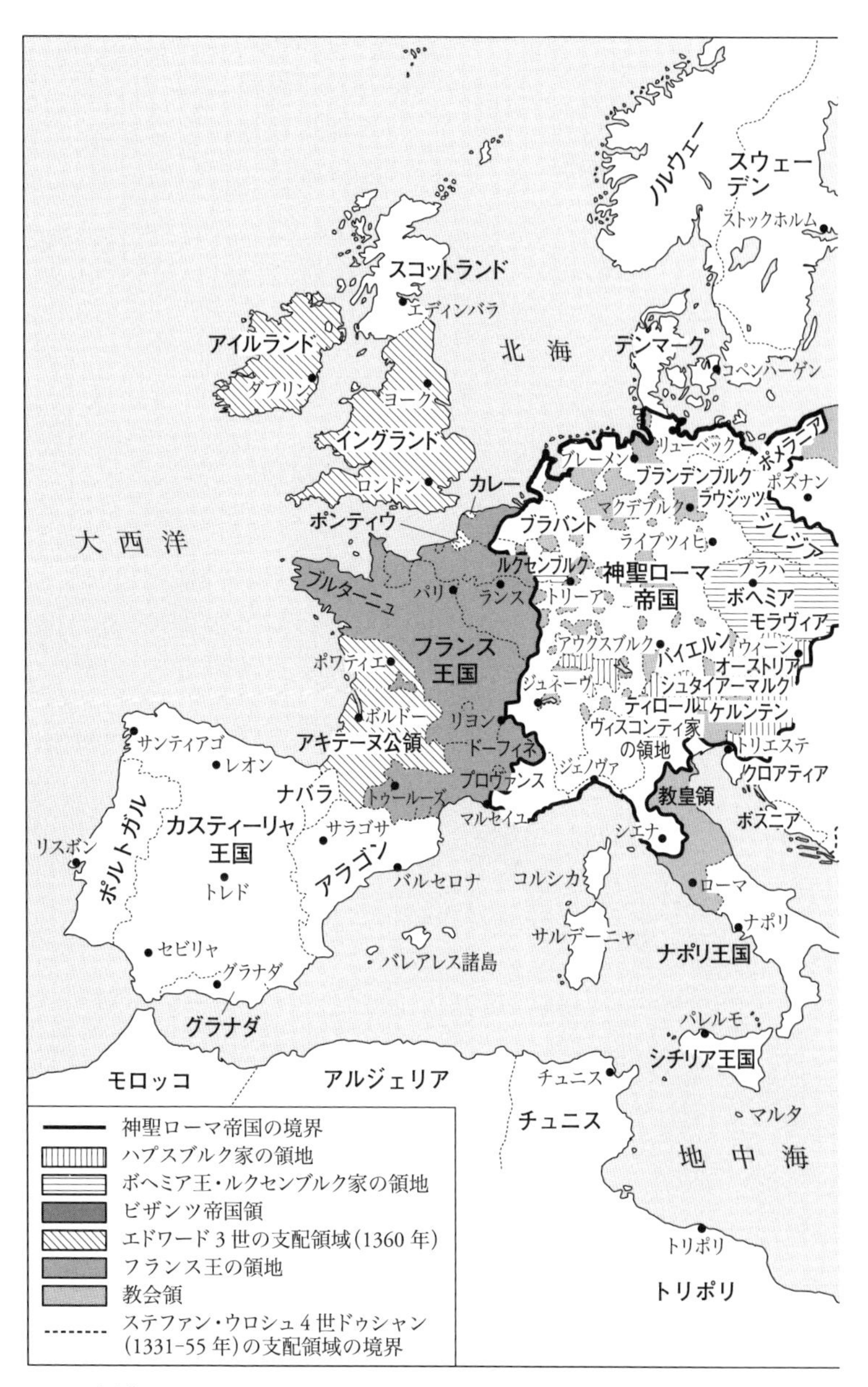

1360年頃のヨーロッパ

第1章 中世を枠付ける——リアルとフィクション

Framing the Middle Ages

とある中世的な話

司祭バルトロメオが最初の供述を始めたのは一三二〇年二月九日、アヴィニョン教皇庁でのことだった。彼の尋問は、おそらくほぼ一日がかりで行われた。書記として公証人ジェラールが彼の言葉を書き留めたために、今日の私たちのもとにその内容が伝わっている。三人の権勢を誇る者たち（枢機卿、トゥールーズの修道院長、北イタリアの教皇特使）がバルトロメオを尋問し、答えを聞いて、再度尋問した。

バルトロメオの説明によれば、事の始まりは前年の一〇月。ミラノ公マッテオ・ヴィスコンティからバルトロメオを召喚する一通の書簡が届いたため、彼はそれに従ってミラノ公のもとへ赴いたのだった。

彼はミラノ公マッテオの大邸宅の一室で、ヴィスコンティ家の謀略家たち（バルトロメオは尋問に際して彼らをこう表現している）と面会した。判事サン・ジェミニャーノのスコトが同席し、医師アントニオ・パラカーネもそこに居合わせた。まず、マッテオがバルトロメオを脇に引き寄せて、彼にこう言った。「私はお前の助けとなり、お前に恩恵を施し、栄誉を与えたいと望んでいるのだ。だから、お前も私に大いに力を貸してほしい。最大限の尽力を求める。生きている者ができる最大の手助けをしてほしい」。マッテオは付け加えて言った。「お前ならこのような私の望みを遂行する方法をよくよく知っていよう」。バルトロメオは「自分ができることは何でもします」と答えた。

ただちに、マッテオは判事スコトに呼びかけて、スコトが携えてきたものをバルトロメオに見せるように指示した。「すると、スコト様は式服からある銀の像を取り出し、私(バルトロメオ)とマッテオ様に差し出して見せたのです。その銀の像は、手のひらの幅よりも長く、男の形をしており、四肢、頭、顔、腕、両手、腹、腿、足先、自然の臓器〔性器〕が彫られていました」。その像の前面には次のような言葉が書かれていた。「ヤコブス・パパ・ヨハンネス(Jacobus papa Johannes)」〔ジャック、教皇ヨハネス〕。時の教皇ヨハネス二二世である。彼は教皇位につく前はジャック・ドューズと呼ばれていた。

その像に書かれていたのはそれだけではなかった。「N」を反転させたような記号と、「アマイモ(Amaymo)」なる名も刻まれていた。悪霊の名である。

「バルトロメオよ、この像を見よ」とマッテオは言った。「この像は、私を迫害するあの教皇に破滅をもたらすためにつくったものだ」。マッテオがバルトロメオに手伝わせたかったこととは、この魔術的な像に「ズックム・デ・マペッロ(zuccum de mapello)」の香を焚(た)きしめて呪物を仕上げることなのであった(数か月後、バルトロメオはアヴィニョンで尋問者たちに「〈ズックム・デ・マペッロ〉とは何だ?」と問われ、「ある種の毒です」と答えている。しかし、自分はマッテオの計画には従いたくないのだとも力説している(1)。

バルトロメオはマッテオに、自分は〈ズックム・デ・マペッロ〉を持っていないのでお役に立てないと述べて、その場を辞した。その際、マッテオは、この件を他言しないようバルトロメオを脅してきた。しばらくしてスコトがバルトロメオに会いに来て、何冊かの魔術の書物の詳細についてアドバイスを求めた。そのとき、スコトはバルトロメオに促され再度あの像を彼に見せたのだった。その像は、ヴェローナ出身の別の魔術師によって仕上げが施されており、新しい語「メルイン(Meruyn)」が刻まれていた。スコトが説明するには、いまや呪いの発動に必要なことは、毎夜その像を吊るして火にかけ、それを七二夜にわたって繰り返すことだという。火が少しずつ像を飲み込んでいくにつれて、標的である教皇も少しずつ破滅に向かうはずだ。

「それが自分の知るすべてです」。バルトロメオは、枢機卿、修道院長、教皇特使、そして書記に向かって説明した。自分がアヴィニョンに来たのは、教皇ヨハネス二二世の命が危険にさらされていると知らせるためだったのだと。

しかし、これが話の終わりではなかった。というのも、その数か月後の一三二〇年九月一一日に、バルトロメオは再度、同じ尋問者たちの面前で、その間に起こったことを説明しているからである。彼は言う。去る三月にミラノに戻ったとき、彼はただちに逮捕され、スコトの前に連行された。ミラノの面々は彼がアヴィニョンに行っていたことを知っていた。そして、バルトロメオが像にまつわる陰謀を暴露したのではないかと疑っていた。バルトロメオは、何週間も牢獄で鎖に繋がれた。スコトは何度もやってきて彼を尋問した。バルトロメオはスコトに対して、アヴィニョンに行ったのはある病の男、魔術的な呪いにかけられた騎士を治療するためだったと述べたが、スコットはその話を信じなかった。バルトロメオに対してミラノ公マッテオが大変お怒りであるとスコットは説明した。自白するなら今のうちだと。スコットはこうも述べた。「さあ、バルトロメオよ、真実を話すのだ。なぜお前は教皇庁に行ったのか」。「最後にはお前が真実を言うことになるとはっきりと分かっているのだから。もしもお前が丁重に扱われている間に話さないのであれば、拷問のもとで話してもらうことになるぞ。お前を苦しませたくはないということは知っておいてほしいが、もしもお前が自ら進んで真実を話すのを望まないのであれば、最後にはそうならざるをえない。つまり、お前は拷問にかけられるのだ」。しかしバルトロメオは自らの話を貫き通した。

彼は拷問にかけられた。服を脱がされ、両手は後ろ手に棒に括りつけられ、重い石が足の上に載せられた。そうこうする間にもスコットの助手たちに両腕をぐいと後ろに引っ張り上げられる。引っ張り上げては緩め、引っ張り上げては緩める。それからバルトロメオは縄を解かれ、自分の牢へと引き戻された。スコットは言う。「よいか、これを毎晩お前に行うこともできるのだぞ。毎晩、お前が死ぬまでだ。さあ、自白しろ」。

だが、バルトロメオは自白しなかった。結果的に彼の命が救われたのは、イタリア北部で力を持つもう一人の人物、ガレアッツォ・ヴィスコンティの介入があったからだ。マッテオの息子である。ガレアッツォはバルトロメオを解放させ、起きたことについて謝罪し、バルトロメオが無事であればよいが、と言った。しかし、ガレアッツォもまたこの陰謀の一味であったのだ。バルトロメオを騙して、もう一度協力させようとしたのだった。すなわち、例の像は改めて香で焚きしめられねばならず、それをできるのはバルトロメオをおいて他にない――暗黙のうちにバルトロメオに真の忠誠を示すよう求めたのだ。そしてそれは、言わず語らず、そうしなければ牢獄、拷問、死が待っていることも意味していた。「考えさせてください」とバルトロメオは懇願した。「いいだろう」とガレアッツォは言った。だが、「お前に頼んでいるこの件で、俺はダンテ・アリギエーリを俺のところにやって来させていることを、お前は知っておくべきだろう」。「そうですか」。バルトロメオは言う。「もし彼があなたの頼んでいることをやってくれるなら、私としては大変ありがたいことです」。しかし、そうではない。ガレアッツォが本当に頼みたいのはダンテにではなくバルトロメオなのだ――というのは、ガレアッツォは、バルトロメオなら呪いをかけることができ、きっとそれをやることになると知っていたからである。

二日後、バルトロメオは同意した。もっと多くの〈ズックム・デ・マペッロ〉を見つける作業に着手すると言って、ガレアッツォから像を預かった。バルトロメオはそれを携えて自分の故郷の町に戻り――そこから再度アヴィニョンへと逃げ出したのだった。

「それではその像はどこにあるのか？」と尋問者たちが尋ねた。「持ってきました」とバルトロメオは答えた。彼は麻の撚り紐で包みを縛ってきていたが、それを解いて、男の形をした銀の像を取り出した。果たしてそれは彼が述べてきたのと寸分違わぬ代物であった。このように尋問者たちは文書で証言している(2)。

ここで話は終わる。少なくともバルトロメオの話は終わりである。だが、教皇ヨハネス二二世とヴィスコンティ家との抗争はしばらく続き、ヴィスコンティ家に対して立てられた他の証人たちは、彼らの不敬虔、異端的信仰、徴利〔利子〕、その他の犯罪について述べたてた。ヨハネス二二世は、自分がさらなる魔術的な攻撃にさらされていると信じて疑わず、魔術に目を光らせるよう異端審問官たちに拍車をかけた。ヴィスコンティ家は、一五世紀に至るまで途切れることなくミラノを支配し続け、一門として長きにわたり存続した。しかし、司祭バルトロメオについては、私たちはこれ以上のことは何も分からない。

いま述べたのは一見すると、これぞ中世と言えそうな話である。ここには、暴君、教皇、陰謀に拷問、はたまた今なら通常は「迷信」と評されるある種の魔術的な行為が出てくるからだ。とりわけこの種の中世像が現代文化の諸側面に(直接的にせよ、間接的にせよ)刺激を与えてきたため、私たちは、この話のぞっとする部分のいくつかについては、かなり鮮明なイメージを抱いているかもしれない。映画、テレビ、小説、マンガは、暗く、薄汚れた、血塗られた中世を描いてきた。『薔薇の名前』『ブレイブハート』、あるいは「ジャンヌ・ダルク」にまつわる種々の映画を例に挙げられるだろう。また、近未来の野蛮状態を描く際にも同様のひな型が中世にある。『マッドマックス』『ロボコップ』『ハンガー・ゲーム』(ジェニファー・ローレンスが演じるカットニス・エヴァディーンはロビン・フッドの遠縁である)などは、全てある種の「中世主義」の印を帯びている。『パルプ・フィクション』のなかでマーセルス・ウォレスは「俺は中世〔野蛮〕になってお前のケツの穴を打ちのめしてやるぞ」と、自分をかつて拷問した相手に向かって脅す。ジョージ・R・R・マーティンの『ゲーム・オブ・スローンズ』〔書籍版の邦題は『七王国の玉座』〕は、中世後期の政治の恐ろしさを、セックスとドラゴンを盛り込み繰り返し描いている。そんなわけで、ある意味でバルトロメオの経験は見慣れたものである。

しかし、バルトロメオの話にはぱっと見では分からない隠された意味がある。ミラノ公マッテオ・ヴィスコンティの教皇に対する陰謀は典型的に「中世的なもの（メディーヴァル）」に見える。だが、よく考えてみると驚くべき要素も含まれている。またこの話には、もろもろのテーマ、登場人物の生き様、暴力性が絡み合っており、それらはかつてウンベルト・エーコが「粗野な中世（シャギー）」と呼んだステレオタイプな描写が示すものよりも、はるかに複雑で興味深い[3]。魔術を例にとろう。中世が迷信深い時代であり、魔女や悪霊やまじないに満ちていて、それらに対する異端審問の抑圧があったということは誰もが「知っている」。しかし、先ほどの話のなかの魔術は、それが出てきそうだと期待する場所には出てこない。つまり、貧しい寡婦が猫と暮らしている村はずれの粗末な掘っ立て小屋にではなく、学識あるラテン語の書物のなかに出てくるのだ。それらは聖職者が読み所有した書物であり、都市と知的文化のまさに心臓部に位置するものである。実際、こうしたことは稀なことではなかった。民間の治療者や占い師たちが中世の田舎の教区で見られた一方で、ここで記述されたような魔術の類いは、ラテン語の教養を身につけた者だけが利用できる、もっぱら「聖職者」の下位文化（サブカルチャー）だったのだ。ここでの魔術は、キリスト教以前の未開状態という意味での「異教的（ペイガン）」なものに根ざしてはいなかったし、中世人の観点からすれば非合理的な考え方に類するものでもなかった。学識を伴う魔術は、一部には古典時代の学識、また隠された（つまり「オカルト」の）自然の諸力に関する観念、さらにキリスト教神学の長い伝統に由来していた。キリスト教神学では、悪魔は絶えず現存しており、特定の状況下においては善と悪の結末に影響を及ぼしうるものと見なされた。学識ある者たちによる魔術と科学は密接に結びついており、この後も数世紀にわたってその結びつきは続くだろう。

こうした魔術に対する教会の態度も、必ずしも現代人が予期するようなものだったわけではない。異端審問は魔術の実践者を自動的に追及していたのではなかった。そもそも常設の中央集権的な裁判所が行うような「異端審問」は、一六世紀半ばになるまでは存在しなかった(例外はスペインで、一四八〇年にスペイン異端審問所が世俗権力の指揮下で機能しはじめた)。異端的邪悪に対する異端審問官はローマ教皇権によって直接任命される一方で、彼らの実際的な諸権限は、いずれの地域にあってもその世俗権力との協力関係に大いに依存していた。さらには、その地域の司教や教区司祭、そして諸修道会は、正統として望ましい実践のあり方や信仰に必要な事柄について、異端審問官や教皇権とは異なる考えを持っていることもありえた。「教会」は複合的で、ある意味では非常に混成的な組織であった。バルトロメオを尋問する際に用いられた手続きは、法的な手法という意味において糾問主義的なものであり、バルトロメオの取り調べをした枢機卿、修道院長、教皇特使は尋問に従事している限りにおいて「異端審問官」と表現できるだろう。この話には拷問が登場するが、実際、拷問は異端審問の法廷において一二五二年以来認められていた。ただしこの事例では、先ほど見た通り、哀れなバルトロメオを拷問にかけたのはミラノの世俗権力だったのだが。

いずれにせよ、バルトロメオの物語は魔術についての話ではなく、実際には政治とコミュニケーションについての話である。マッテオ・ヴィスコンティやガレアッツォ・ヴィスコンティに対してあれだけの証拠が挙げられたにもかかわらず、二人には何のおとがめもなかった。というのも、教皇が彼らに手出しする力を事実上持ち合わせていなかったからだ。そもそも教皇ヨハネス二二世がローマにではなくアヴィニョンにいたのは、彼が滞在するには北イタリアは政治的にあまりに危険だったからである（教皇庁は、フランス王権からの圧力とローマにおける党派間の政治的な抗争という複合的な要因により、一三〇九年にはすでにアヴィニョンに移転しており、一三七七年までそこに留まる）。もしヴィスコンティ家が教皇の暗殺を企てようとしていたのだとすれば、それは政治的な理由によるものであった。バルトロメオの話の数年前に、ヨハネス二二世はミラノ、ブレシア、シチリア間の紛争を解決しようとしており、マッテオ・ヴィスコンティは和平協定の条件に合意していたのだが、その後の一三一七年三月に教皇は、バイエルンのルートヴィヒ四世が神聖ローマ皇帝の称号を不法に用いていると宣言した。ヴィスコンティ家は、過去に皇帝による任命を受けたことを後ろ盾としてミラノを支配する権利を主張していたため、この教皇の宣言は、ヴィスコンティ家が拠って立つ権利を危うくすることになり、彼らを教皇はもとよりミラノの近隣都市共同体（コムーネ）との抗争へと戻らせることになった。そして、一三一八年にミラノ公マッテオは破門された。理論的には、破門は極めて深刻な事態である。というのも、破門された者はキリスト教徒の共同体から排除され、秘蹟（ひせき）を受けることを拒否され、死ぬ前に和解できない限り、天国に入ることも拒絶されるからである。しかし、ヨハネス二二世は、政治的な武器として少し破門を利用しすぎたので、当時の状況を書き記した者たちは、当時進行していた政治的な闘争が信仰の問題とは何の関係もなかったと極めて明確に指摘している。

政治の話についてはこのくらいにしよう（政治の複雑さについてさらに説明しようとするならば、この本全体どころかひとつの本棚を埋め尽くせるだろう）。それでは、コミュニケーションのあり方についてはどうだろうか。バルトロメオの話にはその形態ないし様式がいろいろと現れている。それは、とりわけこの話が記録されている文書それ自体のなかに見受けられる。異端審問の調査はしっかりとテクストに書き留められながら進められる。前述した豊富なディテールは、記録された証言からすべて直接引いているが、そのこと自体がある特定の書く技術の発展を物語るものである。バルトロメオの魔術は書物から学ばれる魔術であった。これは確かに本質的には秘匿された特殊な事例であるが、概して書物や書かれた文書が存在していることは決して珍しくはなかった。ミラノのような北イタリアの都市は、この時期までにすでに高い識字率のある社会となっていた。ある推定によれば、北イタリア都市のような社会的環境においては、大半の大人が土地の俗語で読み書きができたという。これは疑いもなく中世のリテラシーの頂点を示すものと言えそうだ。一方で、他の国々あるいは田舎では、またもう少し早い時代においては、書かれたものへのアクセスはもっとずっと限定されていた。ただし、コミュニケーションのメカニズムは、ステレオタイプ化された中世像が示すものよりも常にはるかに複雑であった。すでに見てきたように、地方の、国の、あるいは国をまたいだ政治は、ヨーロッパ中を駆けめぐる情報の流通を伴っていた。田舎においてさえ、公証人を備えた村落もあり、彼らが文字に書かれた情報を伝えるパイプ役を果たしていた。情報を伝えるのは文書だけではない。人もまた情報を運ぶ。バルトロメオはミラノとアヴィニョンの間を比較的容易に旅したが、ヴィスコンティ家はバルトロメオがどこにいたかを、彼がミラノに戻ってくる前に(おそらくはスパイを通じて)見つけ出す能力があった。交易路がさまざまなヨーロッパの中心地をつなぎ、実際、ヨーロッパと中東や北アフリカをも結びつけていた(この話題には、本書の第4章で改めて触れることになるだろう)。書簡、報告、尋問記録、その他の文書記録、説教、歌、物語、画像などあらゆる情報がヨーロッパの諸王国の間をめぐっていた。中世は、二一世紀と比べれば情報に富んだ時代というわけではない。しかし、しばしば想定されているほど、隔絶した無知な時代でもなかったのである。

中世のほとんどの期間、文字を書くことは職人的な技術と見なされていた。つまり、高度に知性を備えた者は自身で筆をとることに身をやつすのではなく、書記に口述で筆記させていた。バルトロメオのような者は、自分のことを「読み書きができる者（*litteratus*）」と考えていただろうが、それは特に俗語／現地語ではなくラテン語を読めること、そしてラテン語を読むことでキリスト教の知的思想の叡智と伝統に浸ることができることを意味していた。例えば、多くの商人がそうであったように、俗語を書くことに長けていても、ラテン語の能力がないと「読み書きができない者（*illitteratus*）」と見なされていたのである。しかし、そのような考えに対して、まさにこの時代、この場所において異議が突きつけられようとしていた。バルトロメオの話に端役として出てくるダンテ・アリギエーリによってである。ダンテは、ヴィスコンティ家が頼ることのできるもう一人の魔術の専門家として物語に登場する。実際、ダンテは北イタリアの貴族政治につながりを持っており、貴族に頼って生計をたてていた。他の史料から、彼が学問的な魔術の知識を持っていたことは知られている。しかし、彼が教皇に対する魔術的な陰謀に関係していたという直接の証拠は存在していない。ダンテが真に重要なのは、彼自身の著作、おそらくもっとも有名な『神曲　地獄篇』においてである。これは地獄の幻視を描いたものであり、ダンテの時代の社会と政治についても彼の考えを述べている。つまり、この詩人について語る上ではずせないのは、彼が誇りを持ってイタリア語でこの作品を書いたことである。中世の著述家で俗語での執筆を行ったのは彼が初めてではない。しかしイタリア語で書くことに美徳を見出し、詩作の言語としてラテン語より俗語の方が優位であると主張したのはダンテが最初であろう。そしてこのことがダンテを有名にしたのであり、ガレアッツォが、露骨ではないにしてもバルトロメオが信じそうな脅しとしてその名を挙げるほど、名前が知られていたのである。

中世は変化する世界であり、いくつかの本質的要素はこの瞬間にも変化している。したがって、「中世」の表面を引っかいてみると、もっと複雑な模様が浮かび上がってくる。中世史学入門としての本書での私の最初の仕事は、物事は最初の見え方とは違うことがあるのだと示すことだった。確かに、中世は現代のヨーロッパ諸国と比べると、宗教の役割がはるかに大きな時代であった。確かに、中世には騎士、貴婦人、修道士、聖人、異端審問官、それに、身の毛もよだつ幾千もの歴史小説のあらゆる住人が含まれている。しかし、中世は単純でも不変でもなかった。しかも、中世は「一つ」だったわけでもない。なぜなら、中世の研究をするとき、ある者は千年以上もの時間と何千平方マイルもの空間に関わり合うことになるかもしれないからだ。さらに、もしヨハネス二二世と〔『神曲』においてこの教皇を批判する〕ダンテ・アリギエーリに教皇権の本質について尋ねてみるとしたら、この二人からは根本的に異なる二つの回答を聞くことになるはずだからだ。すなわち、より広い意味で私が言いたいことを明示するなら、「中世らしさ」のあらゆる要素は、時代や場所や人々の間でそれぞれに異なる視野のもとに位置づけられるものであって、単一の普遍的かつ一元的な特徴として捉えられるものではない、ということである。

中世主義と史学史

一七世紀末の二、三十年の間に、ドイツのハレ大学の古典学者クリストフ・ケラー(一六三八―一七〇七)は『古代、中世、新時代に区分された普遍的歴史』というタイトルの本を出版した。もっとも西洋の歴史を三つの時代に区分したのは、ケラーが最初というわけではない。例えば、イタリアの詩人ペトラルカ(一三〇四―七四)は、自らのつながりを自覚的に古典的伝統にまで遡らせる中で、自身の生きた時代と過ぎ去りし古代との間に挟まれた時代を、両時代と違った暗黒の時代として暗示していた。弁護士で古典学者のピエール・ピトゥー(一五三九―九六)は「中間の時代(un moyen âge)」について語り、好古家のウィリアム・カムデン(一五五一―一六二五)も同様に「中間の時代(a middle time)」について語った。このように、さしあたって「中世」という概念自体は新しいものではなかったが、ケラーが行ったのは、この概念を取り巻く歴史的時間を説明する完全な枠組みを作り上げたことである。彼の本は教科書であり、基礎知識として伝えられることになった。それ以来、西洋の歴史家たちは、「古代」「中世」「近代」について語ってきたのである。

ここで注意すべき重要なことは、「中世」という用語が、その始まりの瞬間から誹謗の言葉として使われてきたという点である。ペトラルカや後の人文主義者にとっても、また好古家にとってもピトゥーにとっても、さらに後の啓蒙思想家(フィロゾーフ)たちにとっても、重要だったのは古典としての過去であり、その古典的過去が何を教えてくれて、彼らを取り巻く「現代」の世界によって古典的過去がどのように復興されるのかということであった。古代の「当時」と現代の「いま」の双方が、その中間にある暗黒によって、つまり無知、腐敗、混沌(カオス)、混乱、無政府状態、非合理という暗黒によって、くっきりと浮き彫りにされるのだ。近世(初期近代)がギリシャやローマの過去からのテクストや芸術品を(多くの場合、近世が蔑ろにしているまさにその中世を介して）「再発見」して、それらを自身の文化の生産物のモデルとして利用するようになると、中世は、様式と言葉の甚だしい野蛮さを表象するものとされた。中世の歴史叙述は、古典的な修辞法に従っていないということで軽蔑された。中世の芸術は絶望的なまでに洗練されておらず、文学はぎこちなく、音楽も同様に優雅さを欠いていると見なされた。中世の政治に下された評価も、同じようにほぼ審美的な性質を帯びていた。経済学者のアンヌ＝ロベール＝ジャック・テュルゴー（一七二七–八一）は次のようにこの時代を特徴づけている。

何の権威もない王、いかなる制約も受けない貴族、奴隷にされた人々、砦で覆われ絶え間なく略奪を受ける田舎、都市と都市、村と村の間で勃発する戦争……すべての商取引とすべてのコミュニケーションの遮断……すべての国とすべての職業に広がるじつに甚だしい無知！ 不幸な事態である。だが、数世紀にわたってヨーロッパはまさにこのような有り様だったのだ。(4)

二〇世紀の研究が十分に証明しているように、テュルゴーが描く中世の風刺画はひどく歪んでいる。しかし、彼の精神は存在し続けているのだ。私たちは、啓蒙思想家たちに劣らず、過去の時代を振り返るときに見下す傾向があり、中世に由来するものは洗練されておらず、粗野で、おそらく不快なものであるに違いないと直感レベルで感じてしまう。――彼らは地球が平らだと信じていましたよね？（いいえ、それは後世の神話ですよ）　魔女を火あぶりにしたんですよね？（中世には滅多にありませんでしたし、それはほとんどが一七世紀のことなんです）　みんな無知だったのではないですか？（いいえ、カロリング時代にはかなりの知的文化が見られるようになります。一三世紀からはヨーロッパ各地に大学がありましたし、何よりも実験科学が始まっていましたよ）　彼らは郷里を離れることもなく、周りの世界をほとんど知らなかったのでは？（いいえ、スカンディナヴィア、中欧、中東、北アフリカを結ぶ交易ネットワークがありました）　でも、彼らが野蛮な振る舞いをしていたのは確かなはずです。例えば、局地的な暴力が絶え間なく生じ、気に入らない人々に戦争をしかけ、人々を拷問し、犯罪者を処刑していたのです、違いますか？（これらのどれも、今日には起こっていないとでも？）

中世を考えるときに最初に突き当たる、こうした膨大にこびり付いた先入観という汚れは、中世史を真摯に学ぶために取り除かれなければならない第一のベールである。そこでこの時代に対する先入観は脇に置いておこう。こうした先入観のいくつかには正しい要素が含まれているかもしれないが、それらは調査の拠り所とするものではなく、調査の対象として扱われなければならないものだ。中世にはさまざまなことがあった。中世とは、未来の時代が期待する「失敗」を集約したものではなく、それ自体としてあったものなのだ。中世は、「近代」と見なされるものの単なる反対物ではない。もっと複雑なものであり、本書で見ていくように、今日の私たちの生き方ともつながりのある時代だったのだ。

取り除かれるべき第二のベールは、中世主義の政治的側面である。中世は、たとえ中世とは関係ないと否定されている場合ですら、しばしばイデオロギー闘争の対象となってきた。先立つ数世紀を「暗黒」と非難していた一五・一六世紀のイタリアの人文主義者たちには、古代のローマ帝国と中世の神聖ローマ帝国との間のいかなる連続性をも否定したいという強い願望があった。それは、この連続性が当時存在していた神聖ローマ皇帝に正統性を与えることになるためである。啓蒙思想家たちにとっては、中世を誹謗する際の主な要素は、カトリック教会に縛りつけられたそのあからさまな宗教性であった。それは、一八世紀の「理性」を擁護する啓蒙思想家が、引き続き戦わなければならなかったものである。一九世紀になると、ヨーロッパのいくつかの国では中世に対するより肯定的な態度がもたらされた。例えば、フランスは再び騎士道精神に魅了され、一方、ドイツは中世における法と帝国の強力な結びつきに目を向けた。また、イギリスは議会制立憲主義の長きにわたる歴史にひそかな矜持を持っていた。しかし、このような形の中世の再発明は、ロマン派ナショナリズムのさまざまな流れによって活気づけられた、政治的なものでもあった。二〇世紀半ばのさまざまな出来事(ナチズムなど)のために、こうした中世の政治性の問題はドイツにおいてもっとも毒性の高いものだったと考えられがちである。確かに、一九世紀ドイツの歴史叙述はドイツの「民族精神(Volksgeist)」の根源を中世の過去に求め、帝国の「栄光の日々」を追憶していた。しかし、こうしたことはヨーロッパのあらゆる国が陥りがちな弱点だった。また、ロマン派ナショナリズムが育んだ中世主義は、その国ごとにさまざまであったが、中世の過去をロマンティックなものとして扱い、神話化し、単純化する傾向は共通していたのである。

とはいえ、一九世紀が私たちにもたらしたものは、なにもこうした中世の再領有(否定的に使われてきた言葉や概念を、肯定的な意味で捉え直して用いること)だけだったわけではない。一般的な近代以降の史学史は、一九世紀における歴史学の方法論の「革命」について語る傾向がある。その「革命」とは、とりわけレオポルト・フォン・ランケ(一七九五―一八八六)に、より広くはドイツの歴史学に結びついたものだ。文書館の一次史料を使うことが実際にどの程度革命的だったかについては、ランケによる主張、あるいはランケに関して主張されたことに疑念を挟む理由がいくつもある。[5] しかし、近代以降のアカデミックな歴史学の基礎が一九世紀のドイツによって敷かれたこと、そして文書館と史料分析に焦点を当てたことがその基礎の主要な部分であったことは、その通りだと明言できる。ランケ的な歴史学の方法論は、学問的な歴史学教育の創設を活気づけ、続いてフランス、イタリア、イギリス、アメリカその他の国で、大学院での歴史家の養成に影響を与えた。さまざまな著者が示してきたように、ランケの考えを採用した人々が、ランケが意図していた通りに理解していたことは稀であった。すなわち、ランケの信奉者たちは「科学的方法」という概念を、ランケが言っていない意味で具象化する傾向があり、ランケが歴史家たちに「実際に（あるいはより正確には「本質的に」）起こったことのみを示すように（wie es eigentlich gewesen ist）」と呼びかけたときの、抽象的かつ精神的な要素を理解できなかったのである。[6] そのうえ、ランケは、ルネサンスと宗教改革の時代に幅広い興味を持っていたのに対して、彼の信奉者たちは、自分たちの関心の焦点を、政府の文書の研究に基づいた（軍事・外交などを扱う）狭義の政治史に限定する傾向があった。それが意味したのは、社会史や文化史に対する既存の関心が「アマチュア」的な探究として脇に追いやられるということであった。

イギリスにおいては、とりわけ一九世紀の終わりから二〇世紀はじめにかけて、歴史学の専門化が中世の研究に起こった。これは部分的にはドイツの例に倣ったものであった。例えば、ドイツの「モヌメンタ・ゲルマニアエ・ヒストリカ（Monumenta Germaniae Historica＝MGH（エムゲーハー））」（一八二六年刊行開始）、イギリスの「ロールルズ・シリーズ」（一八五七年刊行開始）のように、どちらの国でも中世の記録文書が長大な校訂史料集の基礎となっていた。しかし、イギリスにおける中世史学の専門化の背景はそれにとどまらず、長い憲政史に対するイギリスの誇りと、時事政治的な議論に対するイギリス的嫌悪の両方を反映していた。中世とは、当時の学部生が議論しても見苦しい論争や不和に陥ってしまうことがない適度に「遠い」時代であり、大学での学問にふさわしい時代だと感じられていたのだ。第一次世界大戦以前のオックスフォード大学とケンブリッジ大学にとって、中世史は、まさに非政治的であるという点で政治的な機能を果たしていた。すなわち、最新の宗教論争や党派政治的な問題は学生に混乱をもたらすべきではなく、したがって中世史は大英帝国の将来の官僚たちの頭を鍛える学問に適した領域だったというわけである。イギリスの中世主義の大御所たちは、一九世紀後半のオックスフォードとケンブリッジの両大学に結びつけられて記憶されているが、彼らの著作はもはや今日の研究に洞察をもたらすものとしては読まれていない。彼らは、国家という船がスムーズに進むのを揺るがすようなことは、彼らの中世から取り除いていた。そして彼らは、イギリスが「例外」的な存在である理由を分析するよりもそれを当然のものと見なしており、その結果として、外よりも内を見るというイギリス的な傾向を加速させた。彼らの文章には、社会的かつ政治的な自己満足という厚い毛布が息苦しいまでに覆い被さっているのである。逆に、当時おもしろい研究と教育は、ロンドンとマンチェスターで、A・F・ポラードやT・F・タウトのような人々によって行われつつあった。そして、もっともエキサイティングな仕事は、歴史学者によってではなく法学者によってなされた。フレデリック・W・メイトランドである。(7) メイトランドの著作は今日でも読む価値がある。後の研究は彼の仕事の細かい部分をいくらか修正したけれども、法が社会に対して構造的な関係を持っていたという彼の繊細な理解は、今でも刺激的であり続けている。[8]

史学史における次の「革命」にもまた、強く中世の要素があった。今度はフランスにおいてである。リュシアン・フェーヴルとマルク・ブロックは、二人とも高等師範学校の卒業生であり、歴史学がどういうものでありうるかについての新しいヴィジョンを持っていた。この二人と結びつけられたものの見方は、彼らが創刊した雑誌名によって『アナール〔年報〕』学派として知られるようになった。フェーヴルの仕事は近世についてのものだが、ブロックは中世学者であった。彼らは歴史学の地平を広げることを望んでいた。歴史学を、政治的な事実の物語の追究から解き放ち、その代わりに地理、社会、文化、さらに心理といった諸分野の探究を求めたのである。社会学と文化人類学から強く影響を受けたブロックの中世像は複雑であり、またパノラマ的だった。『封建社会』という彼の二巻本は、時の流れとともに変化する時代の分析を構築しようと試みたものであり、社会全体を垂直に貫く構造的なつながりを強調した。この論点についてはその後もさまざまに学問が進歩してきており、(第4章で論じるように)封建制の性質に関する議論はブロックの時代から相当に変化している。しかし、中世の風景のあらゆる部分に繊細でいようとする「全体史」を書こうという彼の試みは、今でも孤高の灯台であり続けている。ブロックのもう一つの偉大な遺産は、歴史学に関する著書『歴史のための弁明――歴史家の仕事』(死後に出版され、『*The Historian's Craft*』として英訳された)である。(フランスのレジスタンスの一員であったブロックが一九四四年にゲシュタポに殺害されたときにはまだこの本を執筆中であり)未完に終わったにもかかわらず、この本は「歴史する(doing history)」ことへの素晴らしい入門書であり続けている。[9]

アナール学派の歴史学は、決してひとつの厳格な正統派に従うのではなく、ひとつの大きな展望を共有しつつも複数の相互補完的な傾向に沿って力強く継続した。ブロックの遺産は、ジョルジュ・デュビーとジャック・ル＝ゴフによってさらに展開された。前者は特に中世の社会経済構造の重要な諸変化を追究し、後者はこの時代の文化的な心性(マンタリテ)に関心を寄せた。フランスの中世史家たちすべてにとって、マルクス主義は有用な知的ツールを提供した。とりわけデュビーの場合は、マルクス主義が社会構造を理解するにあたって経済的諸関係を注意深く研究するよう促したのである。それ以前にもマルクス主義的な中世史の著作はあった。一八九九年にガエターノ・サルヴェーミニが一三世紀後半のフィレンツェについて階級構造の観点から当該社会を考察した本を出版しているが、この時代に持続的な形で理論を持ち込んだのは『アナール』誌であった。

これは、ブロック、デュビー、ル＝ゴフらが、個人的にマルクス主義者であったということではない。それどころかアナール学派は、より広い観点から見れば、マルクス主義の伝統からは明確に距離を置いていた。むしろ、当時のフランスの教育システムが、今日と同様に、マルクス主義の洞察を知的景観の一部として捉えていたのである。一方で、二〇世紀後半には、共産主義諸国で執筆活動を行っていた中世史家がいた。何人もの東ドイツの研究者、そしてロシアのアーロン・グレーヴィチである。東ドイツにおける研究は、研究者たちが置かれていた政治的文脈によって有害な影響を受けていた。例えば、中世の異端のようなテーマについては共産党の方針に従わなくてはならなかった。それが具体的に意味したのは、フリードリヒ・エンゲルスが『ドイツの農民戦争』で述べた短い論評〔革命勢力としての農民の意義を説く〕の視点をオウム返しに繰り返すことだったのである。同様に、教会権力と世俗権力を〔共産党の視点に従って〕反射的に混同しなければならなかった。他方、ロシアのグレーヴィチは、アナール学派の伝統に触発されつつも、それとは有益にも批判的な距離を置いており、東ドイツの歴史家たちとは非常に異なる事例である。グレーヴィチの研究は、文書館史料にアクセスできないという相対的なハンデを背負っていたが、このハンデが中世の社会と文化についての深い考察を促した。特に、彼の探究は、中世の社会階層間のさまざまな文化的な亀裂に向けられていた。

マルクス主義はまた、イギリスにおける歴史学に対しても格別な刺激をもたらした。一九四六年から一九五六年まで存在したイギリス共産党歴史家グループは影響力があり、アナール学派の伝統とそれほど変わらない、ただしより明確な政治的意図を持った新しい歴史学の伝統を確立した。そのうち中世に関する要素は、特にロドニー・ヒルトンに帰するが、彼の研究は中世イングランド社会における階級対立をテーマにしたものであった。[10] この歴史家グループが創刊した『*Past & Present*』誌は、それ自体はもはやマルクス主義に結びつけられてはいないが、中世の探究にとって、他の時代と比べても強力な議論の場を提供し続けている。

アメリカにおける研究は、部分的にはヨーロッパの潮流に従ってきた。他の諸国でも同様だが、二〇世紀初頭のアメリカの中世史家の多くは、ドイツで学問的訓練を受け、ランケの歴史学教育モデルを自国の大学に持ち帰ったのだ。しかし、彼らは独自の焦点と関心を展開するようにもなってきていた。[11] 特にアメリカにおける歴史学の革命は、第一次世界大戦後のカール・ベッカーとチャールズ・ビアードが先導した「新しい歴史学（ニュー・ヒストリー）」であったが、これは中世史家にはすこぶる不評であった。アメリカの中世史家たちは、「新しい歴史学」で理解されている相対主義に反対し、「科学的客観性」の筋金入りの擁護者に留まったのである。二〇世紀前半のアメリカにおける中世史にもっとも大きな影響を与えたのは、ウッドロウ＝ウィルソン大統領に代表される近代化を目指す「進歩的」な政治に対して深く関わりを持ったことである。実際、アメリカにおける中世史学の形成に大きな役割を果たした人物の一人であるチャールズ・ホーマー・ハスキンズ(一八七〇―一九三七)は、ウィルソンの友人でありアドバイザーであった。また、ハスキンズの弟子であるジョセフ・ストレイヤーや、ストレイヤーの多くの大学院生を通じて、中世国家の発展、中世社会に含まれる近代化要素などに対する関心がずっと引き継がれているのを辿ることができる。

全体として見ると、二〇世紀に起こった中世史学内部でのさまざまな変化は、歴史学の大きな流れに沿ったものだった。歴史家の職業化が生じたランケの時代は、特に軍事・外交など狭義の政治史の研究に力を注ぎ、それに付随して、法の歴史や国制の発展に関心を寄せていた。時が経つにつれて歴史学は、中世の社会や経済を、歴史学の可能性を広げる正当な分野として認めるようになった。例えば、宗教は単なる教会の統治というよりも、社会文化的な現象として分析できるようになったのである。一九七〇年代には、とりわけ女性が持続的な研究対象となる(ただし、この分野での先駆的な研究は、一九世紀末から二〇世紀初頭に遡り、例えば経済史家アイリーン・パウアによってなされていた)。一九八〇年代になると、ユダヤ人、ハンセン病患者、異端者、同性愛者、奴隷、「サラセン人」(イスラーム教徒)といったマイノリティの存在とその扱いについて研究されるようになる(ただし、ユダヤ人と異端者についてはその数十年前にすでに優れた研究成果が発表されていた)。この二つの事例のどちらもアメリカの学者が主として道を切り開いたものである。また、「ポストモダン」という緩くてあまり有用でない名で呼ばれる新しい歴史哲学に中世学者も関わってきたが、これに対して(賛成であれ反対であれ)より明確な態度が見られたのがアメリカとフランスであった[12]。このような変化には多くの原因があり、そのなかには中世学(メディーヴァリズム)という特定の分野をはるかに超えて学問世界に広がっているものもある。いずれにせよ、それらの変化はすべて、圧倒的に白人の男性で極めて上流階層に属する二〇世紀初頭の歴史学の創設者たちよりも、多様な背景を持つ人々が学問の世界に入ってきたことによって促進されたものなのだ。

歴史学の発展は、もちろん一九八〇年代で終わるものではない(ここまでのいくつかの段落では、大雑把な要約を提供したにすぎない)。そして、政治から文化への動きも、直線的な経路を辿ってきたわけではなく、実際、最近では、文化から政治への回帰も見られるようになってきている。この点については、後の章で、最近の興味深い研究テーマとともに紹介する。また、ここまで述べてきた史学史の素描では、例えば、異端審問の研究者である一九世紀アメリカのヘンリー・チャールズ・リーや、オックスフォード大学教授リチャード・サザーンなど、この学問分野の発展にとって個々に重要な人物たちについて触れることもできていない。サザーンのインテレクチュアル・ヒストリー(知の営みに関わる歴史。思想史や観念史と重なる部分もあるが、必ずしも思想や観念に限らない知的活動を含みこむ)と文化史を混ぜるやり方は、次の一世代どころか多くの近年の研究者をも触発した。具体的には、キャロライン・ウォーカー・バイナム、バーバラ・ハナウォルト、ジャネット・ネルソン、ミリ・ルービンなどである(先ほどは男性の研究者の名ばかりを挙げていたため、ここでは女性研究者の名を主に挙げた)。

しかし、これまでに論じた(紙幅の都合で短い)導入箇所から、私たちは何を受け取るべきだろうか。

以下では中世史を研究する者ならば意識しておくべき四つの問題と、一つの全体に関わる論点を指摘しておきたい。最後のものは本章の終わりに述べる。まずは四つの問題のほうを先に見よう。

フレーミング(枠付け方)の政治学

第一の問題は、一九世紀ロマン主義イデオロギーの重要な要素であるナショナリズムが常に潜んでいるという点である。人種や民族の問題が、近代における中世史学の誕生にどれほど影響を与えたかは、決して軽視できない。ランケとその弟子たちは歴史の中に「本質」を探し求め、その本質はすぐに、まずは「民族精神(フォルクスガイスト)」と、次いで国家や人種の運命と結びつけられた。中世という過去は、国家的統一や国家としての力に対する安定感をもたらす本質的な重しを提供したのである。すなわち、一八七〇年にプロイセン軍がナポレオン三世を破ったとき、ガブリエル・モノー(『*Revue historique*』誌の創始者で、中世初期フランス史家)は、ドイツの勝利はドイツの歴史家が育んだ国民の団結力のおかげだと述べ、その後まもなくフランスの学校には、フランス史の勉強に基づいた「公民教育」の授業が導入された[13]。エルンスト・カントロヴィッチが一三世紀の神聖ローマ皇帝であるフリードリヒ二世をポピュリスト的に描いた伝記は、一九三〇年代に彼の母国ドイツで大成功を収めたが、これは少なくとも部分的には、過去の「ドイツ」帝国が当時の読者に魅力的に映ったことと、そしてあるいは、アドルフ・ヒトラーが首相に選出された矢先に、ドイツ国民にとっての強力なカリスマ的リーダーのヴィジョンをフリードリヒ二世像が提供したことによるものである(ただし、カントロヴィッチ自身は後にこの関連性を嫌って、実際にナチス・ドイツから逃亡している[14]。これは中世史学が、過去においても現在においても、「ナチス・ヨーロッパ」に対する後の恐怖によって致命的に汚されていると示唆するものではない。というのも、一九世紀の歴史学のほとんどは、多少なりともナショナリズムの影響を受けていたし、一九世紀のロマン主義や哲学が後にいろいろな形で使われたからといって、そのすべての要素が放棄されるべきということでもない[15]。しかし、中世史はここにおいて特別な役割を果たしており、一八三〇年から一九三〇年にかけての歴史学の発展の先陣を切っていたのだから、ナショナリズムとのつながりは、何はともあれ中世史の遺産として認識されなければならない。本書の最終章でも述べるように、最近では、さまざまなネオナチのグループが、これらの国家の起源にまつわる物語の諸要素を横領する傾向を強めており、一様に「白人の」キリスト教中世という非常に歪んだ見方をイデオロギー的な武器へと変えているからである。

第二の問題は、この遺産がもたらす小さいほうの問題であるが、中世学がどの程度、しばしば知らず知らずのうちに、一九世紀の態度、関心、概念によって枠付けられてきたかということである。それらのうちの最初のものは、「ネイション〔国・民族〕」という概念である。すなわち、私たちは、近代以降の国民国家に暮らしており、私たちの母語は、国民国家の境界線に沿って私たち自身をその国の人間だと認識させる傾向がある。それに対応して、私たちは、過去の世界も現在の世界も、国境線に沿って考えるのが便利だと感じている。実際、私は本書の最初の節で「イタリア」について語り、その後すぐに「フランス」と「スペイン」についても触れたが、それはいずれも、読者が、その話がどこで起こったのかを地理的に把握しやすくするためであった。しかし、このような現代の地理の知識は、常に変化していた中世の現実にはうまく合わない。例えば、六世紀後半以降のどの時点でも統一された「イタリア」は存在しなかったし、むしろ、イタリア半島は、神聖ローマ皇帝、ローマ教皇権、そしてシチリアの王位を継承した君主たちの間で、さまざまに切り分けられていたのである(これこそが、ヨハネス二二世に対するヴィスコンティ家の陰謀の背景であった)。現在、北イタリアと呼ばれている地域の人々が感じる強い忠誠心は、ミラノ、ヴェネツィア、フィレンツェといった特定の都市国家に対するもので、国家に対してのものでないことが多い。同様に、スペインも、現代のような形では存在しなかった。イベリア半島の大部分は、何世紀にもわたってイスラーム教徒の支配下にあり、キリスト教徒の領域は(特に一一世紀、一三世紀初頭、一五世紀に数波にわたって起こった征服によって南に拡大していくものの)、中世の終わりまではいくつかの別々の王国に分かれていた。フランスは幾分明瞭な実体を備えていた。だが、一三世紀初頭のフランス王国は、その二〇年ほど前に初めてイル・ド・フランスを超え出て(フランドル地方や、以前はイングランド王が持っていた土地にまで)拡大していたものの、アキテーヌ地方は依然としてイングランドの手中にあり、ブルゴーニュ地方は基本的に独立しており、ラングドック地方がフランスの領地となったのはようやく一二七一年のことであった。イングランドは、ノルマン征服(コンクエスト)の直後からもっとも中央集権的な王権を持つ王国であったと言われるが、北と西の国境が不明確で、現在のフランスに位置していた領地に対する関係も不確かで、その実体はかなり緩いものだったと考えられるだろう。ともあれ、イングランド、フランス、スペイン、イタリア、ドイツなどいずれのラベルも中世初期に当てはめるには全く適さないし、後の時代についてでさえ大きな誤解を招く可能性があるのだ。

そのため、中世を研究する者は、ネイションについて、何の問題意識もなく称揚するのではなく、批判的に考える必要がある。また、中世史学の創始者たちから引き継がれた、他の「お下がり」の概念も近年では疑問視されている。そのような概念の例としては、「法体系」(特にローマ法と教会法)が当時の状況においてはそれぞれに首尾一貫したものであったという考えや、カトリック教会が単一かつ一体的な存在であるという感覚、そして、史料には最初は公式の歴史書から政府の文書へ、そこから「より劣る」資料へという一種の「階層」があるといった観念などが挙げられる。英語圏の中世主義は、ヴィクトリア朝時代(およびそれ以降)の学問の特徴に対処してこなければならなかった。というのは、ヴィクトリア朝時代のそれは、見苦しいと感じたりその時代のイメージに合わない過去の「低俗な」要素を無視したり、抑圧したりする傾向があったからだ。例えば、アイリーン・パウアが一九二八年に英訳した一四世紀末の家政書『メナジエ・ド・パリ(*Le Menagier de Paris*)』では、近代の読者に配慮し、性的な罪についての議論がほとんど省略されているのだ[16]。また、出現しつつある「近代」を描いた歴史は、「国家」の戦争や闘争に焦点を当てることが多い一方で、中世の社会を均質で恒常的に変化しないものと描く傾向があり、社会的対立や文化的摩擦、ジェンダー(社会的・文化的な性)をめぐる闘争の要素を探すよりも、中世社会の単純さや有機的な変化のなさを強調してきた。

もちろん、この半世紀ほどの歴史学は、これらの分野の多くの意見を修正してきた。しかし、以前の考えの痕跡は、現代の歴史家にとってはすぐには明らかではないところに、もっとも歪んだ形でいまだに残っている。あらゆる学術研究は、その存在の諸条件や創始者からの遺産と定期的に格闘している。このような格闘は、情報に富み有用で必要なものだが、話の全部であるべきではないし、私たちを分析的麻痺に陥らせるべきものでもない。だが、この第二の問題に対して注意が喚起される必要はある。我々がどこから来たのかを忘れないようにしよう。

第三の問題は、全く水準が異なる問題であるが、前述した各国の歴史学の傾向の違い(特にドイツ、フランス、イギリス、アメリカに焦点を当てたもの)が依然として続いているという点である。中世史学は、今日それぞれの場所で、異なる条件、異なる伝統、異なる期待のもとで、そしてある程度は異なる目的を追究しつつ行われている。どのように時代区分するかは、国や地域によって異なる。例えば、イタリアの歴史学では、一四世紀のある時点で「中世」を捨てて「ルネサンス」とする傾向があるし、フランスの研究には、「アンシャン・レジーム(旧体制)」を、中世からフランス革命まで大きな途切れもなく続いたまとまりとして扱うものもある。

大まかに言えば、各国の学問的探究は、それぞれの音色を持つ傾向がある。フランスは古くから、知的な上部構造を好み、より全般的な分析のために細部を犠牲にすることを厭わず、ある時代の構造的な本質を見極めようとするために「長期持続(la longue durée)」を検証してきた。この点におけるフランス人の努力は、他の多くのことと同様に、しばしばイギリス人を失望させる。というのは、イギリス人は、特定のものやローカルなものに焦点を当て、細部や例外の重要性を主張するなど、経験主義的な方法をとることが多いからである。ドイツは、おそらくイギリスよりも知的なツール(概念)に広範に慣れ親しんでいるが、ドイツのそれはフランスのものとはかなり異なっている。例えば、「象徴的コミュニケーション」というキー概念は、方法論として特定の問いを引き出すために問題発見的に用いられる。アメリカは(その学術コミュニティは上記の国々よりもはるかに大きい)、これまで述べた学術的伝統のすべてからさまざまな要素を得ているが、もしかすると、オリジナルの写本（マニュスクリプト）を研究する際に中世学者が用いる技術的なスキルを（そういうスキルは確かに重要だが）闇雲にありがたがる傾向もある。逆説的ではあるが、それはおそらく、アメリカの学者が研究対象とする史料（アーカイヴ）から地理的に離れているためだろう。それと同時に、この距離が、アメリカにおける、より構造的な比較研究や理論研究を後押ししてきたとも言える。

同様に重要なのが、学者たちが働く物理的な環境の違いである。ドイツとフランスでは、訓練とその後の採用のシステムは極めて中央集権化された形で行われている。その結果（イタリアでもそうであるように）非常に強力な師弟関係による引き立てシステムが生まれている。このことが研究を、師から引き継がれた流れをさらに発展させる方向に導くこともあれば、あるいはエディプス・コンプレックス的な衝動に突き動かされた反乱へと向かわせることもある。このような要素は他の国にも存在するが、フランスに比べれば制度的には回避可能である。ドイツの研究資金は、特定の問題に焦点を当てた「研究機関」を決められた年限で設立するという、主として自然科学分野の共同モデルで運営されている。これに対して、アメリカとイギリスでは、少なくとも最近までは資金も研究も非常に個人主義的であり、両国（特にイギリス）では、キャリアの浅い学者は「出版するか滅ぶか（publish or perish）」という体制の下で生活している。つまり、学者は最初の仕事やテニュア（定年まで契約更新なしに勤めることのできる権利）職を確保しようとするため、学者の最初の本は（博士課程修了後）すぐに、そして大々的に出版される傾向にある。もう一つの違いは、アーカイヴの場所と性質である。イギリスには、中央に集中した公文書館（ナショナル・アーカイヴ）と（二〇世紀半ば以降は）地方の公文書館（レコード・オフィス）の両方がある。これらの施設は、ここ数十年の間に、大英図書館やウォーバーグ研究所などの他の重要な図書館と同様に、非常に「顧客志向」のアクセス・ポリシーを持つようになった。フランスにはいくつかの国立図書館と多くの地方文書館があるが、どちらかというと官僚的な縛りが強い。例えば、パリの国立図書館にある写本へのアクセスを交渉するには、研究者と文書館員（アーキヴィスト）の間で、三枚の別々のプラスチック・カードと数枚の紙片を複雑にやりとりする必要がある。これでは、行われる調査のスピードが落ちてしまうのも無理はない。ドイツとイタリアの文書館はいずれも常に地域的なものであり、それはそこで行われる研究の形にも影響している。例えば、異なる都市国家を比較しながら横断研究するイタリアの中世史家はほとんどいないのである。

これらの国による違いのどれも、絶対的なものでも克服不可能なものでもなく、スペイン、ポーランド、日本、ハンガリーなど、新たな国々の研究者が加わったことで、国境を越えたより良いコミュニケーションが促進されている。どの国も、自国の研究が海外で十分に読まれていないことを不満に思っている。この本を最初に書いていたときに参加した会議では、イギリス人とフランス人の二人の著名な学者とそれぞれ全く同じような会話をした。イギリスの学者は、イギリスの研究をフランスの研究が無視する傾向があることを嘆き、フランスの学者は、その逆を嘆いたのである。しかし、会話は実際には行われるし、本は読まれ、翻訳され、議論されるし、アイデアは国境を越えて伝わり、その過程で形を変え、新たな形でフィードバックされている。このように中世史とは国際的な会話なのであり、それが楽しみの一つである。しかしそれでも、この時代を学ぶ者は、国ごとの影響を意識しておかなければならないのである。

最後の第四の問題は、そもそも「中世」は存在したのかというものである。これまで見てきたように、古典的な過去と「近代」とを分かつ、別の（そして劣った）時代という中世の概念は、ルネサンス期の人文主義者の発明であり、一七世紀には時代区分として定着した。過去数世紀の間に、私たちは「中世」のあれやこれやについて語る習慣を身につけたのである。学術界で働く私たちにとって、「中世学者」はしばしば職業上のアイデンティティの源となりがちである（他のことはさておき、自分の時代以外を知らないことを免罪するのだから）。しかし、いま述べたことはいずれも過去から引き出された本質ではない。私たちは別の方法で時代区分を試みることもできるし、そうしないこともできるだろう。「古代末期」「中世」「近世」（あるいは「ルネサンス」）の間の概念的な境界は、いずれも深い問題を抱えており、必然的にヨーロッパ中心主義となり、物事を明らかにするのと同じくらい不明瞭にすることもありうる。例えば、中世初期の段階について、歴史家たちは、ローマ時代の制度や実践の一部と、その後の「蛮族」国家の間には連続性があると考えるようになってきている。中世後期の段階に関しては、ルネサンスの知的、文化的、政治的な発展が、一二世紀や一三世紀のヨーロッパでどの程度まですでに示されていたかについて、大きな議論が交わされてきた。

しかし、五〇〇年から一五〇〇年までの時代を研究している人の多くは、意識するとしないとに関わらず、それ以前の時代や、特に後の時代と比べて中世ないしはその一部（私たちは通常この一〇〇〇年のスパンのなかで自分が専門とする時代を限定している）が異なる特徴を持っていると感じている。こうしたことは主にヨーロッパの特徴であるが、ヨーロッパに限られたことではない。私たちが見ているのは、ローマ帝国の終焉の後、西洋の植民地主義が拡大する前の時代である。ほとんどあらゆる地域では、経済の基本は農業であり、多かれ少なかれ従属的な大多数の農民から、労働力の余剰を搾取することに依存していた。地域間のコミュニケーションは比較的遅く、内容や受け取り方が均一であることを当てにはできなかった。また、権力構造は個人間の関係に大きく依存する傾向があり、官僚制が発達している場所でも、それは後世に比べて脆弱なものだった。人間の経験は書かれた史料にその痕跡が残されるが、それは常にかつて存在した全体のほんの一部にすぎなかった。これらのことは「中世」を他の時代から絶対的に区別するものではなく、また、こうした特徴がすべての時代と場所に当てはまるわけでもない。しかし、これらの特徴は、中世を研究する人々にとってある共有された期待の中心を示している。このことを熟考するための、ざっくりとではあるが有効な方法は、本章の冒頭で提案したように、中世の「他者性」について批判的に考えてみることである。私たちは、大衆文化から引き出された中世の「他者性」に対して、ある種の期待を抱いているかもしれない。これらは、多少の努力は必要かもしれないが、一方に退けておくことはできる。しかし、歴史家が直面しなければならないもっと深遠な問題がある。中世の人々は私たちと同じような人々だったのか、それとも根本的に違っていたのか？　あるいは、より繊細な表現をするのであれば、どの時点で当時と現在の間に根本的な違いがある可能性を考慮しなければならず、どの時点から本質的な連続性を考慮しなければならないのか？　このテーマは、この本の中で繰り返し立ち返るものである。

歴史家のなかには、例えば古代から近代までの死の歴史を追究するなど、非常に長い期間にわたってあるテーマを追いかける者もいるが、大半の歴史家は特定の時代を専門としており、それが可能にする知識の深さは間違いなく有用である。しかし、そういう専門化は、過去が何らかの形で私たちに押しつけてくることではなく、職業的かつ知的な選択の結果だということは覚えておくべきである。だからこそ、本書の後半で提案するように、中世学者は自分の時代を超えてどのように話すかを考えなければならず、また、自分たちの間で交わされる会話よりもさらに大きな会話に加わるようにしなければならないのだ。なぜなら、中世を枠付けること、つまり意味のある文脈や物語のなかに中世を位置づけることは、これまでも、そしてこれからも、歴史学的な行為であると同時に、政治的な行為だからである。これが先に述べた全体に関わる論点であり、意図的にせよ無意識的にせよ、私たちが中世史家として行うことすべてに影響を与えているのである。「中世」は、それがどのように理解されていようとも、「進歩」「政府」「人間の本質」「文明」などについてのより広範な議論の一部として、たとえ明確に言及されていなくても常に存在してきた。西洋と東洋との間の「文明の衝突」なるものに関する議論の中で、また、一部のコメンテーターが特定のイスラーム教の慣習を「中世的なもの」と非難するときに、さらに、アメリカの大統領や反西洋のイスラーム過激派が「十字軍」という言葉を使用するときに、そして、「西洋」が「東洋」と地政学的に対立していると思い込まれているという意味において、「中世」は特別な役割を果たしている。歴史を語ることは政治的なことであり、中世史を語ることは、他の、より近い時代を語るのと同様に政治的なことなのだ。

第２章 中世を追跡する──史料と痕跡

Tracing the Middle Ages

多声音楽(ポリフォニー)か？　不協和音(カコフォニー)か？

一三八一年五月三〇日に〔イングランドの〕エセックス州ブレントウッドで起きた蜂起は、何人かの治安判事に矢が放たれたときに始まった。治安判事たちは、若き王リチャード二世の政府が、叔父であるジョン・オヴ・ゴーントの指揮のもとで課した第三次人頭税を徴収しようとしていた。しかし、イングランドの農民たちは、もはやこのような要求には応じるつもりがなく、数日のうちに国中で反乱が生じた。ケント州とエセックス州の平民がロンドンに進軍し、イースト・アングリア州やヨークシャー州などでもそれぞれ蜂起が起こった。ロンドンでは、反乱者たちは建物や財産を破壊し、文書を燃やし、カンタベリー大司教をはじめとする王の役人たちの首をはねた。ワット・タイラーを指導者とする反乱者たちは、農奴制と領主制の廃止、教会財産の没収、そして、領主や司教の土地を庶民の間で分けることを要求した。しかし、タイラーは、国王の面前で侮辱的な言動をとったためスミスフィールドで殺害されてしまう。リチャード二世がなんとか暴徒を説得して、彼らは平和裏にロンドンを去ることになった。その後、多くの人々が絞首刑や罰金刑に処せられ、「こうして、この邪悪な戦争は終わったのである(1)」。

ともあれ、以上のことは、ある重要な史料が伝えてくれているものである。別の史料では、事件の最初の時点での徴税人には言及せず、代わりに、自由を求める組織化され武装した人々の企てを描いており、それはエセックスで発生して、ケントに波及し、当初は矛先を法律家たちと古くからの慣習に向けていたとする。三つ目の史料は確かに徴税人については述べているものの、徴税人たちが村の女性に嫌がらせをしていたのであり、これが騒乱のもともとの原因だと示唆する。一三八一年に起きた「農民反乱」は「イングランドの蜂起」「反乱」「革命」「暴動」(日本では「ワット・タイラーの乱」)など、人によってさまざまな呼称や解釈があるが、中世イングランド史の中でももっとも有名な出来事のひとつである。発生以来ずっと調査と議論の対象となってきたが、だからといって、この事件についてすべてが解明され、解決されているというわけではない。実際、一三八一年の出来事については、かなり根本的な再評価が近年発表されている。その理由の一つは、歴史家の各世代がそれぞれに異なる概念的ツールから影響を受けてきたことにある(この話題は次章で取りあげる)。しかし、歴史家が議論や再解釈を行うことができるのは、証拠の性質によるところが大きい。一三八一年に関して残されたテクストの痕跡は豊富で膨大である。しかし、それらはすべての詳細を網羅しているわけではないし、あらゆる細かな点や一般的なことについて一致しているのでもなく、一つの声で語っているわけでもない。したがって、史料とは単に読むだけのものではなく、さまざまな解釈、見方、理解を見出すために向き合わなければならないものなのだ。

一三八一年の出来事に関して現存する史料にはどのようなものがあるのだろうか。先に挙げた三つの史料はいずれも年代記であり、具体的には『無名年代記(アノニマーレ)』、トーマス・ウォルシンガムの『大年代記』とヘンリー・ナイトンの『年代記』である。一四世紀後半のイングランドでは、年代記の執筆が特に盛んであり、これら三つの史料以外にもさまざまな年代記が残っている。しかし、こうした叙述史料だけが現在まで残る唯一のものではない。反乱の鎮圧は、地域ごとに行われたさまざまな審問という形で、かなりの量の文書史料を生み出した。審問では、地元の陪審員が、蜂起の際に隣人が犯した具体的な行為について証言している。国王裁判所(王座裁判所と民事裁判所)の裁判記録も数多く残っており、そこには特定の個人の罪状と刑罰が詳細に記されている。その他の政府の文書も現存している。反乱前後に議会が下した決定の記録、反乱鎮圧のために国王が出したさまざまな命令書、特定の反乱者に対する王の恩赦状、蜂起により影響を受けた他の地域から王に提出された請願書、そして人頭税に関する諸記録である。上記の年代記の二つには、六通の「反乱者の手紙」が書き写されている。非常に興味深いが、もどかしいほど不明瞭な文書である。これらは反乱者たちの間で流布された一般的あるいは暗号的なスローガンを記録したもののように思われる。それらはひょっとすると、もともとは、ブロードサイド(例えば教会の扉のような公の場所に貼り出されたビラのような小型の文書)の形で流布されたのかもしれない。この反乱は、他にも文学的な形でその痕跡を残している。例えば、反乱後に行われた説教や、反乱鎮圧についての短い詩、それからジェフリー・チョーサーの『カンタベリー物語』やジョン・ガワーの『叫ぶ者の声(*Vox Clamantis*)』、ウィリアム・ラングランドの『農父ピアズ』などの長編詩のなかの一部などである。ラングランドは反乱後に、『農父ピアズ』の社会的・

精神的な改革を求める内容があまりにも反乱に同調的だと思われないよう、明らかに改訂したようである。

以上の簡単な史料の一覧からただちに分かることは、一三八一年の歴史を書くには、叙述史料の記述を読んで、それに書かれていることを繰り返すだけでは全く不十分だということである。まず、上記のさまざまな史料が述べる内容は一致していない。ときに、それらは一緒になって複雑な多声音楽を奏でることもあるが、いくつかの問題(例えば、反乱者たちの構成や目的)については、不協和音を発している。すべての証拠から、出来事の一つのバージョンを統合しようとすると、必然的に選択をして、解釈上の決定を下さなければならなくなる。言い換えれば、史料が発する声のうちのあるものについては口を塞がせることになる。長い間、主要な年代記が史料として優先されてきた。このために歴史家たちは、特にこれらの年代記作者の目を通して反乱者たちを見ようとする傾向を持っていた。年代記作者の視点では、反乱者らは、社会の底辺から引き寄せられた、野蛮で悪質で無知な、協調性のないクズとして描かれるのだ。しかし、反乱後に作成された裁判記録という別の史料を用いた研究では、かなり異なる像が浮かび上がってきた。反乱者の大部分は、村社会の上層部、つまりベイリフ〔執行官〕や陪審員などの地方官職に就いている類いの人々であったというのだ。これが示唆するのは、彼らの行動が、年代記が描くのとは水準と性質をかなり異にするものだったということである。[2] さらに、人が歴史を書く際には、どの史料を使うかだけでなく、どのように使うかによっても影響を受ける。反乱の社会構成のパターンを見るためには、裁判史料を統計的に分析して、史料に言及されている人々の数を、社会経済階層ごとに数える必要がある。また、反乱後にラングランドがどのように自らの詩を改訂したかを見るためには、現存するさまざまな写本を非常に慎重に比較する作業が必要となるのだ。

このように、もっともよく知られている年代記史料ですら、史料を「逆なでに」読むことによって、最近の分析で新しい展望が開かれてきている。「逆なでに」読むとは、テクストのなかに、混乱や矛盾、故意の割愛、その他の緊張を示すものを探すことである。それらの要素は、史料の書き手が、意図的にせよ無意識的にせよ、何を言っていないか、あるいは何を暗に行間に滲ませているかを示してくれることがあるからだ。

だが、解釈のテクニックを議論するうちに先に進みすぎてしまった。まずはもっと基本的な問いから始めよう。私たちはどこで中世の史料を見つけられるのか？

校訂版と文書館(アーカイヴズ)史料

単純な答えは、史料は図書館や文書館（そして最近ではオンライン）で見出せるということである。しかし、こう言うと、もっと複雑な問題を隠すことになってしまう。駆け出しの歴史家として、私たちが通常初めて一次史料に出会うのは、近代に刊行された校訂版（および翻訳版）の形だし、実際、ほとんどの歴史家は研究の後の段階でも、少なくとも一部は刊行史料（手書きの写本を活字に起こして印刷したもの）を使い続ける。刊行史料は非常に貴重である。というのは、比較的容易に入手できるためであり、また、校訂版作成者が、索引の作成や史料の時代背景の説明、著者の同定など、史料の読みや分析にあたっての最初の大変な作業の一部をすでに行ってくれている場合が多いためでもある。近代の学術的な歴史学の主な基盤のひとつは、壮大な共同作業による刊行史料の叢書を創設することだった。もっとも有名な四つの例だけを挙げれば、一八世紀初頭に始まったルドヴィコ・ムラトリの「イタリア叙述史料集成(*Rerum Italicarum Scriptores*)」、ドイツの「モヌメンタ・ゲルマニアエ・ヒストリカ」、イギリスの「ロールズ・シリーズ」、ミーニュ神父の「ラテン教父全集(*Patrologia Latina*)」である。これらの努力がなければ、現代の歴史学は全く違ったものになっていただろう。

しかし、このような史料叢書には問題がないわけではない。第一に、校訂者が、特定の歴史学的な、また国家主義的な(あるいはミーニュ神父の場合には宗教的な)前提に基づいて所収する史料を選択しているという問題がある。いずれの叢書においても、年代記やその他の叙述史料が圧倒的に多く所収されており、重要著作の「正典(キャノン)」を確立することになってしまっている。地方のマナー〔荘園〕の膨大な記録のような類いの文書は、「偉大な人物」の言動に関係せず、「国家的」な重要性を有しないため、校訂に値するほど重要だと見なされることは稀であった(ただし、特にイギリスで刊行されたさまざまな地方文書の叢書は、このバイアスをある程度は是正してきている)。このように、いまや古典的な一九世紀の刊行史料は、ある領域には注意を向け、別の領域は閉め出したのである。例えば、中世社会における女性の役割は、修道院の年代記のような叙述史料ではほとんど分からないが、宗教的な著述や地方文書など他の形式の史料を調べると、はるかによく見えてくる。

第二に、刊行版は、もともとはもっと流動的だったテクストをアスピック〔肉や魚の煮汁にゼラチンを加えて作るゼリー〕のように固定化してしまう。例えば、「ロールズ・シリーズ」の初期の校訂者は、セント・オールバンズ修道院の一連の写本に残された年代記を扱うにあたり、それら全体の著者を想定することなく、四つの別々のタイトルで刊行した。後の研究は、この四つの年代記が、実際にはトーマス・ウォルシンガムが書いた一つの年代記(あるいは『大年代記』とその短縮版)が発展していくそれぞれの段階を示していると論じた。だが、さらに最近になって、刊行版ではなく写本を詳細に調査した結果、複数の著者が著述したものがさまざまな段階の形で残っているという、より複雑な状況が示唆されている。[3] 逆に、校訂テクストを作成する際には、いくつかの写本で微妙に異なる内容を、一つの「権威ある」融合したテクストに凝縮することが求められることがある。これを実践する方法、また多様な読みを示すさまざまなやり方について、現代の校訂者たちの間で探究と議論が続けられている。[4] この点で、一九世紀の校訂版は欠陥があるとしばしば見なされているのだ。現代の学者にはもはや有用性や説得力が見出せないようなテクストの「純粋性」の概念に依存していたり、(特にミーニュ神父の「ラテン教父全集」の場合は)稚拙で日和見的な校訂上の諸判断の犠牲になっていたりするためである。[5] それ以後の歴史家たちは、「オリジナルの」テクスト自体(もしそれを実際に突き止めることができる場合の話だが)に対するのと同じくらい、写本間のテクストの差異に対しても関心を示してきた。例えば、ラングランドが自分の詩に手を加えたことは、どのテクストが『農夫ピアズ』の当初のバージョンで、またどれが最終バージョンなのかを決定するのと同じくらい重要な事実である。また、ウォルシンガムが自分の年代記の改訂版に加えた変更点は、彼の年代記の「最良」のバージョンや「最終」のバージョンが何であれ、そこに含まれる詳細と同じくらい、中世後期のイングランドの政治変動について多くのことを教えてくれるのである。

以上のどれも、歴史家が刊行史料を使わないことにはつながらない。刊行史料は非常に便利なのだ。整った大学図書館なら少なくとも刊行史料はいくらか所蔵しているし、国立研究機関の図書館であれば多数を所蔵している可能性が高い。とはいえ、より高度な研究のためには、歴史家はしばしば、有名な史料についても、もとの写本を確認したいと思うものである。もちろん、いままで刊行された史料よりもはるかに多くのものが写本や文書の形で残っている。こうした未刊行の史料を見るには、中世文書を収蔵した現代の文書館へと通常は向かわなければならない。

記録文書が現在どこに収蔵されているかは、大体のところ、なぜ、いかにしてそのようなものが作られ、保管されてきたのかに依存している。なかには、普通では考えられない場所でとんでもない発見がなされることもある。例えば、アメリカの中世史家であるロバート・ブレンターノは、イタリアの小さな教会の鐘楼で、その地方の非常に豊かな教会文書を発見した。また、中世の重要な文書のかなりの数が、後の書物の製本材料として再利用されている状態で発見されてきた。(6) 後の時代でも貴重と考えられた写本(例えばチョーサーやダンテといった有名な著述家たちの著作、美しい時禱書(じとうしょ)や彩色聖書など)は、それらを購入できるお金がある(あるいはかつてそういうお金があった)場所で見つかる。パリの国立図書館やストックホルムの王立図書館などの国立図書館、オックスフォード大学やケンブリッジ大学のさまざまなカレッジ(学寮)、アメリカの名門大学や民間の研究機関の図書館(カリフォルニア州のハンティントン図書館など)がその例である。

しかし、通常の文書史料のほとんどは、関係当局がそれらを作成した際に、将来使用する可能性があるため保存を望んだことで現存している。ヨーロッパで最大の管轄範囲を持っていたのはローマ教皇権であり、ヴァチカンの文書館は、教会統治および教会行政に関する文書や、より信仰に関わる著作を豊富に収めている。もっとも、比較的最近まで、歴史家がこれらの史料へのアクセスを得るのは困難であったが。一方、とりわけフランスやイギリスにおける国立公文書館は、一二世紀から一三世紀にかけて拡大し中央集権化した官僚制の産物であった。したがって、文書館が収めている記録は、主に王の政府と司法が作り出したものである。具体的には、国レベルの課税評定記録(例えば、イングランドで一三七七年に作成されたものは、本章冒頭で見たように四年後のワット・タイラーの乱の前兆となった)、王の裁判記録、政府の書簡、議会の諸決定などである。イタリアやドイツなど他の国では、このような中央集権化は中世には決して起こらなかったので、文書ははるかに分散した形で収蔵されている。フィレンツェやオルヴィエートのようなイタリア都市では、「国立公文書館」があり、そこには中世の政府の機構に関係する文書が収められているが、その地理的範囲は文書館が置かれた特定の都市国家の支配下にあった土地に限られている。確かに(ヴェネツィアのように)かなり広い領域のものもあるが、近代国家の範囲とは一致していないのである。[7]

イギリスとフランスの両方では、前述した中心的な国立公文書館に加えて、地方の文書館もあり、そこにはまた異なる種類の文書が保管される傾向がある。例えば、特に地方行政文書(土地取引の証書(チャーター)、マナー裁判所やリート裁判所の裁判記録など)だけでなく、しばしば教会関係の文書(教区巡察、遺言書、十分の一税の記録)も含まれている。フランスでは、小さな村でさえ、村長のもとで中世にまで遡る文書が遺っていることがある。前章で述べたように、このような種類の史料が入手しやすくなったことが、二〇世紀後半に追究されるようになったタイプの歴史学にかなりの影響を与えたのである。

世俗権力の官僚制が中世盛期に発達する前は、西欧の文書の大部分は修道院が作成したものだった。修道院は、宗教的な性質の記録のみならず土地譲渡の証書(チャーター)やその他の重要な決定記録の保管庫であった。したがって、記録がいかに保存されたかという性質そのものが、特定の中世社会がどのように振る舞っていたかを示す証拠となるのである。つまり、どのような情報が重要視されていたのか、何が権威あるものと考えられていたのか、文書記録は将来の参照に際してどれだけ重要とされたのか[8]。素晴らしく豊かな中世初期のユダヤ教文書が現存しているが、その理由は、当時のエジプトのすべての宗教に共通する慣習のためだった。すなわち、神の名前が記されている可能性のある文書はすべて、その時点で内容に実用的な重要性がなくなっていても捨てることが許されなかったのである。このような文書はゲニザと呼ばれる部屋に保管されていたが、実際、カイロのゲニザでは歴史家S・D・ゴイテインによって何十万ページもの史料(いわゆる「ゲニザ文書」)が発見されている[9]。一方、世界の地域のなかには、文書史料が乏しいところもある。例えば、サハラ以南のアフリカについては、主に地域外の著述者が書いた叙述史料に大きく依存しているが、それはこの時代にこの地域で作り出された文書記録が少ないという状況を正確に反映した結果なのかもしれない。逆に、西欧では、かつて作成されたものの多くがいまは失われている。それはもう役に立たないと見なされて捨てられたためもあるが、それだけでなくその後の出来事に原因があることもある。例えば、フランスでは、一七八九年のフランス革命の余波で、打ち倒されるべき旧体制(アンシャン・レジーム)の象徴として中世の文書や工芸品が大規模に破壊された。イングランドでは、宗教改革の偶像破壊(イコノクラスム)が盛んに行われた時期に、多くのステンドグラスの窓や彫刻、絵画、内陣仕切り(教会の聖職者しか入ることを許されない奥の内陣と、俗人が立ち入ることができる身廊(しんろう)部分の区切りに置かれ、精緻な彫刻がしばしば施される〕、そして写本の彩色画までが損傷を加えられたり破壊されたりした。より最近の時代になっても史料の逸失は続いている。第一次および第二次世界大戦の時期には、建築物や文書群が広範な被害の巻き添えになったし、例えば、スペイン内戦〔一九三六―三九年〕では、戦闘員が標的を定めてこれらの破壊を行ったのである。

文書を使うこと

自分が何をしたいかを(どの領域を調査したいかを知っているという意味で)分かるというのは必ずしも簡単なことではない。また、いつも調査範囲を定めてから関連史料に遭遇するというわけでもない。何か全然違ったことを探している間に、興味深い史料に突き当たるということはありうるし、史料が自分の当初の問いに答えてくれず、研究の方向性を新しくより生産的なものに練り直すよう促されることも頻繁にある。史料を最初に探すときには、文書館史料を見つけるためのさまざまな「史料発見支援ツール」の助けを借りて乗り出すのが普通である。そういうものには、写本の特徴を述べる短い史料目録もあるし、一点一点の史料の内容を要約する詳細な「抄録(カレンダー)」も存在する。その多くは刊本であり、電子版でも利用可能となってきている。とはいえ、ほとんどの地方文書館では、発見支援のツールは何世代もの文書館員(アーキヴィスト)がまとめてきた手書きのものであり、そこを実際に訪れる人にのみ利用可能な状況である。また、文書館史料の大部分は目録化されておらず、されているとしても非常に貧弱なものである。そのため特に中世後期については、これまでに見落とされてきた、あるいはほとんど注意を払われてこなかった史料を見つけることもある。

こうして自分が扱う史料のありかが分かったとして、もちろん、歴史家なら誰でも質すべき問いが数多くある。それはどんな種類の文書なのか。それは何のため、あるいは誰のためのものなのか。誰が、どういう条件のもとでそれを書いたのか。それはいつ書き記されたのか、いつ読まれたのか。なぜその文書は作成されたのか、などなど。しかし、中世の文書にはより特殊な問題がある。まず、最初に誰もが直面する問題は、そもそもその文書を実際に読む時の難しさである。西欧中世の史料の大半はラテン語で書かれており、しかもそれはしばしば書記が用いる俗語の影響を受けたラテン語の形態をとる。ラテン語の文体も、またある程度はそこで用いられる語彙も、時と場所と文脈によってさまざまである。年代記や冗長な教皇勅書のなかには、装飾的な文体のせいでとりわけ読むのが大変なものもある。他方、多くの類型の文書史料では、非常に繰り返しが多く、限られた語彙に依存して書かれている。例えば、マナー裁判記録は、そこで用いられる特定の語彙を把握しさえすれば、読むのが著しく困難というわけではない。

したがって、中世学者にとって、ある程度のラテン語能力は通常は「シネ・クア・ノン(*sine qua non*)」、すなわち「それがなければ立ち行かないもの」である。確かに俗語で書かれた文書も存在してはいる。そうした文書は、特にラテン語文化の影響を受けることがなかったスカンディナヴィア北部のような地域や、比較的早い段階で高度な俗人の識字文化が文書史料に入り込んだイタリア北部のような地域からのものである。しかし、これらの俗語は、対応する現代語と全く同じということではないし、諸地域をまたいで標準化されているわけでもなかった。中高ドイツ語は、現代のドイツ人にとっても理解するのは難しい。南フランスで話され書かれているロマンス系言語であるオック語は、現代のフランス語とも中世北フランス語〔オイル語〕とも相当に異なっている。古英語と中英語はともに、後には消えてしまった文字を用いている。ただし、中英語については、ソーン(þ)が「th」の音で発音され、ヨッホ(ȝ)が通常は「ヨーグルト(yoghurt)」の「y」の音か、「インプ(imp)」の「i」の音のどちらかで発音することを知っているならば、声に出して読むと往々にして理解可能なものである。[10]中世イングランド史研究者なら、アングロ＝ノルマン・フランス語も読みたいと思うかもしれない。この言語は、アーサー王物語や、いくつかの年代記や書簡、そして、中世後期の法制史料や議会法などで用いられていたからだ。中世史家のなかには、ヨーロッパの数か国語の現代の文献に通じているだけでなく、いくつもの中世の俗語を読み取る知識を有した語学の才に恵まれた人もいる。また中世の中近東や地中海南岸地域(さらにそれを超えたエリア)の研究にとっては、アラビア語の知識は極めて有用である。もっとも、西洋の中世史家でこれまでアラビア語の書字と言語を習得した者は比較的少数に限られ、研究を先に進めるためには、地域研究のスペシャリストやその地域出身の研究者とのコラボレーションが、より有益な筋道となるかもしれない。以上を踏まえると、ほとんどの中世学者は、特定の地域に焦点を絞った能力(例えば、ラテン語の知識に加えて、自分が生まれ育った地域の中世の時点の俗語を読みとる知識)を有しているということになる。

中世の文書を扱う際、手書きの文字の解読という問題もある。これには古書体学(パレオグラフィー)の能力が有用である。(古い時代の文書ではしばしばそうであるように)手書き文字が規則的で整ったものである場合でも、書記たちが用いていた圧縮・省略記法を解読しなければならないのである。というのは、書かれた中世ラテン語は、携帯電話でテクストメッセージが最初に現れたときに使われた省略英語に似ているからだ。「後で会おう(See you later)」を「C U l8r」と書く時のように、さまざまな文字や語尾が記号によってだけ示されている。中世初期の文書の書体は比較的整っている(というのは、多くの人々がどう書くかを知らなかったし、書き方を知っていた人々は比較的標準化された形で教えられていたからである)。一方で、語と語の間に切れ目がなく、句読点も打たれていなかった。中世後期の文書では、語間の区切れや句読点は見られるようになるが、綴りを読み取る困難はさらに大きいものになる。というのも、書くことができる人々の数が増えるにつれて、癖のある書体で書いたり、ときには急いで記したりする人も増えるからである(図2・1参照)。

のたくった書体で書かれ、多くの文字が省略された古(いにしえ)の言語で記された文書が何を言っているのかを理解するにあたっての最大の助けは、その文書が何を言っていそうかを、それを見る前に予め知っておくことである。中世の文書の多くの形式は、極めて定型的である。あるジャンルの文書がどのように書かれるものか(つまり、その文書の中である事柄が言及される順番であるとか、しばしば現れる言い回しとか、その文書の基本的機能とか)を知っておくことは、ある特定の文書が何を意味しているのかを理解するのにあたっての大きな一歩となるのだ。非ヨーロッパの例ではあるが、分かりやすい事例を挙げよう。多くの中世日本の公式文書は、同じ定型を若干変異させただけの形で提示されている。その定型は、特定の語句や言い回しだけではなく、ページのレイアウトにも及んでいる。したがって、日付はページの同じ位置に現れ、名宛人も同様であり、ある文書の形式では、書記の名が文書の最後に書かれる。書き出しの文〔表題〕は、その文書がどういう種類のものであるかを同定する。そういうわけ

図 2.1(a)　中世初期の手書き文字，8 世紀末の聖書抄本より (Cod. Sang. 11, fo. 20)

図 2.1(b)　中世盛期の手書き文字，12 世紀の教会法写本より (Cod. Sang. 673, fo. 22)

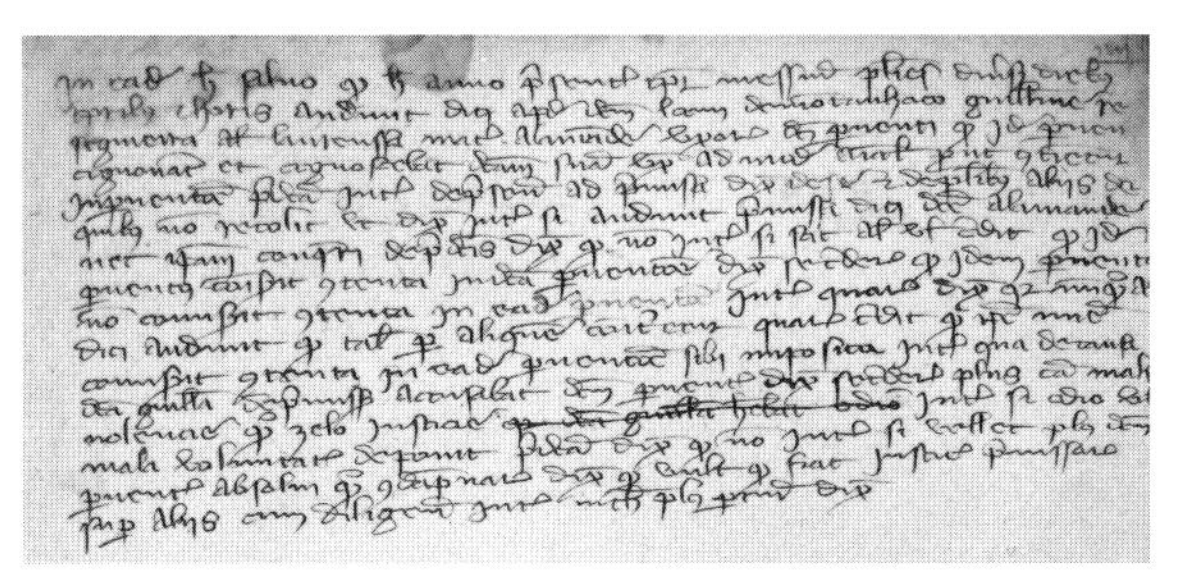

図 2.1(c)　中世後期の手書き文字, 14 世紀中頃のマナー裁判記録より (Conisbrough Court Roll, 1349-50)

で、ある文書に収められた特定の情報を読み取ろうとする前に、日本中世史の研究者は、自分が扱っている文書の種類が何か、いつ書かれたのか、誰から誰に対して書かれたのか、したがってその文書が何についての史料なのか、かなり素早く見てとることができるのである。[11] ヨーロッパの中世文書は、通常ページのレイアウトについてはそこまで構造化されていないが、類似した点も存在する。「*Sciant presentes et futuri . . .*」(現在の者たち並びに来たるべき者たちは以下のことを知るべきである)という言い回しで始まる文書であれば、証書だとすぐさま同定できる。また、最初の数行中に、「*In primis lego*［あるいは *commendo*］*animam meam deo*」(第一に、私は私の魂を神に委ねる)といった言い回しが現れるものは中世後期の遺言書である。実際には、歴史家は、自分が見ようとしている文書の種類が何かはすでに知っている場合が多い。というのは、その文書は自分で文書館員に閲覧申し込みをした当の史料だからである。史料の定型的な性質は、筆跡と省略記法の解読を助けてくれる。したがって、異端審問記録を読んでいる研究者が、ぶっきらぼうな「*I. t. j. d. q.*」という略記に出くわした場合は、これは「*Item testis juratus dixit quod . . .*」(同様に、誓約をなした証人は以下のことを述べた)と復元しなければならない。というのは、数多くの他の記録で同じように書かれているからである。

中世文書の定型的な性質は、筆跡を読み解く上で役に立つだけではなく、文書が全体としてどのように機能していたかを理解するのに、さらには、中世の人々がテクストや書くことをどのように考えていたかを見るのに重要な要素である。書簡を例にとろう。私たちは書簡を、非常に個人的かつ親密なコミュニケーションの形として考えがちである。しかし、中世の例を見るとそうしたことは滅多にない。どのように書くべきかという古典古代の修辞学に由来する規則があり、書簡は五つの部分に分割されていた。すなわち、定型的な挨拶、受取人にメッセージの受け手としての心の持ちようを示すための引用文、主要な叙述あるいは説明、送り手によってなされる要請、そして締めくくりである。書簡は、かなりの頻度で公的な文書として書かれ、特定の受け手を超えて広範に回覧されること、あるいは、特定の決定や後に参照される指示を半ば法のように述べることが意図されていた。そのうえ、多くの書簡が、もともとの書簡が書かれた文脈から何重にも引き剝がされた形で集められ、定型表現の範例として現存しているのである。

書簡とは別の形ではあるが、かなり高度に組織化されたテクストとして説教史料がある。説教には相当に複雑な、理論的な規則があり、聖書の釈義に関する洗練された一連の考えが採用されている。このことは、書かれた形態においては少なくとも正しい。しかし、説教に関する本質的だが通常は答えの出ない問題は、書かれたテクストと、想定される口頭でのパフォーマンスとの関係である。語られたものにかなり密接に対応しているかもしれない実際の説教を書き記したものも時折存在する。例えば、一四世紀の〔イタリアの〕トスカーナ地方でベルナルディーノ・ダ・シエナが行った説教について、俗語で書かれた膨大な記録がある。彼の非常に個性的なパフォーマンスの修辞的な力はページから溢れんばかりである。その対極としては、実際に説教を行う意図はなく、あるテクストに枠組みを与える便利な方法として説教の形式を用いた者たちがいる。この点が明確に示されているのが、〔スコットランドの〕ドライバラのアダムが著した、プレモントレ会に属する律修参事会員の修道生活についての著作である。彼はこの著作を一四の説教の形をとって著したと説明する。そうすることで、「それらの読みの理解が啓発されたものになり、読む者の感情が、まるでそれが実際に語りかけられたものであるかのように揺り動かされるため」であった[12]。説教では、しばしば例話（エクセンプラ）と呼ばれる教訓的な話が用いられた。それらを集めた例話集は相当な数で現存しており、説教者は、キリストの生涯をたどりながら記念する年間の説教のパターンに従いながらも、それに加えて自分の説教の論点にふさわしい例話を取りあげて利用していたと考えられている。多くの例話は、信頼できる同時代のあるいは過去の典拠から引き出された本当の話として受け取られるよう意図されていたが、なかには古典古代の文学から引かれるものもあったし、さらに、有益な作り話として認識されている例話も多くあった。ある司祭によって一年間（たとえ死んだとしても）踊り続けるように呪いをかけられた不信心な踊り子たちについての例話は、一四世紀に〔イングランドの〕ブルンのロバート・マニングが著した『罪をどう扱うか（*Handlyng Synne*）』という信心の手引き書に現れる[13]。こういう話は、時に、この時代の人々のグロテスクなまでの信じやすさを示すものと受け取られてきた。しかし、テクストを注意深く読むと、マニングは、これが法螺（ほら）話であり、それを聴衆も知っていることは分かっていたのである。例話としては、これは一四世紀イングランドに由来した話ですらなく、それゆえに当時の環境においてこの話をどのように解釈するかは一筋縄ではいかない。

したがって、これらの事例やその他の例のどれにおいても、中世のテクストがとる形式と、そのテクストが恩恵を受けている構造、そして、テクストの背後にある意図や意味、聴衆やテクストの使われ方についてのより広範な著述上の想定などを理解することが重要である。テクストとして残された史料には多くのジャンルがあり、今述べた問題のすべてを論じるには何冊もの大部な書物が必要となるだろう。とはいえ、史料というものに迫るひとつの道として、年代記、証書、図像（イメージ）、そして法史料という四つの史料類型をより詳細に見てみることにしよう。これらは、同じ大きさや形のカテゴリーではない。例えば、年代記がかなり特殊な種類のテクストであるのに対して、図像は、そのサイズと類型に膨大な差異がある。しかし、この四つの史料類型は、史料がそれぞれどのように利用されうるのか、また、私たちが歴史学を実践するなかで史料を生き生きと蘇らせようとする際にいかなる課題があるのかを例証するのに役立つ。

年代記

私たちが中世の年代記を考えるとき、人口に膾炙（かいしゃ）した認識では、人里離れた修道院で、剃髪を施した書記が大きな写本を前に労している姿が思い起こされるかもしれない。その写本は、世俗世界における正道から外れた道を物語って、その非を責めるのである。こうしたイメージは誤解を招くものである。もちろん、修道院長シュジェの下でフランスの諸王に仕え、一連の歴史書を著すようになったサン・ドニ修道院や、ロジャー・ヴェンドーヴァー、マシュー・パリス、トーマス・ウォルシンガムら偉大な年代記作者で有名なセント・オールバンズ修道院などのように、年代記著述の中心地となった修道院は確かにあった。しかし、実際のところ年代記は、修道院以外のさまざまな場所で頻繁に書かれていた。もっとも顕著なのは都市であり、（一一一九年頃のピサの編年記のように）かなり早い時代からの年代記史料がある。また、王の宮廷（九世紀に書かれたカロリング時代の多くの歴史書は、何らかの形で宮廷に関係している）、さらには司教座聖堂参事会（一一世紀にはリエージュのアンセルムスによる『リエージュ司教事績』の続編がある)でも年代記は書かれていた。年代記著述の大半はラテン語でなされたが、いくつかの俗語の例が一二世紀までに現れ、とりわけフランスとイタリアで発達した。

このように、年代記は、通常は権威と関係する文脈にある程度限られてはいたが、さまざまな目的のため、そしてさまざまな読者のために制作されたのである。このことは、それらがどのように書き写されたかについても言える。すなわち、フランク王国の歴史叙述の主要な作品をまとめたさまざまな写本が残っているのだが、それらは、カロリング王朝の勝利と正統性について極めて統一されたメッセージを構築しようと努めている。[14] ラウール・グラベール(禿げのラウール)のような修道士の年代記作者は、自分の歴史叙述の包括的なメッセージが、神の神聖な計画の啓示として読まれるよう意図していた。一一世紀初頭にこれを著したグラベールは、自らのテクストを、さまざまな四区分からなる複雑な体系を中心に構成した。具体的には、地の四隅、世界の四つの時代、人間の四つの感覚(「五感」から数を減らすために視覚と聴覚をひとつに合わせ「四感」とした)、四つの福音書、四つの元素などを、(象徴的のみならず霊的なレベルでも)リンクさせたのである。[15] グラベールの年代記はクリュニー修道院長に献呈されており、彼の直近の読者は明らかに修道士たちであった。しかし、ここにも政治的な要素が含まれている。グラベールはまず、異端者、火山、多くの貴族の死など、紀元千年の節目に起こったさまざまな問題を記述するが、それは次に「もっともキリスト教的な二人の王」、すなわち、ザクセン人のハインリヒとフランク人のロベールの下で政治的安定が回復したことを強調するためであった。[16] 他方で、商人として成功し、政治家としても活躍したディーノ・コンパーニは、一四世紀初頭に故郷のフィレンツェの年代記を書いた。彼の意図した読者は、自分と同じ階層に属する市民であったと思われる。しかし、実際には、彼が執筆した時代の移り変わりのなかで政治的対立があったために、彼の作品は同時代の人々には隠されなければならず、実に一五世紀後半になるまで全く筆写されることはなかった。コンパーニの最大の関心事は、まさに自分の街を覆っていた派閥争いであり、宗教が歴史にどのように影響を与えるかについての彼の感覚は、グラベールのものとはかなり異なっていた。不和と争いについての彼の記述は、陰口の罪が何をもたらし、敵意がどのような精神的帰結に結びつくのかに対する警告であった。コンパーニが従った中世の医学説によると、このようなトラブルを引き起こしたのは、激情に駆られやすい傾向など人間の性格を形作る身体的な特徴なのであった(17)。

年代記はしばしば、さまざまな権力が直接的に記録を残す保管場所という役割を持っていた。というのは、王、諸侯、教皇、司教らは、重要な文書が年代記著述の中心地に流布し、年代記の叙述のなかに書き写され、そうすることで文書の内容が保存され、広められるようにしたからである。一二世紀イングランドの修道士ウィリアム・オヴ・ニューバラが著した年代記には、三例だけ挙げれば、第三ラテラノ公会議(一一七九年)の決議文、サラディンのイェルサレム攻略(一一八七年)に関して教皇ルキウス三世がヘンリー二世に送った重要な書簡、そして、その後の第三回十字軍(一一八九―九二年)への資金援助を定めたイングランド王とフランス王の法文書が含まれている。また、リチャード・サザーンやガブリエル・スピーゲルが指摘しているように、歴史書の執筆はしばしばトラウマの産物であった。すなわち、当時の政治的状況のなかで、ある勢力が過去の安心できる解釈を語ることで変わりゆく出来事に対処しようとし、またそうした変化を説明する試みとして歴史書を執筆したのである。

例えば、西フランクの年代記作者であるランスのフロドアールは、シャルル単純王の廃位を受けて九二三年に年代記を執筆した。同様に、ノルマン征服後の一二世紀イングランドでは、年代記が大量に書かれた。それらは、明らかに不連続な王国の歴史を語り、そうすることでその歴史を安定化させる一貫した方法を見つけようとしていたのである。現在の人々に対して過去を説明するという点で、年代記は本質的にイデオロギー的な形式をとっており、ガブリエル・スピーゲルが述べるように「単に「あったこと」を記述しているという見かけのもとで、その間ずっとイデオロギーとしての地位を隠蔽している」のである。[18] もちろん、その隠蔽こそが年代記の力の源泉である。サン・フアン・デ・ラ・ペーニャの年代記(一三七〇年頃)は、アラゴン王ペドロ四世が王国の正史として依頼したもので、ラテン語版、カタルーニャ語版、アラゴン語版の形で、すぐにそのようなものとして王国中に広まることになった。[19] この文脈において、正史とは、単に王権を称揚し喜ばせるものなのではない。ペーニャの年代記は、王権の歴史的基盤を主張し、アラゴンを構成するさまざまな国においてペドロ四世が古(いにしえ)の権利や特権を有すると主張するための土台を作り、さらに、外部からの挑戦に対してそれらの権利を擁護するものであった。したがって、この年代記は、歴史書であると同じだけ政治的な論説であり、権力の道具であったのだ。しかし、「過去」という衣をまとっているため、ペドロ四世の支配権についての主張はより強力なものとなったのである。

では、歴史家は年代記を用いて何ができるのだろうか。当然のことながら、年代記は多くの事実に基づいた情報を提供するし、有益な、主観的記述も提供する。中世初期の政治史を描くのは、現存する叙述史料なしには非常に難しいだろう。また、年代記のなかには、人間のディテールや情熱を有益にも垣間見させてくれる、そうした瞬間を記録しているものもある。例えば、一二三四年に開催された教会会議に関する年代記には、当時物議を醸していたある異端審問官が殺害された事件に関する項目が含まれているが、そこでは、一人の司教が「マールブルクのコンラート師(問題の異端審問官)は、異端者と同じように遺体を掘り起こして焼かれるべきだ！」と叫んだという報告がなされている。コンラート師がいかに不人気な人物となっていたかを生き生きと伝える描写である[20]。より親しみのわく例としては、一〇世紀の年代記作者サン・レミのリシェは、九九一年の復活祭直後にランスからシャルトルへの旅で経験したかなり困難な出来事を、古典的で勇壮な散文で書き記している。その内容は詰まるところ、一行が迷子になったこと、馬が疲れきってしまったこと、少年の召使いが横になってどうしても立ち上がろうとしなかったこと、そして雨が降っていたことに集約される。「同じような不運に見舞われたことのある人は、その時の私の動揺と不安がどれほど大きかったか、ご自身の経験から判断できるだろう[21]」。はい、よく分かります。

また年代記は、中世の人々が時間というまさに歴史の構造をどのように理解していたか、その感覚のありようを私たちに伝えてくれる。西欧中世における歴史記述は、古典古代の伝統の影響を受けつつ、キリスト教の終末論的な時間枠のなかに位置づけられていた。すなわち、キリスト教の視点から見れば、時間は(天地創造で)始まり(黙示録で)終わるものなのだ。そこでの歴史は、この二つの時点の間を直線的に展開していくものだった。しかし、ちょうど旧約聖書が新約聖書を予示していたように、過去と未来の時間の諸要素は、現在の出来事に重なり合うものでもあった。例えば、西暦一〇〇〇年前後の時代には、年代記作者のなかには、至福千年に関連した終末論の諸要素を枠組みとして出来事を描く者たちもいた(もっとも有名なのはシャバンヌのアデマールやラウール・グラベールである)。また、似たような捉え方は、一五世紀のオスマン帝国の歴史記述者たちにも見られる。一五世紀は、イスラーム教のヒジュラ暦では九世紀と算定され、ビザンツの暦に基づく推定では天地創造から七〇〇〇年目(この時点で世界は終わると捉えられた)の直前の時期とされていた。[22]

これとほぼ同じ理由で、年代記は情報が歪んでいたり、間違っていたり、非現実的であったり、意図的に誤解を招くように書かれている場合があるために、歴史家は常に年代記に警戒心を向けてきた。年代記作者による数の提示は、例えば軍隊の規模や死者数を見積もる際など、不思議なほどきちんとしていたり、逆に疑わしいほど高かったりする。また、パトロネージ(恩顧関係)や読み手の問題は、かなり大きな歪みを生じさせることがある。一〇六七年に完成した逸名の『エドワード証聖王伝』は、(同王の前年の死による王位継承権が口実となって起こった)ノルマン征服について一切言及しないが、それは、この著作の目的がエドワードとその王朝を称えることだったからである。年代記作者による主観的な評価は、記述を活気づける一方で、当然ながら党派的なものでもある。ジャン・ド・ジョワンヴィルがフランス王ルイ九世の知恵と聖性を生き生きと描いた記述は、この王を列聖しようとする、後の(成功した)運動という文脈においてなされたものであった。そして、ジョワンヴィルの年代記のこれらの叙述部分には、ルイ九世の世俗的な要素が欠如しており、托鉢修道会への過度の依存という同時代の批判も全く反映されていないのである。[23]

このように、年代記作者が常に「信頼に値する」(この語の意味するところが何であれ)わけではないと指摘するのは別に意外なことではない。しかし、年代記という証拠のバイアスを避けようとしたり、取り除こうとしたりするべきではない。年代記作者を取り巻く世界には、彼(あるいは、稀ではあるが時に彼女)の書き方に影響を与えうる要素がたくさん存在していたのであり、その「バイアス」自体が、大きな重要性を持つ潜在的情報源なのだ。そのおかげで私たちはその世界について知ることができる。明らかに政治的な色彩を帯びた年代記史料をプロパガンダだとして無視するのではなく、その代わりに、それらの年代記が自分たちの正統化のプロジェクトにどのように手を付けているのか、そしてそのことが示す年代記作者の潜在的な思い込みがいかなるものかを、私たちは分析できるのである。例えば、王という概念は時とともに変化しうる。スヴェレ・バッゲがドイツの年代記に込められた暗黙の理想を注意深く読み解くことで明らかにしたように、一〇世紀から一二世紀にかけて良い王の概念は変化した。より早い時期の年代記では、王は庇護者であり、武将であり、個人的なカリスマ性を有し神に守られている人物である。しかし、一一世紀半ばになると、年代記作者たちは、王権についてより「公的」な概念を展開するようになる。王個人と王が占める役職を区別するようになり、王は神に代わって人々を統治するというのである[24]。どの時点でも、年代記作者は、一人としてこの変化を説明したり、それについて考えようとしたりはしていない。しかし、これらを暗黙の了解としている彼らの性質こそが、歴史家の分析にとって非常に価値のあるものなのである。この種の分析では、年代記が提供する「事実」や見解は、それらを提供する仕方と比べると重要性は低い。すなわち、年代記が使用している言語、展開するイメージ、そしてそれが示す政治理論に関する隠れた前提を明らかにする方法のほうが重要なのである。

そして、そのような思い込みは、年代記の作者自身にとっても意識されないものでありうる。彼ら自身や彼らの文化的環境について意識的には分からない事柄もあるのだ。文学史家スティーヴン・ジャスティスが示したように、一三八一年のいわゆる「反乱者の手紙」を記録したイングランドの年代記作者たちは、自らが書き留めたものの性質も内容も理解していなかった。そして、その誤解は、彼らが農民全般に対して抱いていた、否定的な思い込みに基づいていたのである。まさに史料におけるこの盲点に注意することによって、テクストの偏見をそのテクスト自体に突きつけて用いることができる。ジャスティスは、特にナイトンとウォルシンガムが反乱者たちの動機や行動について抱いていた思い込みを明らかにしたが、その際、彼らの「偏見」を排除するのではなく、逆にテクストが無意識に漏らしている要素を照らし出すためにそれらを利用することで、より豊かでニュアンスに富んだ、非常に同情的な蜂起の説明をすることができているのだ。[25] 同じように、中世のテクストのジェンダーに関するバイアスをその陰影を含めて理解することで、現存する史料を非常に注意深く読み解くならば、家族の記憶の保存者としての女性の基本的な役割を描き出すことも可能となる。女性は、書かれた記録には散発的にしか現れない話を口伝えで伝える存在であった。[26] したがって、年代記作者の(あるいは、実際はどの中世史料についても)バイアスを抹消ないし克服しなければならない、というのは正しくない。むしろ、中世の文化、政治、社会が特定のテクストにどのような影響を与えているかを知ることで、歴史家はさらなる研究のための非常に豊かな資源を得ることができるのだ。

証書(チャーター)

九世紀の〔フランスの〕ブルターニュ地方に由来する記録が数多く現在まで残されている。そのなかには、八六〇年六月一七日に発給され、ルドン修道院のカーチュラリー〔証書の写しを綴じた台帳〕に記録されている以下の証書も含まれている。

ウオブリアンと呼ばれる人物が、彼がずっと前に売り渡した完全私有地（アロッド）に関して、〔その土地を買った〕ウエテノクと呼ばれる人物を非難していることについての覚え書き。ウオブリアンは、ウエテノクが耕している範囲ほど大きな土地は売っていないと述べた。こう言われたウエテノクは、自分の支持者を集めて裁判を起こした。支持者はフォムス、イアク、レシュアラール、ドレフオブリという名であった。ウエテノクの〔所有する〕証書が読みあげられ、彼の証人たちと保証人たちが証言したとき、彼が働いていたすべて〔の土地〕がウオブリアンから購入されたことが明らかとなった。その後、証人や保証人によっても、同じく証書によっても敗北したウオブリアンは白状した。この告白は七月一五日の月曜日、ルフィアク教会にて、マッティアーン・イアルンヒテイン、ヒヌアラール、〔ブルターニュ〕公サロモンの代理人であるリトック、そして多くの高貴な人々の面前で行われた〔……名前の列挙〕。その後、エウソルヒト〔聖職者〕が公（おおやけ）の場で証書を読みあげた。その趣旨は以下の通りである。すなわち、ウエテノクが自分の証書をもとに述べた通り、すべて〔の土地〕がウエテノクに売却されていたというものである。[27]

証書（チャーター）とは何か。大まかに言えば、何らかの合意を記録したものである。その合意とは、土地やその他の財産をある当事者から別の当事者に譲渡する、あるいは、紛争を解決する、あるいは特定の権利を付与することなどである。[28] 先に引用したウオブリアンの例には、いま述べた最初の二種類の事案(土地の譲渡と紛争解決)が含まれている。つまり、引用した証書自体が、(この場合は法的な場での)紛争の解決を記録しており、さらに、ウオブリアンとウエテノクとの間で交わされた、係争中の土地のもともとの売買を記録した証書の存在にも言及している。ただし、証書によって譲渡されるものは、必ずしも土地である必要はなく、また、ある人が別の人に「売った」ものである必要もなかった。サンドミエシュ公ヘンリクは、一一六六年にポーランドのザゴシチにある修道院に証書を発給し、次のように述べた。「私は、[修道士たちが]前記の村々の牛たちを返還[できるように]するため、彼らに対してチェフフに酒場を出す権利を与える……何ぴとも、[修道士たちが]チェフフに設ける酒場の主人に危害を加えようとしたり、奉仕を要求したりしてはならない」。[29] 公ヘンリクは酒場の収入と監督権を修道院に譲渡したが、その一方で、酒場の主人に対する一定の領主権を暗黙のうちに保持していた(そのため、将来的には酒場の所有権を再び主張する可能性もあった)。つまり、ここでは、公は修道院に酒場を売却したわけではなく、贈与として寄進していたにすぎないのである。また、紛争の解決を記録した証書も、必ずしも裁判所で作成される必要はなかった。九九〇年頃の(スペインの)カタルーニャ地方の文書には次のような記録がある。ラミオという人物は、フリオという人物が自分からパンやワインを盗んでいることに気づいた。だが、彼はフリオを裁判にかけないことに決め、その代わりに、彼との間に私的な合意を取り結ぶことにした。その合意には、ラミオとその子孫が今後一切の訴追を受けないという定めが含まれていた。つまり、この約束を記録することが、この文書を作成した主な目的だったということである。[30] 最後に、証書は個人によってだけでなく、社会の最上位においても用いられた。例えば、中世の諸都市は大小を問わず、王や諸侯に対して、市民団体として独立して活動する自らの権利を確立する証書の発給を請願した。そうした権利によって、通常、ある種の課税の免除、法的な管轄権、その他の特定の事柄などが認められたのである。多くのイングランドの町は一二世紀に「証書(憲章)を得て」、その後、次の世紀にかけて都市の権利をさらに拡大する方向に進んだ。英語圏でもっとも有名な証書は、一二一五年にジョン王がラニーミードで発給したマグナ・カルタ(「大憲章」)だろう。この証書には、イギリスのコモン・ローにおける基本的な諸権利が定められている。またそれだけでなく、テムズ川とメドウェイ川からすべての梁(やな)(魚を捕らえるための一種の堰)を取り除くことや、王が他の貴族の材木を接収しないことに同意することなど、種々雑多なその他の事柄も定められている。

カーチュラリーは、中世初期にとって、またそれ以降の時代にとっても、もっとも情報に富んだ中世史料の一つである。現存するカーチュラリーの大半は修道院に関するものである。というのは、修道院にはこのような記録を長期にわたって保管(アーカイヴ)する手段と意欲があったからである。例えば、先ほどのウオブリアンとウエテノクの事例では、およそ五年後にウエテノクは紛争の対象となった土地を修道院に寄進した。このゆえにルドンの修道士たちが、将来の紛争に備えてそれ以前の証書の記録を残すことを望んだのである。中世初期ヨーロッパの一部の地域では、俗人も文書を(置き場所はまだ修道院や教会だったとしても)保管していたことを示唆する証拠がいくつかある。最近の研究では、それが、これまで私たちが想像していたよりも大規模であった可能性が提示されている。[31] 先に見たブルターニュ地方の事件で、ウエテノクが法廷に持ち込んだそれ以前の証書が言及されているという点が、ひょっとすると、このことに対する少しばかりのヒントとなるかもしれない。すなわち、明らかに誰かがこの文書を、将来に向けて潜在的な重要性があると考えて保管していたのである。

証書は、さまざまな社会階層の人々の生活や活動の諸要素に触れるものである。そして、マイケル・クランチーが示しているように、イングランドでは一三〇〇年までには、農民の間でさえも土地の譲渡に際していつも証書が使用されていた[32]。したがって、証書は、人、場所、財産、慣習に関する情報を含む、非常に価値のある史料類型である。もっとも、それぞれどの事例においても、証書が示す情報をどのように利用するかについては細心の注意が必要である。非常に簡単な例を挙げると、土地の寄進に関する情報を含む証書(これは修道院カーチュラリーの第一の特徴である)は、修道院の土地保有の範囲、その増減、価値、地理的パターンをマッピングすることを可能にする。また、寄進を行った人物を見ることで、歴史家は、社会的エリートの間での敬虔なる寄進のパターンを議論してきた。つまり、誰が誰に何を寄進したのかを知ることができるのである。しかし、それが分かったとしても、事態はそれ以上にもっと複雑かもしれない。寄進の性質や、与えられた土地に付随する権利はさまざまであり、それによって将来、紛争の対象となる可能性もあった。公ヘンリクとザゴシチの修道士の例に戻るなら、公ヘンリクが、修道院に酒場を永続的に好きにさせるつもりだったとは考えにくく、牛の群れを返還するための収入を得ることだけを意図していた可能性が高い。そうした不確定な点を越えても、問題はさらに漠然としてくる。すなわち、ザゴシチ修道院は、公ヘンリクや他の者が将来何らかの請求をしてこない限りにおいて、酒場からの収入を維持できる可能性が高いが、もし酒場を第三者に売却しようとすれば、この問題は公やその相続人たちによって争われる可能性が出てくることになるだろう。あらゆる財産譲渡の背後に「紛争」を見るかどうかは別として、修道院に寄進された土地が、寄進者の家族とそれを受け取った側との間をときに行ったり来たりしたことは確かであり、ともかくも同じ土地がさまざまなタイミングで「引き渡された」というわけである。証書によって譲渡されたものが何かは、そんなに簡単な問題ではないのである。

修道院の保有財産を研究する際には、偽造にも気をつけなければならない。修道院の証書を扱う場合には、それは決して珍しいことではない。文書がもろもろの権利の確立に不可欠になるにつれ、修道院は自分たちの主張を守るために、しばしば数世紀前に「遡って」自分たちに都合のよい証書を作り出すことが習慣となっていた。そうしたことを行う犯人は修道士たちに限らなかった。マルセイユ市は、一三世紀半ばに教皇のもとで行われた一連の訴訟でモンペリエを属領と主張し、一一三六年、一一五二年、一一六三年、一一九八年の権利を記した証書を都合よく「発見」したが、これらの証書は現在ではすべて偽造であると考えられている[33]。また、先に見たルドンでの紛争におけるウエテノクの「それ以前の」証書に関しては、もう一つの可能性がある。それは、この証書がウオブリアンに対して自身の立場を強化するために作られた偽文書だったというものである。

「贈与」の本質もまた複雑である。贈与に関する人類学的研究では、通常、互恵的な要素が関与していることが示唆されてきた。すなわち、人が何かを与えるのは、何らかのお返しを期待するから、あるいは、受け手に貸しを作りたいからである。さらには、誰かが何かを与えて、受け手がお返しできない場合(あるいは同じ規模で与えることができない場合)には、与えた側が相対的な富や力を誇示できるからである。バーバラ・ローゼンワインは、一〇世紀から一一世紀にかけてのクリュニー修道院への土地の寄進に関する研究で、これらの土地取引の多くが、実際の土地そのものよりは別の問題に関してなされたものであることを明らかにした。同じ土地が何度も贈与されたり、再贈与されたりしているのが見られるが、ここには、現代の不動産市場で期待されるような明確な「所有権」の意識はほとんど存在していない。その代わりに、ローゼンワインが示唆するのは、権威の断片化という分断によって特徴づけられる時代において、土地取引は一種の「社会的な接着剤」として機能していたということであった。寄進をすることは、自身を修道院と結びつけるための手段であり、逆に修道院の側でもそれを望んだのである。[34] このような分析を進める上で欠かせないのがプロソポグラフィである。これは、複数の文書に登場する人物を追跡し、その人物たちの間の親族関係のネットワークを追跡するものである(さらに、ローゼンワインの場合は、証書に記載されている土地の範囲もマッピングしている)。証書に記載されている人物(その主要人物だけでなく、さまざまな証人やその他の人物も)に関する研究は、一見するとわずかな情報からもどれだけ多くのことが引き出せるかを示している。証人が証書のリストに登場する順番や、複数の証書に渡って証人が繰り返し登場するかどうかは、その証書の背後にある社会構造や、つながり、緊張、権力の諸経路を示唆するのに利用できるのである。

一部の証書に含まれる叙述の細部についても同様のことが言える。例えば、ウオブリアンとウエテノクに関する証書を例にとろう。この証書の数行を読むだけでも、さまざまな重要なテーマが垣間見える。まず、非難した側のウオブリアンではなく、罪に問われた側のウエテノクが法廷に訴えたという事実は、人は法を強制されるのではなく、法を利用する選択肢を有していたという可能性を示している。また、この事実はおそらく、ウエテノクがこの地域の有力な権力者である公サロモンとのつながりを持っていたことも示唆している。さらに、法や法を用いた手段にまつわる社会的背景が示唆されている。この裁判には、公サロモンの代理人やその他の貴族が関係していたが、この裁判自体は地元の教会で行われていた。つまり、世俗的な権威と教会的な権威の組み合わせである。法廷は、証人の証言(ただし、客観的な事実についての証言なのか、主要な登場人物の素性についての証言なのかは定かではない)と、以前に発給された証書の内容を審理した。口頭での証言だけでなく、この書面による証拠こそがウエテノクに有利な判決を下したのであった。実際、この証書が示しているのは、声の文化(オラリティ)と文字の文化(リテラシー)の相互浸透である。すなわち、書かれた言葉は、口頭での証言と並んで重みと重要性を持っていたが、それが「公的なもの」とされるためには、(聖職者エウソルヒトが、この案件の結論としてこの証書そのものを読みあげたように)証書は声に出して読みあげられなければならなかった。長期間にわたって発給されたより多くの証書を調査すれば、この領域の輪郭をより詳細に描き出すことができるだろう。そして、財産や証拠を扱う方法の比重が口承から書承に移行していったこと、教会裁治権を世俗裁治権から分離する他の種類の裁判所や法的管轄が発展していったこと、文書実務におけるそのほかの変化などを見つけることができるだろう。同様に、さらなる紛争とその解決について研究を進めることによって、歴史家は儀礼的な振る舞いのパターン、社会的権力の経路、個人が社会の中で相対的な地位をめぐって交渉する方法などを追跡できるようになってきたのである。

ここまで見てきたすべての領域においても、またさらに多くの領域においても、証書とは、過去の出来事を受動的に反映し記録する以上のものだと考えるのがよい。都市の証書(特許状など)は、そこに含まれる細部と同様に、シンボルとしても重要だった。例えば、ブリジット・ベドス＝レザクが示しているように、フランスの諸都市は、自分たちの町の〔特権等を記した〕証書をいくつもの異なる形で複製している。美しく彩色された複本を作ったり、以前のものを紛失したことにして、領主にもう一通の写しを求めたりしていたのである。[35] 権威ある文書を作成し保管する能力は、それ自体が修道院や王の尚書部、そして中世後期には町や都市の権力を誇示するものだった。証書は、将来紛争が生じた際に戦術的に展開できる、有用な記憶の小さな貯蔵庫だった。当然のことだが、証書が保管されていた理由はまさにこの点にあった。したがって、記録の作成方法、つまり文書による記録の機能は、受動的なものではなく能動的なものだった。証書は何事かを成し遂げるものであり、それが作成された時点ではなくても、将来的には、少なくとも何かをなす潜在能力を有していたのである。[36] 後述するように、この点、つまり文書は何かを反映するものであるだけではなく、行為するものだったという点は、中世のすべての史料に適用できる。

図像（イメージ）

今日、私たちにもっとも馴染みのある中世のイメージは、シャルトル大聖堂のステンドグラスのように非常に大きなものもあれば、ほとんどの写本の彩色画のように非常に小さな場合もある。これらは両極端で、いずれもかなり特殊な図像と言える。シャルトルのステンドグラスは一三世紀の時点ですら驚異的な作品と受けとられており、最初から見る人に感動と畏怖を与えることを目的としていた。

写本の彩色画は、ほとんどの場合、写本に彩色画を施す類いの人々(つまり修道士たち)や、一四世紀から一五世紀には写本を購入する類いの人々(要するに大金持ち)しか目にすることがなかった。これらの図像は有意義であり続けている。だが、他の図像も重要であり、実に遍在的で至る所で目にすることができる。例えば、貨幣に打刻されたり印章に埋め込まれたものや、教区教会の壁に描かれたり、内陣仕切りに木彫された簡素な図像などである。確かに、一四世紀後半からは時禱書の形をとった彩色写本がより広範な俗人読者の手に渡るようになったが、概してそれらは依然として社会的エリートの所有物であり、相対的に遍在してはいたが、「民衆」文化という一般的な意味にまで広げて捉えられるものではない。その点で西欧キリスト教世界の普通の人々がもっとも頻繁に目にした宗教的図像は、二本の線が交差した単純な十字の形であった。この十字架のイメージは、寝台頭部、パン、まぐさ(建物の出入り口などのすぐ上に取り付けられた横材)といった日常的に目にするものに彫られていたのである。[37]「十字を切る(十字架のしるしをする)」というのはキリスト教徒なら誰でも子供の頃に教わることなので、十字架のイメージは図像であると同時に行為でもあった。

歴史家にとって、図像の分析にはいくつもの潜在的な落とし穴がある。つまり、純粋に技術的なもの、より解釈上の問題に関わるもの、そして認識論的なものである。[38]まず、技術的な面で、中世の美術は、意味を伝えるためにさまざまな記号的な工夫を用いていたため、それらを解読しなければ図像を理解することはできない。例えば、誰かの指の描かれ方には、その人が何をしているのか(聞いているのか、何かを論じているのか、祝福しているのか、説教しているのかなど)を、その図像を見る者に伝える意図が込められている。中世の聖人には、例えばアレクサンドリアの聖カタリナの車輪や、聖ミカエルの剣など、それぞれ特定の物〔アトリビュート〕が付随して描かれており、それによりその人物を識別することができるようになっている。また、もう少し世俗的な文脈では、中世後期の貴族の紋章が似たような役割を果たしていた。色彩はさまざまな意味で重要であり、多くの場合、特定の図像において文脈上、大切な機能を担っていた。[39] 種々の修道会、そしてさまざまな種類の聖職者が、それぞれの所属を識別できる色の着衣を(図像のなかだけでなく現実にも)身につけていた。ある図像における複数の人物の相対的な位置は、彼らの関係性や上下関係を示していた。

こうした事柄に圧倒されそうになるかもしれない。しかし実際には、たいていの場合、技術的にはそれなりに簡単に当たりのつくものだし、詳細を読み解く上でのかなりの助けは参考図書から拾い集めることができる。[40] 図像言語を読み取るのと同じくらい重要なのは、どんな史料についてもそうであるように、その正確な文脈と機能について考えることである。例えば、教会の壁に描かれた絵は、信仰について俗人に教えるために、ひょっとすると説教のための視覚的な補助として用いられたと時に思われてきた。確かに、この種の図像は、中世の典礼や宗教的教育の中で喚起されたイメージの感覚を深めるためにうまく利用できる。例えば、デンマークのモン島にあるケルドビー教会は、キリストの受難の場面をはじめとする聖書のさまざまな出来事や人物を描いた絵で内壁全面が覆われている。その身廊の一部分には、十字架のもとに跪く二人の罪人が祈りを捧げている図が描かれていて、一人はキリストの傷に思いをめぐらせているが、もう一人は世俗的なことに気を奪われている。その人物とさまざまなものを結ぶ線が描き込まれており、前者から出た線がキリストの傷に向かっているのに対して、後者の人物の線は、彼の馬や服、そして鍋のシチューの味見をしている主婦などと結びつけられているのだ。このような家庭的な場面は、教会に集う会衆には非常に馴染み深いものと映ったはずだ。[41] このケルドビー教会の聖歌隊席の図像は一三世紀後半のものとされており、身廊に描かれたほとんどの絵は一四世紀から一五世紀のものなのだが、俗人が簡単に目にすることができたのは後者だけであったようだ。他の場所についての研究も示すように、図像は常に俗人に教えるためにあったわけではなかったのである。例えば、フランスの一三世紀の教会のなかにも、身廊ではなく、後陣の壁にだけ絵が描かれているものがいくつかある。それらの絵の詳細を見ることができたのは聖職者だけであり、俗人は、図像が描かれているということは分かっても、図像そのものは目にすることはできなかったであろう。この場合、図像が与える教訓とは、細かな神学的知識よりも、聖職者が有する特権および俗人との地位の違いなのである。[42] それと同程度に、私的で家庭的であるかのように見える美術作品も、実際には「公的」なものでありうる。例えば、アンドレア・マンテーニャのフレスコ画（一四六五―七四年）はマントヴァ侯の私室のために描かれたものだったが、その絵が有名になったために侯を訪れた者がそれを見たいと特に願い出るほどだったのだ。[43] 中世の図像は、印象づけ、インスピレーションを与え、善行の範例を提供し、瞑想の的あるいは笑いの的になり、アイデンティティや地位を示し、物語り、怖がらせるためのものでありえた。これらの図像を制作した者たちは、芸術的な慣習、古典や聖書の物語、特定の記号論的体系、パトロンの要望、利用可能な資源を利用していた。そして、時には彼らが自分の周りで見たものから図像を生み出したのである。

中世の図像の制作者たちが自分の周りで何を見ていたかは、（美術史的研究の対象ではなく）歴史学的研究の対象になるのがしばしばである。図像は、中世の生活の詳細について多くの重要な情報を提供してくれる。写本には、白内障手術、瀉血（しゃけつ）、検尿など、さまざまな技術を要する医療行為が描かれている。また、大工、金細工師、肉屋、ビールの醸造業者など、それぞれの職業に特有の道具や方法が描かれているのも見ることができ、それらは、文字史料や考古学的資料を裏づけてくれる。さらに、市場や定期市、市民の行列（プロセッション）や演劇、葬儀や聖餐式などの視覚的なインパクトの意味は、さまざまな種類の視覚資料からある程度把握することができる。これらの要素はすべて非常に貴重なものである。しかし、気をつけなければならないことがある。というのは、過去の歴史家は、テクストの文脈や中世の著述家の文体上の工夫（皮肉、風刺、時代錯誤、ジャンルの慣習、物語に対する聖書解釈上の期待など）を無視して、中世文学から得られた細部が当時の生活を「改変を加えずに（ストレート）」描いたものと受け取る悪い癖があったからである。

　これに似た問題は、図像を使う歴史家にも起こりうる。例えば、『ベリー公のいとも豪華なる時禱書』から一連の有名な図像を取りあげよう。二月を描いた絵を見てみると（図2・2参照）、左下には質素な小屋が描かれており、座っている三人の人物が火を囲んで暖をとっている。そのうちの小さく描かれた二人に注目しよう。彼らの性器がはっきりと見えている。不思議なことに毛は描かれていない。これは、中世の人々が外衣の下には何も身につけていなかったこと（や思春期になるまでに何年もかかったこと）を示す明確な状況証拠だろうか。それとも、尻を丸出しにした農民と彼らの粗野さを揶揄した視覚的なジョークなのだろうか。この時禱書に付されている絵の多くが、宮廷の華やかさと農民の素朴さを対比させていることを考えるなら、おそらく後者の可能性のほうが高いだろう。しかし、この部分が正確に何を意味していたかについては議論の余地があるのだ。[44]

とはいえ、ここ数十年の間に、図像を利用する歴史家は、図像の物理的な細部を追究するよりも、図像が人々の考え方にどのように関連しているかに関心を寄せてきた。一三世紀にイングランドのヘレフォードで作られた世界地図「マッパ・ムンディ」は、実際の世界についてはほとんど何も語ってくれない（この地図にはふたつの大陸が欠けている）が、人々が世界についてどのように考えていたかについてはかなり多くのことを教えてくれる。マッパ・ムンディを見てみると、ある程度知覚された地理的知識（制作地であるイングランドが妙に大きい）や、既知と未知の境界、あるいは秩序ある中心部と無秩序な周辺部の境界（南と東に位置する周辺部には怪物のような民族が住んでいる）、さらに、万物が据えられている包括的な神学的枠組み（キリストが世界の中心であるイェルサレムに描かれ、さらに地図の最上部にも描かれたキリストが世界を包含している）についても読み取ることができる。また、さまざまなキリストの図像には、数世紀間にわたって比較してみると、力強く威厳のあるキリストから、十字架上でひどく肉体的に苦痛を受ける悲しみの人としてのキリストへの移行という、描写の全般的な変化が示されている。

図2.2　『ベリー公のいとも豪華なる時禱書』より，2月.

この変化は部分的には芸術表現の慣習に関係しているが、全体としては、イエスがどのように考えられていたか、そしてそれぞれの時点でキリスト教が伝えるメッセージのどの要素がもっとも力あるものと考えられていたか、そこに変化があったことをはっきりと示唆しているのである。

本章で取りあげた他の史料類型と同様に、図像は何かをなす能動的な存在だった。図像は、特定のイデオロギーを促進し、それを維持するように機能しえたのである。例えばこれが当てはまるのは、中世後期に現れたユダヤ人の描写である。ユダヤ人は、鉤鼻（かぎばな）という、絵を見るキリスト教徒にとっての「他者性」という印を身体的に帯びた、信頼できないアウトサイダーとして繰り返し描かれた(45)。聖体（ホスチア）〔キリストの体に変化するとされた聖体拝領のパン〕を冒瀆するユダヤ人の図像は、同様の内容の語りに付随して、ユダヤ人を悪魔化するだけでなく、聖餐式におけるキリストの身体的現前を強調する機能を果たした。また、中世後期のイタリア諸都市は視覚的に飽和した空間であり、つねに複雑な方法で図像を利用していた。中世後期のイタリア人は、キリスト教の教義を教える目的で描かれた宗教的な図像以外にも、訴訟を起こす際に〔市庁舎で〕巨大なフレスコ画に出くわしていたかもしれない。そのフレスコ画は、政府の「善い」形態と「悪い」形態を複雑かつ詳細に解き明かすものであり、市民と統治者の双方に対して平和を〔必要であれば武力を用いて〕維持することの必要性を思い起こさせ警告する機能を果たしていた(46)。一三世紀から一四世紀にかけて〔イタリアの〕トスカーナ地方の多くの都市では、不在のまま起訴され、したがって都市共同体（コムーネ）の追っ手を逃れた犯罪者〔特に裏切り者や悪徳商人〕が、「ピットゥーレ・インファマンティ〔侮蔑の肖像画〕」によって罰せられることがあった。これは、有罪判決を下された人物を描いた絵で、名誉を奪う視覚的な罰として公共の場所に掲示された(47)。当時イタリアで普及した話に、ある騎士がかつて自分の誘いをはねつけた、全裸で逃げ惑う女性を追い詰めて内臓をえぐり出すというものがある（騎士は好意をあだで返されたことで自害したため、また女性は騎士が死んだことを喜び過ぎたことで、二人とも地獄に落とされて、この追跡と虐殺を何度も繰り返す定めにある）。この話はボッカチオの『デカメロン』などにも含まれているが、中世後期のイタリアで、若い花嫁の宝石や衣服を入れた嫁入り道具箱にしばしば描かれていた。これは男性の力と女性の服従を非常に明確に表現したものである[48]。こうした図像は、指導の一形態であると同時に、期待されるジェンダーの役割についての戒めでもあったのだ。それらは女性に対する当時の社会の考え方を「反映」していると言えるかもしれないが、より正確には、そのような考え方を社会のなかに作りあげ管理しようとするものだと言うべきだろう。

いま挙げたものはすべて、特定のイデオロギー的なメッセージを伝えるといった、かなり直接的な影響力の行使を試みている図像の例である。しかし、図像の機能にはもっと捉えがたいものもある。壁画、彫像、時禱書など多種多様なキリスト教美術は、見る者の情緒や身体にさまざまな反応を呼び起こし、繊細な（あるいはそれほど繊細ではない）形で感情を揺り動かすように機能していた。例えば、十字架に架けられたキリストを見る者が何を感じ、何を考えたか。それには、特定の図像や他の芸術作品、また説教のなかで語られたイメージの物語的な枠組み、さらに修道士たちにとっては、自分がまさに経験していることを思い起こしつつ読んだかもしれないテクストなどの要素が結びつき、複雑に織り込まれていたのである[49]。この点でまだなされていない研究は、より世俗的な空間における図像に関するものである。例えば、中世都市の通りを飾っていた彫刻や看板は、それ自体が豊かで複雑な響きを持っていると示すことができるし、ジェンダー、社会秩序、商業、支配に関するさまざまな言説とも折り重なっていたのである(50)。絵画には、世界の出来事に対する人の感情的で認知的な反応を枠付ける働きがある。例えば、美術史家のミッチェル・マーバックは、キリストの磔刑(たっけい)シーンについて、〔キリストと並んで十字架にかけられた〕二人の泥棒の、中世後期ボヘミアにおける描かれ方が、当時の刑事罰の慣行、とりわけ車裂きの刑と関連していると主張する。だが、マーバックも強調しているように、このつながりの本質とは、車裂きの刑という当時の慣行に「由来する」イメージが単に参照されただけということではない。むしろ、この図像は、見る者の想像力を刺激して「聖なる歴史を身近な現実に」結びつけるひな形を提供し、罪の赦しにまつわるさまざまな考えについて一種の情動的な知識を喚起するように機能したのである。つまり、〔キリストの磔刑という〕聖なるイメージ、あるいは〔当時の人々には〕ありふれた犯罪者の処刑された体、そのどちらかを眼前にしたときに、それらを理解するための見取り図として機能したということである(51)。

法史料

「卵で人を傷つけた者は誰であれ……原告がそれを証明できたのならば、金貨一〇枚を支払うべし」。このように一二世紀の〔イベリア半島の〕カスティーリャの法は定める。法の歴史は、中世を研究する者にとって特別な重要性を持ち続けてきた。すでに第1章で紹介したフレデリック・W・メイトランドは弁護士であり、法について研究していた。また、アメリカの偉大な中世史家であり異端審問研究者のヘンリー・チャールズ・リーは「ある時代を調べるのにもっとも確実な土台は、その時代の法の検討にある。法は、その時代の願望と、その願望を実現するのにもっともよく適していると見なされていた手段を、偽りなく提示する」と書いている。[52] 歴史史料としての法の魅力とは、引き込まれるほど興味深い細かな事実(イベリア半島の卵投げから垣間見られる)を提供してくれる点であり、かつそうした事実から社会全体の考察を可能にしうるという意味で、より大きく構造的なシステムへの洞察を約束する点である。もちろん法的記録は中世の研究に特有のものではない。

しかし中世は、ほとんどのヨーロッパ諸国にとって、近代の法制度を確立する上で重要な位置を占めている。そして、法によって生み出された記録の中には、中世の生活のさまざまな側面について非常に豊富な細部の情報を含むものがある。こうした細かな事実は、饒舌な年代記作者やその他の同様な史料の視点からは出てこないものなのだ。法の記録は、本章で取りあげる史料のなかで、もっとも幅広く、もっとも多様なものである。実際のところ、すべての証書は法的記録に含めてよいくらいである。しかし、私がここで注目するのは主に、法典、供述書、裁判所の判決など、犯罪の予防と発見および処罰の試みとして作成された種類のテクストである。

リーが示唆したように、法典は社会の願望を反映しているものと考えられる。別の言い方をすれば、人々が何を心配し、その心配の背後に何があるのかを反映しているものである。例えば、卵投げの禁止令は、法典の中の名誉と暴行に関わる部分に含まれており、それに続く項目では「他人を罵倒するバラードを作った者」や「人を癩(らい)病者と呼んだ者」が取りあげられている。[53] しかし、ここには中世法に目的や意図を読み取りすぎるという危険性がある。というのは、法典は以前の(時にははるかに古い)

記録に由来する詳細を再利用した場合も多く、したがって、近代以降の法と同様に、誤解を招くほど時代錯誤的な要素もあるからである。中世初期には、法の制定は、自分が法を制定できるような支配者であることを示す手段と見なされていた節がある。しかし、例えばマグナ・カルタに定められているような中世法のほとんどは、一組の体系的な原則をトップダウンで適用したものに基づいているというよりは、もっとボトムアップで下から請願されたものを反映していたのである。[54] 法が生まれたのは、何らかの問題が持ち上がり、それに対して統治者が判断を下し、こうして法が書き記されたからである。これは、王の場合でも教皇の場合でも同じである。全キリスト教世界の法である教会法は、主として、請願に対する回答や、さまざまな特定の状況について下された決定から組み立てられた。教会法が成文化されたもの(もっとも有名なのが一二世紀のグラティアヌスの『教令集』である)は、過去にさまざまに下された決定が相反する結論に達した場合に、その不一致に見える複数の教会法を明確に説明しようとする試みであった。この事実に従えば、中世法は、観念的には統一されている社会の全体像を診断する(リーが考えていたような)ツールとしてはあまり向いていないかもしれない。しかし同時に、中世法は、共同体の恐れや希望、社会的緊張といった事柄を知るための非常に強力な情報源になっているのだ。

また別の視点から見ると、中世法は社会構造について物語るものである(この話題は第4章でも取りあげる)。ここで言う社会構造とは、中世法の想定では社会がどのような単位や階級に分割されているか、またそれぞれに与えられた相対的な権利や地位とはどのようなものなのかなどに関わる。この意味で、法が省略したり排除したりしているものは、法が含んでいるものと同じくらい物事をよく露わにする。ある種の社会に関係する考え方は法のなかにコード化されており、歴史家は、特にジェンダーに関して、法が明らかにする部分が大きいと考えてきた。ヨーロッパの多くの王国では、女性は法のなかでは限られた地位しか持っていなかった。一四世紀イングランドのある法文によれば、女性はその「変わりやすい」性質のために、訴訟や訴えを起こす能力が制限されていたのである[55]。中世の強姦罪の概念は、単一的なものでも固定的なものでもなかったが、女性自身に対する傷害よりも、むしろ彼女の家族が被った損害に焦点を当てる傾向があった。つまり、そこで容認できる償いとは、〔被害者と〕加害者との結婚、あるいは婚資に相当する額の被害家族への〔慰謝料の〕支払いだったのである。

法理論に相対するものとしての法実践のあり方は、このような問題についてさらに豊かな資料を提供してくれる。性暴力のテーマを続けるならば、歴史家は裁判記録を研究することで、文化に関わる考え方や態度についてさらなる指標を得ることができる。レイプの告発に対して通常なされた弁護は、その女性が誰とでも性的関係を持つ「ふしだらな女」だと主張することだった。これらの事件の記録を調べることで、名誉やジェンダー、性に関する二重基準（ダブル・スタンダード）〔性差などにより厳しさの異なる不公平な規範や決まり〕についての洞察が得られるのだ。グイド・ルッジェーロが研究した中世後期イタリアにおける性犯罪の起訴は、その複雑さの一端を示している。市当局は、性犯罪を記述するにあたって、加害者は被害者と同じだけ「神の名誉を汚す」という強い非難のレトリックを用いたが、市当局が実際に行ったことは、必ずしもそのレトリックに沿ったものではなかった。とりわけ独身女性に対するレイプは、社会生活上、ある程度は避けがたく自然な事実として、極めて寛大に扱われる傾向があった。

その一方で、同性愛は、とりわけ市民生活の安定を脅かすものと結びついた犯罪として厳しく罰せられたのである。[56] 女性が加害者として犯罪に関与した事例もまた、彼女らが生きていた世界についてさまざまなことを教えてくれる。起訴された人々のなかで女性が五分の一を超えることは決してなかったが、これはおそらく男女間での実際の振る舞いの違いを示していると言えるだろう。また、女性が殺人で起訴されることもほとんどなかった。女性が暴力を振るうことは確かにあったが、そのパターンは男性のものとは異なっていた。すなわち、そこでの被害者は他の女性たちであることが多く、また、彼女たちが武器を使用することはほとんどなかったのである。[57]

しかし、法的記録を利用した研究はなにも犯罪の歴史に限らない。社会史が一九五〇年代に発展したのは、とりわけ、法文書の研究と、法文書を歴史史料として効果的に活用するテクニックが発達したおかげだった。このようなテクストの多くは、法廷の証人たちが生きた世界についての付随的だが詳細な情報を提供してくれる。そして、そうした細部は非常に貴重なものである。例えば、バーバラ・ハナウォルトは、検死官〔自然死でない死体を検死する役人〕の文書を用いて中世イングランドの農村生活の様子を再現した。またシャロン・ファーマーは、聖王ルイの〔裁判書類に似た構造を持つ〕列聖記録を用いて、一三世紀フランスにおける貧民に対するさまざまな態度を研究した。クロード・ゴヴァールは、中世後期のフランス王の恩赦に関する記録から、空間がどのように社会的に構築されているか、そして共同体がどのように構成されているかといったテーマを分析してきた。さらに、エマニュエル・ル＝ロワ＝ラデュリは、一四世紀初頭の非常に詳しい異端審問記録に基づいて、ある村の詳細な研究を著した。[58] 法自体の社会的位置づけ、すなわち人々が裁判を利用する仕方や、裁判を利用する際に人々が行う文化的な行為〔司法利用の実態〕も、最近になって分析されるようになってきた。[59]

いま挙げた研究の多くは、多かれ少なかれ、記録の数的な分析に頼っている。数量分析は強力なツールであり、多くの法的な史料に適用できるものである。一三世紀の異端審問官が命じた贖罪行為の平均的な記録には、例えば次のようなことしか書かれていない。「コイナークは、ヴァルド派に会って、彼らの説教を聞いた。彼は〔〔スペインのサンティアゴ・デ・〕コンポステーラの〕聖ヤコブ〔大聖堂〕に〔巡礼に〕行くべきである」。[60] この種のテクストは一つだけではそこからあまり導き出せることがない。しかし、何百もあれば、異端審問官に告発された者たちや課された贖罪行為、そして異端的な活動のあり方などの、より大きな像を構築することができるのである。また〔異端審問記録のような教会法にまつわるものだけでなく〕世俗法の場合も、個々の事例の詳細が不足していたとしても、多年にわたる裁判記録が現存していれば、総計的かつ統計的なアプローチが可能となる。しかし、これが法史料を研究する唯一の方法というわけではない。裁判記録には、犯された犯罪についての叙述的な情報が含まれていることが多く、そのような記述に含まれる付随的な詳細情報だけでなく、その叙述のされ方やその叙述がどのように生み出されたかにも目を向けることが有益となる。具体的に考えてみよう。暴力を振るった者は、当然のことながら自分の行動を正当化しようとする。ダニエル・スメイルが一四世紀のマルセイユのいくつかの訴訟事例について示しているように、そのような正当化は社会的な規範に基づいており、明示的な場合もあれば、暗示的に正当化がなされることもあった。例えば、ジュリアンという男は、ジャクムという男との喧嘩に至るまでの出来事を裁判で語ったが、そのなかで次のようなことを示唆している。自分〔ジュリアン〕は親族から遠く離れて〔自分とは〕敵対的な町の地区にいたが、一方、そこに住むジャクムは支持者となりそうな人たちに囲まれていた(これらの事実はどちらも偽りであることが、その後の証拠によって明らかになった)。さらにジュリアンが示唆するには、ジャクムはその年の早い時期に、ジュリアンの親族の一人を襲っていたので、だからこそ、ジュリアンがジャクムを襲撃した行為はフェーデ(合法的私闘、自力救済権の行使)の問題となり、それゆえに正当だったという。裁判記録の中では以上説明したような注釈付きで書かれていたわけではないが、これらの詳細は、ジュリアンが語った話の中に埋め込まれているのである。(61)

多くの裁判は、権力側が訴追的に起こすものではなく請願によって開かれるものだった。すなわち、紛争当事者の一方あるいは両方が訴訟を起こす(または、かなり頻繁にあったことだが、以前の決定を高等裁判所に上訴する)ことを選択するものだった。このような史料が主に用いられてきたのは、紛争解決の研究においてである。この研究分野は、文化人類学の理論の影響を大きく受け、形式的な法の境界を超えて広がっている。(62) このようにして、法にまつわる史料は、社会文化に関するさまざまな緊張や関係について何がしかを教えてくれるものなのだ。しかし、前述のル゠ロワ゠ラデュリが用いた異端審問記録や、ルッジェーロが研究した都市の裁判記録などを含む、法的な記録のかなりの割合は、トップダウンの起訴、すなわち上からの法的強制力の適用の産物であった。これらの事例においては、人々が自分たちの生活に法的形態が押し付けられるのにどのように抵抗したか(あるいは抵抗しなかったか)など、歴史家はさまざまな分析を行うことが可能である。例えば、ジェイムズ・ギヴンによる中世の異端審問に関する研究では、いかにして人々が、それぞれに異端審問当局の目を掻い潜ろうとし、また審問記録の焼却やその他の暴力行為によって集団的に当局の動きを妨害しようとしていたかが検討されている。この種の裁判がおかれている強制的な文脈は、史料が語る叙述がどのように生み出されたかについてのさらなる問いを提起する。というのも、異端審問官は、特定の分類の枠組みを証人に対して適用しようとするのに対し、証人は(時に)可能な限りでそれをうまく切り抜けようとしたからである。[63]

異端審問の話は、法的記録が真実と調査についての考え方の変化を明らかにするという意味で、最終的に法史料の利用や法のあり方についての可能性を提起するものである。異端審問〔で用いられる糾問(インクイジティオ)(*inquisitio*)〕は、一三世紀に特に異端の告発に適用された法的手続きの一形態であるが、それはイングランドを除く中世後期の世俗法の多くにおいても主要な法的形態として用いられている。糾問においては、裁判官が「ファーマ(噂あるいは公知)」に基づいて、犯罪が疑われる事例に対して、調査的な手続きを通じて直接訴訟を起こすことができた。この点で、糾問は、特定の個人が裁判所に告発することを必要とした告訴(アキュザティオ)(*accusatio*)のようなそれ以前の法的形態にほぼ取って代わるものだった。また、糾問が台頭してくる一三世紀初頭には、被告人が赤く熱された鉄を握ったり、同様の試練を経て、あまり傷を負っていなければ無実が証明されたとする神判が衰退していく。このような法のあり方の変化に伴い、神と共同体と法との関係が再構築されたのである。こうした変化をどのように解釈するのが最善か、歴史家たちの議論は続いている。法の場において「真実」は、常にある程度は共同体の問題として構成されるものであった。というのも、「真実」は、陪審員たちや宣誓者の集団が下した決定に関わるものであり、また、語りや記憶といった社会的な期待によって拘束されるものだったからである。しかし、糾問は、そこに文書の積極的な利用という要素ももたらした。証人の供述書は他の証人の供述書と互いに照合され、また、記録は過去の違反を炙り出し、将来どのような行為が違反に当たるのかを定めるために用いられたのである。この意味で、法的記録はそれが権力を反映していたのと同じ程度に、権力を体現するものでもあった。歴史家が用いる文書史料は無実ではない。というのは、文書はかつて実在の人々に対して力を振るったからである。

第3章 中世を読み解く——隣接諸学との協働

Reading the Middle Ages

ヨーロッパとアメリカの中世学者たちは毎年、少し対照的ではあるが、基本的には似たような移動パターンをとる。春になると、三〇〇〇人ないし四〇〇〇人を超える大勢のアメリカ人が、老若男女を問わず、アメリカ全土からミシガン州の大きな町カラマズーに殺到する。州立大学があり、素晴らしいが訪れる人が少ない地元の歴史博物館があり、かなり素敵なバーもあるこの町で、ほとんど修道院のように簡素な部屋で肩を寄せ合いながら学会が開かれているのだ。この学会では議論、論争、噂話など大いなる刺激に満ちたおしゃべりが入り交じり、参加者は自分の巣に持ち帰るための本を取りつかれたかのように購入する。濃密な四日間が終わると、彼らは到着した時と同じようにすばやく出発する。初夏には、大西洋を挟んだイギリスの都市リーズにおいても非常に似通った現象が観察される。リーズではその土地の言語である英語に加えて、より多くの言語(ポーランド語、オランダ語、ドイツ語、少しのフランス語と日本語)が話されており、こちらにはバーは二つしかないけれど、それ以外は皆のとる行動はカラマズーとほとんど同じである。

敬意を込めてそれらを正式な名称で呼ぶならば、それぞれカラマズー国際中世学会(一九六六年創設)とリーズ国際中世学会(一九九四年創設)という。これらの学会だけが、中世学者が主催したり、参加したりする唯一のものではもちろんない。この他にも、毎年あるいは折々に、世界各地で多くのイベントが開催されている。例えば、私がこの本を書きはじめた年には、「権力」といった幅広いテーマから「一一〇六年のタンシュブレーの戦い」といった具体的なトピックまでを扱う、さまざまな学会が開催された。また、すべての中世学者がリーズやカラマズーに参加するわけでもない。他のヨーロッパ諸国ではそれぞれの集まりが催されているし、時代をまたいだ学会に参加したり、リーズやカラマズーのような大規模なお祭り騒ぎの場を完全に避けたがる人もいる。しかし、この二つの、年に一度のトーク・フェスが、現在のところ、中世学者の頭脳が集う最大の集会である。そして、他の歴史学の学会と比較して、この二つには特筆すべき特徴がある。それは、どちらも中世に関する学際的な研究から生まれたものであり、現在もそれをあたたかく受け入れているということである。両者ともに純粋に歴史学や文学の学会というわけではない(あるいは考古学や美術史の学会でもない)。中世学者は、見かけ上の学問分野の境界線を越えて、またその境界線をまたいで仕事をすることに非常に慣れているのだ。

このことは、学問分野間の境界線が存在しないということを意味するものではない。そこで本章では、いくつかの緊張関係にあるポイントを探ってみたいと思う。しかし、中世学のあらゆる分野に共通するのは、中世は、証拠となる史料が断片的にしか残存していないため、さまざまな視点からアプローチすることで大きな利益を得ることができるという点である。したがって、中世史を論じる際に留意しなければならないのは、中世史がしばしば他のアプローチと会話を交わす(協調し論争もする)歴史である点、また、中世史が他の学問領域で開発された認知的なツールをますます頻繁に利用しているという点である。美術史については前章で述べた。そこで考古学、科学、そして社会科学や文学研究から引き出されたいくつかの他のツールについて本章で後述する。しかし、まず最初に目を向けなければならないのは、おそらくもっとも大きな影響を与えてきた人類学である。

人類学

カタルーニャの年代記作者ラモン・ムンタネー（一二六四―一三三〇頃）は彼の俗語の年代記を、アラゴン王ハイメ一世の誕生についての記述からではなく、彼の受胎（一二〇七年）についての記述から始める。ムンタネーによると、〔ハイメ一世の父〕王ペドロ二世は妻であるモンペリエのマリアに飽き足らず、他の宮廷女性に次々に目移りしていたという。このことは、モンペリエの貴族や人々を「大いに悩ませ、不快にさせた」。ペドロがこの地域の別の貴婦人に目をつけたときに、さらにその不快の念は強まった。そこである策略が練られた。王はその貴婦人の暗い寝室に招きいれられるが、そこには貴婦人の代わりに王妃が居るというものである。この計略が実行されるまでの一週間、この地域のすべての司祭たちは聖母マリアを讃えるミサを行い、土曜日にはモンペリエの人々は断食をした。その夜、王が女（貴婦人だと思い込んでいるが本当は王妃）と一緒に寝ている間、人々は教会に行き、祈りを捧げた。また、寝室のドアの外では、一晩中、「二四人の貴族、複数の修道院長や小修道院長、司教の書記や修道士たち、および一二人の「もっとも栄誉ある」貴婦人と一二人の乙女が、手に灯明を持って」跪(ひざまず)いて祈りを捧げた。そこには二人の公証人もいた。

こうして、王と王妃は一緒に休んだのであるが、主君たる王は、自分が夢中になっている貴婦人が自分の側にいると信じていた……そして夜が明けると、〔寝室のドアの前にいた〕すべての貴族たち……が、それぞれの手に火のついた灯明を持って寝室に入ってきた。王は王妃と一緒にベッドにいたが、〔この侵入に〕驚き、すぐにベッドの上に跳ね上がって自分の剣をつかみ取った。すると、全員が跪き、泣きながら言った。「主よ、あなたの側に横たわっているのは誰なのか、ご覧ください」。王妃が身を起こすと、主君たる王は彼女が誰であるかを認めた。そして彼らは自分たちが取り計らったことすべてを王に話した。主君たる王は、そうであったからには、彼らの意図を叶えることが神の喜びとなるだろうと言った。

ペドロは翌日にはモンペリエを離れたが、六人の騎士とその妻と乙女たちは、王妃がハイメ一世を身ごもったその夜から誕生までの九か月間、王妃のもとに滞在した。二人の公証人は「国王の立会いのもと」、「その夜に記していたこの出来事について公的な書簡」にまとめ直した(1)。

このような物語をどのように扱えばよいのか。重要な出来事の叙述(ナラティヴ)を再構築しようとする頭の固い歴史家は、この物語を単に無視して無意味な「雑音」として扱い、確固たる事実を探し続けるかもしれない。結局のところ、ハイメ一世の受胎をめぐる奇跡と、物語の非現実性が相まって、それを本当の話として受け取ることが困難になるのだ。別のアプローチでは、これは中世特有の単純さと信じやすさを示すものと考えるかもしれない。しかし、どちらの戦術も、私たちを少し失望させてしまうのではないか。このような中世の人々を単純な愚か者と診断するか、あるいは解釈する試みをすべて放棄するしかないのだろうか。まさにこのような概念が関わる地点において、人類学が有用な役割を果たしてきたのである。

人類学的な考えがもっとも初期に、そしてもっとも影響力を持って用いられたのは、それまでの何世代もの歴史家たちが、中世の君主にまつわる、好奇心をそそるが本質的には無意味な信念と見なしていたものを解釈しようとする画期的な試みにおいてであった。マルク・ブロックの『王の奇跡（*Les rois thaumaturges*）』（原著一九二四年、英訳『*The Royal Touch*』一九七三年）は、一三世紀から一八世紀にかけて見られた、王が患者に手を当てて瘰癧（るいれき）（結核性頸部リンパ節炎、多くは頸のあたりに生じて瘤（こぶ）状となり膿を出す）を治すという慣習的行為を扱ったものである。ブロックは、人類学者リュシアン・レヴィ＝ブリュールや社会学者エミール・デュルケムの研究に影響を受けて、このようなトピックを真剣に取りあげ、それが王権、イメージ形成、前近代の権威の極めて重要な諸側面を照らしていると主張した。前者のレヴィ＝ブリュールの研究は、前近代の（彼の言葉では「未開（プリミティブ）」の）社会や文化が、近代的な社会や文化とは異なる、しかし内部的には首尾一貫した考え方や行動様式、すなわちアナール学派の言葉を借りれば独自の「心性（マンタリテ）」を持ちうるかどうかを考えるための道具立てをブロックに与えた。後者のデュルケムの研究は、ブロックに統治権の儀礼的・象徴的な要素を重要視するように促した。すなわち、儀礼的・象徴的な要素は、社会が機能すること自体を活気づける「集合表象」の一部なのである。(2) ブロックにとって「王の奇跡（ロイヤル・タッチ）」とは、単に上から下へと流布される王のプロパガンダなのではなく、社会の階層制や社会への介入、そして社会構造に関する集合的な社会観念の一部だったのである。実際のところ「構造」は、ブロックの、そして後のアナール学派の分析の中心にあり、人類学においても同様であった。ハイメ一世の出生に関するムンタネーの記述を構造主義的に扱う際に、社会的諸階層を超えて価値観が共有されていることに気づくかもしれない(貴族や司教たちだけでなく、すべての「民衆」が企みの成功のために祈りを捧げている)。その一方で、構造的に細分化された社会階層が、異なる種類の人々に異なる種類の役割を与えていることも分かるし、それに付随して、どの個人の役割よりも、社会を機能させる集団全体のほうが重要であるという考えも見てとれる。その意味では、王でさえ、構造を超えた地点に浮かんでいるのではなく、構造の一部を構成する存在であったのだ。実際、王との対決の際、その言動はなだめるようなものであったものの、特に貴族は、また全体として都市は、明らかにペドロが割り当てられた役割を演じることを要求し、この結末に向けて正確に王を操作していたのである。もう一つの構造的要素、つまり名誉の観念およびそれが場(モンペリエ)と親族(貴族の家族)の両方と結びついているということは、この話を理解するための鍵となる。

デュルケムをはじめ、クロード・レヴィ=ストロース、マルセル・モース、ヴィクター・ターナーなどの構造主義的人類学は、特にフランスの中世史家に大きな影響を与えた。ジョルジュ・デュビーは、中世初期の経済と政治における贈与交換の中心的な役割を理解する方法をモースに見出した。このことは、後世の中世史家にとって実りある研究の傾向を示し続けている。[3] ジャック・ル=ゴフは、レヴィ=ストロースなどに触発されて、中世文化におけるさまざまな象徴的要素を追究してきた。例えば、「荒れ野」の概念、驚異の意味、身振りの重要性と解釈、教会文化と商人文化に具現化された

「時間」の異なる概念などである。[4] 人類学者ヴィクター・ターナーは、特に中世宗教の研究、またとりわけ通過儀礼や彼が「リミナリティ〔境界状態〕」と呼ぶものの分析に影響を与えてきた(実際、中世の宗教についてもターナー自身が論文を書いている)。ここで言う「リミナリティ」とは、カリスマ的な力と集団的結束の両方を生み出す、役割の逆転と流動性の要素によって特徴づけられた境界の状態である。[5] リミナリティは、中世の聖人や聖なる存在が、現実や叙述(ナラティヴ)の中でどのように生成されたかを理解する上で、有用な概念的ツールとなっている。例えば、アッシジのフランチェスコやリヨンのヴァルデスは、豊かな商人の出身でありながら、病気や自発的な貧乏生活によって状態の逆転を経験し、社会の「外」に出たことで狂気の沙汰と非難されたが、その後、(フランチェスコ会や異端ヴァルド派の)グループの指導者として再統合され、カリスマ的な指導者として頭角を現し、社会の結束を促進した。この理論は、その性別ゆえに社会的地位が常に「閾値(リミナル)」にあった女性聖人に関しても適用され、論評されてきた。[6] 古代末期に関して影響力のある歴史家ピーター・ブラウンは、同時代の聖職者(ときには女性も)の社会的機能について人類学的な方法で分析し、さらなる議論のモデルを提供してきた。[7] いずれの場合も、人類学は、宗教的信仰の事実に注目するにとどまらず、その社会的影響、心理的影響、叙述の慣行などについて考えること、さらに宗教が果たす社会的・文化的な働きについて理解を深めることを可能にする。

また、ジャック・グッディやウォルター・オングを中心とした人類学的研究が非常に重要な役割を果たしているもうひとつの分野として、中世の「文字の文化(リテラシー)」と「声の文化(オラリティ)」の研究がある。グッディは、識字やテクストによって支配されていなかった社会(中世初期もそうだったのだと彼は言う)は、

「口承」文化を特徴としており、それは「文字の文化」とはさまざまな点で異なると主張している。グッディによると、「声の文化」はより流動的で、一過性のものであり、不安定なものである。その一方、「文字の文化」は、慣習、法律、規範といったものを静的な状態に固定し、それゆえにさらに複雑なものが発展するよう促すものだという[8]。

中世初期に読み書きの能力がどの程度欠如していたかは議論の余地があるものの、ヨーロッパ社会が、長い中世の間に、読み書きの能力が低い状態から高い状態へと移行したことは間違いない。この移行に関して、文字を書く技術の有無が社会にどのような違いをもたらしたのかを考えることには明らかな魅力がある。まず読み書きのできる聖職者のエリートと、口承の文化を生きる民衆との間に文化的な断絶の兆しが見られ、それがさまざまな形で、さまざまな影響を及ぼしていたという見方が提出されている(この点については次の第4章で述べることにしよう)。

読み書き能力を単なるスキルとしてではなく、多くの文化的投資をコード化したものとして捉えるという考えは、さらなる分析を促した。本書の冒頭で述べたように、西洋中世における *litteratus* という語には「ラテン語の読み書き能力」という意味があり、さらには特定の認知能力と権威があるという含意があった。中世社会においては、読み書きの能力は論議の的であった。例えば九世紀のビザンツの司祭二人が、モラヴィアのスラヴ人にキリスト教を伝道するために皇帝から派遣された。彼らは改宗を促すために、(初めて)スラヴ語を表記するための文字(のちのキリル文字)を開発し、ギリシャ語の聖書とその他のテクストをスラヴ語に翻訳した。しかし、ヴェネツィアやザルツブルクを訪れた際、キリスト教の普及のために尽力したにもかかわらず、司祭たちは翻訳活動を理由にカロリング朝の聖職者たちから攻撃を受けたのだ。[9] それはなぜか。当時の西欧の聖職者にとって、聖なる言語は三つしか存在しなかったからである。ギリシャ語、ヘブライ語、ラテン語である。それ以外の言語は、神の言葉を汚すものであった。ただし実際には、ラテン語は西欧キリスト教の言語だったため、北欧にとっては外国語であった。だが、ラテン語は、カロリング帝国内で、またさらに広く、ドイツ地域、ポーランド、ハンガリー、スカンディナヴィアに至るまでの地域で、王権や世俗権力の言語になる。このように、リテラシーは不活性な媒体ではなく、権力の構造に深く関与していたのだ。それに付随して、歴史家の中には、抵抗の口承文化を論じる人もいる。こうした研究は、文字文化に規定されたものとは認知的に異なるモードに根ざした、記憶、紛争解決、フェーデなどの文化的操作のさまざまなモードを示そうとするものである。

しかし、グッディとオングの概念はまた、人類学を利用することの潜在的な落とし穴へも注意を向けさせる。歴史家の中には、例えば二〇世紀半ばのポリネシアの部族の観察に基づいた理論を、例えば一五世紀のヴァルド派の異端者に適用することに疑問を持つ者もいる。さらに、グッディの「リテラシー論」は、口承文化の「単純さ」を前提とし、リテラシーを「発展」と見なす本質的な目的論を内在させているという意味で本質主義と生得仮説に陥っていると、人類学の中で包括的に批判されてきた。[10] より広く言えば、「原住民」の社会を「原始的」なものと見なしてきた古い系統の人類学は、中世(特に中世初期)を同様に初歩的なものであり、近代社会がそこから「成長」した、歴史的な「幼年期」のようなものであるとする見方を、不幸にも助長してきた。しかし、最近の研究が示すように、口承文化の人類学と中世初期の歴史学の双方において、文字記録を欠いた社会は単純なものではなく、実際には非常に複雑であることが分かっている。ただ、その複雑さが、歴史家や人類学者が一見しただけでは分からないのだ。

中世のリテラシーに関しては、近年、歴史家たちは口承文化と文字文化の相互浸透という観点に賛成する主張をしている。例えば、文字の読み書きができる一人の人間がテクストの内容をより広い範囲に広める能力がある（ゆえにリテラシーの実際的な効果を拡大することができる）点を指摘する一方で、中世においてリテラシーやテクストが生じさせる特殊な文化的磁場についても触れている[11]。ここで、ラモン・ムンタネーの世界には両方の存在があることに気づくかもしれない。モンペリエのマリアが妊娠したと思われる場面での二人の書記〔公証人〕の重要性（リテラシー）と、そこに居合わせた大勢のさまざまな個人的な目撃者の重要性（法に準じる性質を持つオラリティ）のバランスが取れているのだ。（ムンタネーは、他の歴史的なテクストに関連性を持つ俗語の年代記を作成していたが、この特定の物語の情報源としてほぼ確実に口承の伝統に頼っていたことが指摘できる。他方で、この物語自体は、ピピン短軀王〔小ピピン〕（在位七五一―七六八）の正妻を別の女性に置き換えようとしたという、より古い物語を反転させたものである。）

歴史家、特に英語圏の中世史家は、人類学の学問領域が人間の社会形成のなかに深い構造化原理が存在すると考えてそれを探究してきたことに関して、もっとも慎重な姿勢を示してきた。この考えは、ブロックの世代の歴史家や、彼に続いた多くのフランスの中世史家にとっては魅力的なものだったが、一般性よりも特殊性を扱うことが自分たちの仕事だと考えているイギリス、アメリカ、ドイツの歴史家は、こうした人類学の考えには警戒心を示してきたのである。しかし、二〇世紀後半になると人類学自体が変化していった。特にピエール・ブルデューとミシェル・ド・セルトーに結びつけられている「日常の人類学（あるいは社会学）」が、さらなる分析ツールを提供してきた。それは、人間のなすことの根底に深く安定した構造が存在すること（構造主義）を前提とせず、むしろさまざまな状況に応じて浮き沈みする、偶発的で流動的なイデオロギー的構造原理を見るという意味で「ポスト構造主義」と言える。[12]ブルデューはハビトゥスという概念を提示している。これは、ある社会集団のイデオロギー的原理を、表立った議論のレベルの「下で」コード化する一連の具体化された実践のことである。例えば、中世の文脈で挙げるならば、ファーマ（「名声」、「噂」、「名誉」のいずれになるかは状況によ る）を構成する公共の場での振る舞いと噂話との組み合わせがそうである。[13]ブルデューは、一見不可解な、あるいは野蛮な社会的出来事の論理を、その文化的コンテクストの共有システムの中で、歴史上の行為者の視点から見ることを推奨している。ウィリアム・ミラーはこのようにして、中世アイスランド文化におけるフェーデの首尾一貫した理解可能性を実証し、経済的あるいは象徴的な「交換」にまつわる複雑な思考を掘り起こした。そのなかではフェーデは意味をなしたのである。[14]

中世史学のなかでもっとも優れた研究（ミラーはその好例である）は、人類学からヒントを得るだけではなく人類学に対して応答し、両学問分野が人間社会を理解しようと取り組む企てにおいて使用する分析ツールについての議論とその発展を促してきた。人類学を理解する場合に、中世の史料に適用できる行動「モデル」を提供するものとして単に理解するのは適切ではない。「他者」の言葉に耳を傾け、それをそれ自体として真剣に受け止めようとする人類学の姿勢に特に根ざしつつ、新たな問いを誘発するものとして理解するのが、もっともよい人類学の受けとめ方である。このように、近年の中世研究では、社会空間のイデオロギー的な形成、文化変容のさまざまな様式、贈与交換の用いられ方、感情の社会的構築などについて考えはじめている。ここで人類学的なモデルを直接適用することには問題がある。その理由としてとりわけ重要なのは、人類学者は分析対象と対話することができる(それは例えば感情の研究においてはかなり重要な要素である)が、歴史家は対象の痕跡を読み、見て、発掘することしかできない点である。しかし、歴史家にとっての出発点が史料との最初の出会いであることを考えると——例えば、ハイメ一世の受胎についてのムンタネーの物語の発見を思い起こそう——、人類学は、問いかけるべき適切な種類の問いと、それを問いかけるにあたってもっとも生産的な姿勢、すなわち共感的な探究心を涵養する上で、不可欠な助けを提供し続けているのである。

数字と統計

ラモン・ムンタネーの年代記は、ある種の問題を提起していた。それは、私たちの世界とは完全に異なる世界の物語の中に、どのようにして入り込むかということであった。しかし、他の種類の史料も、別のさまざまな課題を提示する。例えば、一四二七年のフィレンツェのカタストという史料を見てみよう。これは、ミラノとの戦争によってフィレンツェが経済的に苦しい状況に置かれていたのを受けて、フィレンツェとその周辺地域を対象にして実施された、非常に詳細で入念な課税調査の記録である。この調査では、財政上の世帯主が記録されており、資産価値(その経済的生産性で評価)だけでなく、事業投資や市の公債の保有状況なども評価されている。この記録には、他の詳細も記載されている。各世帯の人数、世帯主の氏名および彼/彼女の職業、世帯の所在地と保有資産などである。つまりは非常に豊かな記録なのだ。しかも量が膨大である。フィレンツェの都市自体についてだけでも一万件近くの記載があり、当時の行政区画であるコンタードやディストレット(フィレンツェ周辺の農村地帯やさらにその外側の地域)についてはさらに多くの記録がある。

この史料は、物語を提示するものでも、人々の感情を伝えるものでもなく、(ムンタネーが伝えるような)驚愕した王が寝所で語ったとされる言葉を提示するものでもない。それはむしろ、現代の電話帳を見るようなものである。この記録は気が遠くなるような膨大なデータの塊であり、作成された目的以外にはすぐに何かに使えるという類いのものではない。だがここでこそ、経済史研究から導き出された別の種類のスキルやツールが使えるのである。中世史家がとりわけ有用であると認めた経済学の二つの大きく異なる側面に、まず最初に注目すべきだろう。第一の側面は(マルクス主義といった)経済理論である。これは人間の出来事の経過を、主にその根底にあった経済的原因によって、しばしば大規模なスケールで説明しようとするものである。第二の側面は系列分析と統計のツールである。これは、時の経過のなかである諸変数が変動する動きを(多くの場合、グラフを通じて)表したり、大きなデータの塊を有意味で相対的な比率に(多くの場合、表を介して)縮約したりすることである。そうすれば、年代記や説教を読むように有意味で線的なものとしてはカタストを「読む」ことはできないものの、税についてだけでなく、近隣の人々、ライフサイクル、ジェンダーなどの事柄について、ありとあらゆる興味深い形でカタストに語らせることができる。私たちはこれを、読むことによってではなく、数えることによって行うのだ。

イタリアやその他の場所での課税調査記録やそれに類するもの(一四二七年のカタストは、この種の中世の記録としてはおそらくもっとも充実したものである)は、第一に、社会的役割、ジェンダー、世帯規模、地理的位置など、さまざまなものにおいて、比例関係を示すものとして分析できる。デイヴィッド・ハーリヒーとクリスティアーヌ・クラピッシュ゠ズュベールは、『トスカーナの人々とその家族(*Les Toscans et leurs familles*)』(一九七八年)という重要な著書の中で、まさにそれ以上のことをやってのけた。彼女らはデータベースを作成することによって、カタストに含まれる膨大な情報の山に取り組んだのだ。徴税役人らが収集した多様な情報は、データベースのさまざまなフィールドに入力され、これらのフィールドを単独でまたは組み合わせて検索することで、さまざまな統計的理解を構築することができる。このデータベースの一部は(都市に関する箇所のみだが)現在オンラインで公開されており、ハーリヒーとクラピッシュ゠ズュベールの足跡を辿りながら、私たち自身がそれに問いを投げかけることができる[15]。

例えば、住居を所有しているか借りているかに応じて、世帯の大きさはどう違っていたか、考えてみよう。それぞれの段階で、私たちはデータベースに特定の質問をする。○○についてはどのくらい、××についてはどのくらい多くの記載があるのか? △△には言及するが、□□には触れない記載は何件あるか? といった問いである。それから、考慮に入れる必要がある文脈上の諸変数を検討する。例えば、このオンラインのデータベースによると、自分が住んでいる家を所有していると答えた世帯主は四一一一人、賃借していると述べた世帯主は四一九六人であった(残りの三七七人は、主に従僕ないし祖父母で、何らかの理由でカタストでは会計上の世帯主として扱われているが、自らは家賃を払っていない家に住んでいた)。このうち、持ち家所有者で六人以上の世帯をなしている人が一二七八人いたのに対し、同じ大きさの世帯をなす賃借人は九一五人にとどまっていた。この格差は、世帯規模が大きくなるにつれて拡大する。すなわち、八人以上の世帯をなしていた持ち家所有者は六三六人であるのに対し、同様の人数の世帯をなす賃借人は三三四人であった。一〇人以上からなる非常に大きな世帯に目を向けると、持ち家所有者が二七六人いるのに対し、賃借人で世帯人数一〇人を超えたのは一一一人だけである。このような大規模な世帯の総数が四〇二件であることから、持ち家所有者は大規模な世帯の六八・七％を構成するのに対し、賃借人は二七・六％であることが分かる（残りのわずかな部分は、持ち家を所有しておらず、かつ家賃を支払っていない人である）。もちろん、こうした大規模な世帯の人々は都市の中ではやはり少数派であり、一〇人以上の世帯はフィレンツェの住居の五％に満たない。持ち家所有者の六％、そして賃借人の二％だけがこのような大規模な世帯を持っていたということになる。

しばらくの間、こうした数値をいじり続けることもできるが、これらの数値は、（私がここで選んだやや恣意的な区切り方ではなく）世帯規模の各値をグラフに描くと、もっとも意味をなすだろう。三七七人の非賃借人についてもさらに分析する必要がある。彼らの収入がどの程度所与の数値に影響を与えるかを確認する数学的な方法はあるのだが、いずれにしても、大まかには以下の主張が可能である。すなわち、一四二七年のフィレンツェにおける大きな世帯は、持ち家所有者の物件により多く見られるということである。私たちにとってここで注目すべき重要なことは（というのは、この本は一五世紀のフィレンツェや中世の世帯構造に関するものではないので）、ある種の分析ツールを用いることで、カタストのように途方もなく詳細な史料にも意味のあることを語らせることができるということである。もちろん、ここでの私の簡単な調査は手始めにすぎない。例えば世帯の規模がなぜこのように異なるのかを知りたい人もいるだろう。家族のなかの老齢者たちの存在が目立つからか、子供の数が多いからか、あるいは使用人の数が多いのか。こうしたことを知るためには、カタストにさらに具体的な問いを投げかけたり、家政日誌や手紙など一五世紀のフィレンツェの他の証拠を調べたりする必要があるだろう。

一四二七年のカタストはこの都市を、共時的に(すなわち時間の流れのある時点で輪切りにして)調査することを可能にするが、他の証拠を持ち込むことで、通時的な分析(時間的な変化を問うこと)をも可能にする。例えば、サミュエル・コーンは、一四二七年のカタストと、他の一三六五年から一四六〇年までの七つの課税記録とを組み合わせて用いて、トスカーナ地方の一〇の村を調査し、山間部と平野部の人口動態と経済的経験を比較し、その間にどのような変化があったか、特に女性の経験に注目した(彼の主張によれば、女性の経験は時代が下るにつれて困難なものとなっていった)[16]。

このような方法で有効に調査できるのは、課税記録だけではない。例えば、コーンはまた、イタリアの遺言書を統計的に分析することで、遺言文化のパターンとその経年変化を研究し、このデータから、一四世紀のペストが、イタリア人の死後の財産や動産の処分方法に影響を与えた(一三四八年から五一年の最初の「黒死病」よりも一三六三年のペストの再発においていっそう顕著だった)と論じている[17]。また、他の歴史家たちも統計を用いて、中世の聖人の性別、人々の犯罪行為のパターン、異端者の説教実践、修道院の親族ネットワークの輪郭、ペスト時の修道士の死亡率など、さまざまな事柄を分析してきた。数えることができれば、統計的に分析することができるのだ。

統計分析や系列分析を使用する際には、証拠となる史料の基本的な性質を覚えておく必要がある。カタストはひとそろいの情報を提供しているにすぎないが、他の史料が（それが存在する場合には）フィレンツェ社会の像にニュアンスを加えるかもしれないし、それを大きく変えるかもしれない。グラフや表を描くことは、大規模なデータセット（ひとまとまりのデータ）から有用な情報を得るための手段として素晴らしく有効だが、数値やグラフの性質から「事実に基づいている」かのように見えてしまうことがある。例えば、統計分析の対象とされることが多い史料である遺言書の研究は、どの地域でも中世の遺言書はその一部しか残っておらず、多くの下層の社会集団はそもそも遺言書を全く作成しなかったという事実を前提にしなければならない。したがって、遺言文化についてなされる主張は、人口のほんの一部、つまりこの種の史料から見えてくる一部の実践を反映しているにすぎないのだ。時系列的な分析を行う場合には、歴史家は何年にもわたって同じデータや非常に似通ったデータを提供してくれる記録を必要とする。例えば、黒死病の経済的影響に関する研究では、一四世紀後半のイングランドにおける賃金の変化を調べるために、荘園（マナー）の史料を使用している。賃金の変動をどう分析するにせよ、その本当の意味を知るためにはまず、価格変動とセットにして考えねばならない。しかし、物価は一様ではないかたちで変動することがある。地域の労働市場の状況だけでなく、国内や国際貿易に影響を与える諸要因にも左右されるからである。さらに、時系列で賃金を見るためには、歴史家は比較が容易な、定常的かつ定型的な史料に必然的に焦点を当てることになる。例えば領主の現金支出会計簿などである。しかし、これでは贈与品などの非金銭的要素に関する非定常的な記録を無視してしまうことになる。実際、イングランドでは、現金払いの賃金は、一三五一年の労働者規制法が定める通りにある程度抑制された一方で、地主は、(自らが従わねばならない)この法を回避する方法を見つけたと示唆する証拠がいくつかある〔そうしないと黒死病で人口が激減した状況下で地主は必要な数の労働者を確保できなかったのである〕。言い換えれば、経済取引の潜在的に重要な部分は、現金での賃金を時系列的に分析するだけでは見えないのである。[18] グラフや表あるいは一連の統計は、その根拠となる証拠があって初めて成り立つものだが、その証拠には常にいくつかの欠落があり、場合によっては完全に誤解を招く可能性もあるということである。

次に、経済学の別の側面に目を向けてみよう。中世の史料が断片的であるために、歴史家は、この時代に関して自信を持って経済理論を用いるのに困難を感じてきた。中世経済の分析は、(ある修道院の経済的盛衰といった)極めてミクロなものか、(長期にわたる国際貿易の大きなパターンといった)極めてマクロなもののどちらかになりがちである。いずれの場合も、私たちの知識の欠如が、研究によって提示される内容をどう位置づければよいのか、読み解き方に疑問を生じさせる。この点はもちろん、歴史のあらゆる分野に言えることだが、経済史がこの点に特に関係するのは、経済史は諸システムの仕組みを全体として理解しようとしているからである。例えば、単純な経済理論では、人口が減少すれば(一四世紀後半に起こったように)地価が下落し、それに伴って物価も下落し、そして同時に賃金は上昇すると仮定する。しかし、偉大な経済史家M・M・ポスタンが指摘したように、人間の行動が問題を複雑にする。賃労働者は、地代が低ければすすんで小作農になる可能性が高く、それゆえ、(少なくとも賃労働者としては)記録から消えてしまうかもしれない。したがって、賃金の研究は、人口レベルを正確に反映しない可能性があるのだ。また、すでに述べたように、「賃金」という概念にはグレーゾーンがある。どういうことか。通常、史料から現金払いの賃金を調べることは可能である。現金払いの賃金は確かに中世後期の社会の大きな特徴であった。しかし、雇用主から得られる他の利益が、見かけ上の現金賃金の魅力の有無に影響を与えていたかもしれないのだ。こうした利益には贈与品、現物支給および物々交換だけでなく、食事や住居の提供があり、さらには、将来自分の後ろ盾となってくれるかもしれない有益な存在（例えば大修道院（のような雇用主））と、経済的だけでなく政治的、社会的にコネをつくる可能性も含まれる。

このように述べることは決して、経済分析が不可能だという意味ではない。『*Economic History Review*』誌（この学術誌自体が中世史家によって創刊された）に掲載されている中世後期イングランドに関する一連の論文は、むしろ逆に経済分析が可能だと証明している。しかし、現代の経済理論はさまざまな問いを誘発してくれるものの、それらは、確実な答えをあまり提供しない可能性が高いのである。中世の経済生活の特筆すべき特徴のひとつは、その（広義の意味での）市場が現代の市場とは、ある面で異なる働きをしていた点にある。さまざまな歴史家がすでに示してきたように、中世の経済が完全に前資本主義的かつパターナリスティック（当人の意志に関わりなく、当人の利益のために、当人に代わって意思決定を行う態度）なものだったというのは当たらない。ギルドによる分業と労働管理と見えるものは、実態を示しているというよりもむしろギルド側の願望のあらわれであることがしばしばだったが、ギルドによる分業と労働管理がもっとも強く見られたのは、例えば北イタリア諸都市における羊毛と布の生産においてであり、このようなところでは、それは一九世紀から二〇世紀にかけての産業資本主義にもっとも近い前近代的な経済の一部をなしていたのである。（北イタリアの羊毛と布の生産は、〕小規模な企業家エリートと緊張関係にある大規模な賃労働力に基礎があったからである。[19]

また、教会による「高利貸し」(利子をつけて金を貸すこと〔徴利〕)の禁止も、一般的に考えられているような完全な排除ではなかった。実際のところ、高利貸しはどの都市でもありふれており、ユダヤ人の銀行家に限られていたというのとはほど遠いものだった。〔ベルギーの〕都市ブルッヘでは、一四世紀に貨幣の供給不足のため、多くのビジネスが融資や為替手形の使用、帳簿上の振替などに依存していた。ここには現代のキャッシュレス取引のような側面がある。ここでいう「高利貸し」とは、週一ポンドにつき二ペンス、すなわち年率四三・三%以上のレートで貸し出すことと定義されている。[20] このように、中世社会の一部、特に一三世紀以降の大都市には、それよりもはるかに後の時代とそれほど変わらない経済的側面があった。しかし、その他の点では、利益、社会的役割、公正価格などに関する中世文化の期待の地平はその後の時代のものとは大きく異なっているがゆえに、需要と供給に関する経済学的「法則」や「合理的選択理論」を単純に適用するのは極めて問題である。しばしば物価変動や生活水準の重要指標として用いられる、パンという必需食品を例にとってみよう。地域諸権力はパンの重量、内容、価格についてさまざまな要件を定めていた。これが意味しているのは、パンは自由市場における通常の商品としては機能していなかったということである。これらの規定は、中世のパン職人の利益率に予想外の影響を与えることになった。ある特定の種類のパンは、ある時期には利益率が高く、別の時期には利益率が低かったのである。パン職人はすべて独立した職人であったが、例えば布地商であれば可能であったような意味での企業家であることは許されていなかった。彼らは、より広いコミュニティに対する奉仕者であり、共通善のために働く者であった。そして彼らに対する規制は、市場の変動によって律されるものではなく、彼らに「公正な」収入を与えようとするものだったのだ。[21]

マルクス主義的な視角は、〔政治イデオロギーではなく〕経済理論である限りにおいて、中世史研究に特別な二つの要素を提供してきた。第一は、あらゆる時代のあらゆる政治的立場のほぼすべての歴史家に共有されている認識だが、人々の物質的状況が彼らの社会的・文化的生産物に影響を与える傾向があるという洞察である。最近の中世史家には、この洞察からさらに進んで、古典的マルクス主義的な意味での「階級（クラス）」を引き続き論じる人はあまりいない。この場合の「階級」とは（意図的かどうかは別にして）経済的利益によって結びついた、まとまりのある集団を意味している。[22] しかし、より緩い意味での階級は残っていて、一部の領域では議論が復活しつつある。繰り返すことになるが、マルクス主義経済理論は少なくとも、「中世社会のこの部分に属する人々の物質的な状況の違いは、彼らの考え方、期待、認識、紐帯に影響を与えているのだろうか」という疑問を誘発させる。この理論がすべての答えを提供すると感じられるかどうかは別であるが。

マルクス主義に付随するもう一つの要素は、壮大なる「封建制から資本主義への移行」という認識である。西洋史の全時代を、封建社会とその後の資本主義社会に分けてしまう荒っぽくて粗雑な方法は、ほとんどの中世史家にとってはあまり魅力的ではない。その理由の一つは、私たち中世史家が、大きな物語（グランド・ナラティヴ）よりもニュアンスを重視する傾向があるからである。もう一つの理由は、ブルッヘに関して前述したように、中世の経験の複雑な広がりをうまく表現できないからである。しかし、中世の経済や社会は、総体としては近現代の資本主義社会とはかなり異なる種類の社会であることは事実であり、その変化がどのように、どのような複数のプロセスを経て、どのようなタイムスケールで生じたのかという問題は、今もなお関心の高いテーマであり続けている。最近の研究では、資本主義の「近代性」のいくつかの要素――すなわち実質的な賃労働と市場を基盤とした経済――は、私たちが扱う時代までかなり遡る必要があると示唆されている。[23] また、第4章で見るように、特に物質的な資源や貿易の流れに関する「グローバル」への最近の歴史学的転回には、中世に関わる重要な要素が含まれているのである。

考古学・科学・物質文化

この本のカバー・表紙には、中世の注目に値するあるモノを写した写真が付されている。それは、現在パリのルーヴル美術館蔵の、聖トマス・ベケットが殉教する場面を描いた一三世紀初頭の聖遺物箱である。長さ一七cm弱、高さ一三cm、幅六cmと特に大きなものではなく、(幅を除けば)あなたが手にしている本とさほど変わらない大きさであるが、その鮮やかな色彩とデザインは明らかに人目を引くものである。この素敵なブルーはエナメル、つまりガラスの粉を磨きこまれた銅の上に溶かし込んだものである。実際にはそれほど可能性が高いとは言えないが、かつてこの箱に、聖トマス・ベケットに直接触れた聖遺物(接触型聖遺物〔コンタクト・レリック〕)――ひょっとすると血のついた衣服の切れ端――が入っていたということはありうる。この聖遺物箱は単に芸術的感嘆の的であった以上に、崇拝対象であったことは間違いない。しばしば、遠い過去から伝来し現在に残るモノが「注目に値する」と言われるのは、その希少性のゆえであるが、ここでの例で注目すべきなのはむしろその逆のことである。すなわち、この聖遺物箱は、ベケットの殉教を描いた非常に多くの似たような聖遺物容器の一つにすぎないのだ。そのうちの四五点が現存しており、それらすべてが一二世紀末から一三世紀初頭にかけてフランスの都市リモージュで製作されたものである。この時代のリモージュはエナメル細工で有名になった。その細工には、はるか北欧のウプサラや、ローマ、中東の十字軍国家などからの注文を引き寄せる魅力があり、贈り物として送られていた。ベケットの聖遺物箱は、細部はさまざまだが、ほとんどが同じデザインのバリエーションである。

私たちはこの聖遺物箱に美術史家としてアプローチすることができるだろう。すなわち、この聖遺物箱のデザインや図像学、そしてこの時代や別の時代の他の視覚的な作品との様式的な関係を考察するのである。この箱については、崇敬の焦点として、他の聖遺物容器や聖人崇敬と関係づけて考察することもできる。しかし、この箱を物質的な物体として考え、そうすることで「モノ」をどのように扱うべきかについての、さらなる論点を開示することもできる。それは、私たちの時代〔中世〕の文字史料について考えられるのと同じだけ可能なのである。

この箱の製造に使われた原材料や、同じ場所で作られた他の多くのエナメル加工されたモノの製造に使われた原材料については、まだ完全には解明されていない興味深い論点が存在する。[24] 例えば、リモージュでは銅の生産は行われておらず、銅は別のいくつかの場所から輸入されていたようである。エナメルの原料となる粉末ガラスは、当時のステンドグラスに用いられたのと同じ方法で作られたものではなかった。実際、粉末の一部は古代ローマのガラスのテッセラ〔モザイク製作に用いるサイコロ型の小片〕を再利用したものではないかと考える理由がある。もっとも、その分量の多さを踏まえると、イタリアから輸入されていたのか、あるいはフランス南西部の誰かが同じようなガラスを作る方法を編み出していたのかのどちらかだろう。ガラスとなる混合物に含まれる原材料のひとつは、エジプトで産出されるソーダ灰の一種である「ナトロン」である。これはリモージュに輸入されたものだろうか？　それとも、今ではもうどこか分からないが、付近で産出地が発見されたのだろうか？　また、リモージュのエナメルがこれほどまでに人気を博し広く普及したのはなぜかと問うこともできるが、その答えの一部として、都市リモージュが主要な交易・巡礼ルートに位置していた点が挙げられる。さらに、ここで話題にしているあのリモージュの聖遺物箱に接する人間が身をもって得た経験が立場によってどのように異なっていたのかについても考えることができる。例えば、例の聖遺物箱は、それを保管していた教会の管理者たちにとってはある種の儀式に際して馴染み深いものだったが、より幅広い層である俗人〔平信徒〕はせいぜい時折遠目で見る程度だっただろう。他方、聖遺物箱を作る職人たちの指は銅の冷たさと溶けたガラスの熱さを知っており、彼らは、聖遺物箱のようなモノであれば、ほぼ同じ時に同じ場所で作られていた他の多くのさまざまな形状のモノとどういう形態学的な関係にあるかを見極めることができたであろう。そういう知識が彼らの体に染み込んでいたのである。

第1章で述べたように、今日の歴史家たちの一般的な共通認識は、「暗黒時代」という古い固定観念(ステレオタイプ)から想像されるよりも、中世の人々はより高い識字率を持ち、想像されているよりもはるかに文書文化に精通していたというものである。とはいえ、大多数の中世の人々にとって、テクストが読まれるのを聞くことは、「稀」とまではいかなくても、特定の限られた機会にとっておかれた特別なことであり、テクストの作成に関わることは、さらにいっそう特別で非日常的な行為であったことも事実である。中世を通じて人々は、ほとんどの時間を読み書きではなく、今でも私たちがしていること(食事、排泄、睡眠、生活空間の整理や清掃、物の売買や物々交換など)や、今ではごく一部の人しかしないこと(農作業や畜産、ビールの醸造、巡礼など)をして過ごしていた。これらのことはすべて、文書記録に何らかの痕跡を残しているが、文字で書かれた史料はせいぜい一瞬の出来事を切り取ったものでしかなく、人間の経験の大部分を必然的に逸している。ローマ帝国の崩壊から一一〇〇年頃までの中世初期について言うなら、そのような活動を伝える文書はほとんど存在せず、エリート階層以外の人たちの活動を記録したものはほとんどない。しかし、実際に残っているものもある。それが物質文化である。その中には、聖トマス・ベケットの聖遺物箱のように、人間活動の国際的な流れの産物もあれば、テクストが伝えないかたちで日常生活の不明瞭な痕跡をとどめるものも含まれる。そのすべてが、文字が記録することのない中世の姿を私たちに伝えてくれるのだ。

考古学者はテクストよりもむしろ物や場所を扱っており、そのような資料をどう「読む」かについての彼らの感覚は、歴史家のそれとはいくつかの重要な点で異なっている。この二つの学問分野の間には、確かにある程度の緊張関係があり、それは通常は歴史家の側では暗黙の了解事項となっていたが、考古学者の側ではより率直に認識されていた。考古学は、それが利用する技術や学問分野の選択のために、歴史学よりもより「科学的」な学問として自らを認識しがちである。生物学、DNA分析、炭素年代測定、コンピュータ・モデリング、MRI(核磁気共鳴映像法)など、あらゆる種類の科学が、考古学のために用いられている(これらの科学の一部は、例えばリモージュのエナメルに含まれる物質の化学組成を研究者が理解するためには必須だった）。また歴史学が扱うテーマをどのように調査するかについての考古学的な感覚やその調査の枠組みや目的も、歴史家のものとは異なる傾向にある。このような学問分野間の緊張関係の根本原因は、かつて歴史家が考古学を「歴史学の婢（はしため）」、つまり有用な助け手ではあるが、独立した洞察力を発揮できない存在として扱う傾向があったことである。そのため、初期の考古学者の中には、鋤（すき）（すなわち考古学）の独立性を宣言するものもいた。つまり、歴史家が好んで用いる「偏向した」文書史料と比較すると、考古学的記録のほうが客観的で信頼性が高いと主張したのである。現在では、このような二項対立的な見方は珍しくなってきているが、うまく接続していない部分も少し残っている[25]。

以上に述べたような違いだけではなく、考古学者が扱う物的資料と歴史学者が扱う文書史料の間には固有の違いがあるため、両者の知見は、同一のテーマを扱っていても大きく異なることがある。例えば、歴史家が文書史料に基づいて行ったイングランドの城塞の研究では、一〇六六年のノルマン征服後に、ノルマン人が古典的な（土積みの小山と囲みからなる）モット・アンド・ベイリー式の城塞建築をイングランドにもたらしたと長い間考えられてきた。こうした城塞は防備のための構造物で、軍事エリートが、もともとそこに住んでいた住民を征服する過程で造られたというのである。しかし、考古学調査の指摘によると、ノルマンディー地方においても、一〇六六年以前には、モット・アンド・ベイリー式城塞は存在していなかったようだ。すなわち、ノルマン人はこの新しい城塞建築方式を「持ち込んだ」のではなく、せいぜい言えるのは、イングランドを征服する過程で新たに考案したにちがいないということである。しかし、考古学者たちは、ノルマン征服以前のイングランドの遺跡を発掘すれば、現存する城塞に似た、大規模な円形の防御構造がノルマン征服以前から存在していたと示せるはずだと主張している。城塞というものは、その言葉をどう定義づけるかにもよるが、思われている以上にその土地に土着的なものかもしれない。[26] さらに、最近の学際的な研究では、城の配置や様式が、純粋に軍事的・防衛的な能力だけの問題だったことはほとんどないと論じられている。城は、実用的な手段であったのと同じくらい象徴的な手段であり、それを用いて領主権(社会的・政治的な権勢)を伝える構造物として理解するのがよいだろう。[27] 風景の中にどっしりと置かれた大きな石造りの城塞は見ると安心するほど「堅固」で客観的な存在に見えるが、実際には、もっとも儚いフィクション作品と同じくらい、複雑に解釈される対象であることが分かるのだ。

もちろん、いつも、文書史料と物的資料が根本的に相反する解釈をもたらすわけではない。両方の視点からの洞察が組み合わされた優れた研究も行われている。例えば、最近の刺激的な例は、ドイツのダルハイムの修道院に埋葬されていた一二世紀頃の中世女性の歯石から、貴重な青い鉱物であるラピスラズリの痕跡が発見されたというものである。鉱物片の顕微鏡による分析と同定は、写字生としてのドイツの修道女に関する既存のテクスト研究と組み合わされて、この鉱物の痕跡が、この女性が彩色写本の製作者という役割を果たしていたことを示唆しており、この説明は極めて説得力がある。[28] だいたいの場合、この二つの分野は相互に矛盾するのではなく、補完し合うものである。これが特によく当てはまるのが中世後期の市民生活を扱う歴史学と「建造物の考古学」、そして中世の修道制および修道院文化の分析であるが、現在特に関心の高い分野を取りあげるなら、死の研究である。中世後期の文化は、死を主題にした「アルス・モリエンディ〔往生術〕」、すなわちよく死ぬための手引きという特定のジャンルの書物を生み出した。往生術の書は、罪と救いの神学的側面に焦点を当てるものだった。死は、他の文化でもそうだったのと同様に、何世紀にもわたってあらゆる種類の中世文学のテーマとなっていたのである。したがって、これらの文書史料は、死と死後の世界に関する信念、救いへの欲求、天罰に対する恐れといった、一般的にこの世の「向こう側」を志向するものであり、概してこうしたトピックへと研究を導く。他方、死の物質文化（埋葬の習慣、葬儀のモニュメント、副葬品など）を研究することで（文書史料の研究に比して）より長い時間軸で異なる視点を付け加えられる[29]。超自然的なものに対する信仰が今後も研究上重要性を持ち続けるのは明らかだが、それ以外のより社会的な諸側面も視野に入ってくる。例えば、埋葬の場所は社会階層を示すものとして読み取ることができ、副葬品（死者と一緒に埋葬されたさまざまな貴重なものや特殊なもの）は、社会的な顕示と埋葬文化を解釈するのに役立つのだ。

歴史学と考古学とを組み合わせることにより、さまざまな時代の死の文化について洗練された分析がなされ、より広い意味では、現存する物的史料を文化的アイデンティティの指標として解釈する複雑な方法が生み出されてきた。中世初期については、埋葬の習慣の違いが、長い間、異なる民族的アイデンティティの証と捉えられてきた。すなわち、考古学者は、人々がどのように死者を埋葬したかを調べることで、彼らがどのような宗教的・民族的グループに属しているかを特定しようとしたのである。しかし、最近の研究では、この方法の問題点が指摘されてきている。例えば、イングランドの出土資料では、埋葬品が伴わない（いわゆる「キリスト教的な」）埋葬と、相当の量の副葬品を伴う（「異教的な」）埋葬との間に明確な境界線がなく、むしろ両者の間には曖昧な連続性が存在していたのではないかというのである。その際、副葬品が伴う時期と伴わない時期が、経済的・文化的要因の影響を受けて、波状に交互に訪れていたのではないか[30]。

ボニー・エフロスは、文書史料と考古学的資料の両方を用いて、メロヴィング朝の葬送儀礼にはゲルマン的伝統とローマ的伝統の諸要素が取り入れられており、「純粋な」民族的アイデンティティを析出することは不可能だと主張している。墓地の中で埋葬にまつわる慣習のさまざまな違いが見られる場合、民族だけが唯一の要因であると仮定すべきではない。年齢、性別、社会的地位もまた、特定の埋葬の儀礼的な諸要素に影響を与えているかもしれないからだ。そして、エフロスは、葬儀は象徴的要素に満ちたイデオロギー的行為であり、単に民族的アイデンティティを「反映」するのではなく、それを生み出し、変容させうるものだと示唆する[31]。

同様に、六―七世紀のドナウ川流域で埋蔵された宝や副葬品などを非常に注意深く分析した結果、これまでの「蛮族」や「スラヴ人」といった民族グループ分けの説明は単純に過ぎていたことが分かった。例えば、これまでの研究では、ある二つの地域間でブローチのデザインに違いがあると指摘されており、それをはじめとする証拠から、ランゴバルドとゲピドという二つの「蛮族」の共同体が存在していたと考えられた。しかし、こうした様式の違いはヨーロッパの他の地域でも見られるし、明らかにランゴバルドとゲピドの「地域」とされてきた場所内でも他の様式が見られることが（最近の研究では）指摘されている。同様の議論は、「新たに移住してきた人々」とされる集団であるスラヴ人にも当てはめることができる。実際、フローリン・クルタが主張しているように、「スラヴ人の大洪水がピュリピャチ川の湿地からあふれだして」瀬戸際を迎えていたローマ帝国の境域にぶち当たったと想像するよりも、ドナウ川の辺境やバルカン半島でユスティニアヌス帝が始めた大規模な建築計画に対する反応として、「スラヴ人」のアイデンティティが既存の諸コミュニティの内側で形成されたものと考えた方がよいだろう[32]。

いま述べたドナウ川中下流域以東などの地域において、特に中世初期については考古学的資料が、現存する文書史料をはるかに凌駕する量で残っており、考古学的資料がなくては全く思いもよらなかったことに気づかせてくれるかもしれない。一方、中世後期の文化には、モノを通してしか見られず、文書史料では全く言及されていない要素もある。例えば、ドイツやオランダなどでは、男性と女性の性器を描いた注目すべき巡礼バッジが数多く発見されている。このような安価で卑俗なモノには、なんら文書史料で説明してくれるものがなく、現存物がなければ、ここで見られる聖と俗の奇妙な混合物については何の手がかりもなかっただろう。それらにはいまだ解釈の余地があるのである[33]。

また景観考古学は、人間の文化や政治に深く根差した諸パターンの可能性を示すことができる。例えば、集落分布のパターンを研究することで、農業のやり方や、さらには土壌の種類へと、さまざまな形で関連付けて地図上で描くこともできる。さまざまな種類の土壌を注意深く分析し、農業生産性を高めるために必要な条件を調べていくと、私たちが立っている地面そのものが、あらゆる種類の文化的複雑さの理解に影響を与えうると分かる。例えば、非常に迅速に耕さなければならないある種の粘土質の土壌は、農業の共同作業を必要とし、それが集村(住居がある場所に集中する村落形態)の集落分布につながり、その結果、地域でのより複雑な共同作業を促進させ、ひょっとするとある種の社会的・政治的アイデンティティを形成させることになるかもしれない[34]。

考古学的な研究は、中世の経済の研究にも大きな影響を与えている。スカンディナヴィアを例にとると、一二〇〇年以前の文書史料はほとんど存在しない。しかし、モノとその動きを分析すると、かなりの距離に渡って重要な交易が行われていたことが示唆される。例えば、採掘場から何百マイルも離れた場所で発見された砥石や、デンマークで発見されたノルウェー製の鉄などが挙げられる。また、スカンディナヴィアの教会で発見されたコイン(古銭)は、記録がより多く残っているヨーロッパの他の地域と同様に、教会が市場の場として機能していたらしいことを示している。[35] 実際、考古学は、中世初期の経済についての私たちの理解を大きく変えてきた。この議論は長い間、ベルギーの学者アンリ・ピレンヌ(一八六二―一九三五)が提唱したテーゼに基づいて展開されてきた。[36] ピレンヌの主張によれば、七世紀にイスラーム帝国が台頭したことで、古代末期の長距離交易ルートが断絶し、中世初期の経済は地中海をまたいだ都市間交易を基盤としたものから、農耕的な簡素さに限定された陸路だけからなるものへと崩壊したという。しかし、最近の考古学的な調査によって、この図式はかなり修正された。古銭学によって、少なくともある種の貿易取引を追跡することができる。例えば、八世紀から九世紀にかけてのアラブ世界のコインがフランス南部とスペイン北部で、また八世紀のビザンツのコインがマルセイユで発見されれば、壮大なスケールの交易関係の像が浮かび上がってくる。ある種の高級陶器(窯(かま)の同定や、後世の出土品の場合は使用された粘土の種類の同定により場所を特定できる)の移動が強く暗示するのは、絹などのより朽ちやすい(ので後世に残りにくい)他の種類の商品も合わせて運ばれていたということである。近年、生物考古学の分野では、人間の骨に含まれる微量元素を調べることで、食生活や、その土地ではとれない、つまり交易により流通していた食材の存在を示すことができるようになってきた。さまざまな種類の考古学的遺物が示唆するのは、（通常は海岸沿いに位置した）有名な商業中心地をはるかに超えた中世初期の交易の場、つまり市場の存在である。したがって、これまで不活発な僻地と考えられていた場所が、経済においてより大きな役割を果たしていたようなのだ。中世初期の資料を総合的に分析した最近の研究はピレンヌのモデルを根本的に逆転させ、ヨーロッパ経済の成長を下支えしたのは、まさに北アフリカや中東の新しい市場の存在であったと主張する。(37)このように、考古学的な洞察は歴史学的な理解を完全に覆すことができるのだ。

これらは、物的証拠や具体的な考古学的研究が、文字史料に基づく歴史学の視点を補完したり凌駕したりした事例である。しかし、考古学はもう一つ別の重要な役割を果たしてきている。それは、中世史家が、自分たちの研究の中では当然視している諸側面について改めて考え、違った見方をするよう促すことである。その一つは、文字史料それ自体を物理的なモノとして考えてみることの重要性である。この一部は、写本がどのようなつくりになっているかを研究する「古書冊学（コディコロジー）」により古いルーツを持つが、「物質文化としての文字史料（テクスト）」という考え方はさらなる洞察をもたらしてくれる。私たちは、テクストを、それ以外の他のモノとの関係において、モノとして捉えることができる。例えば、時禱書は、そこに記された祈禱文や典礼文についてだけでなく、それ以外の、図像や祭壇装飾、細密画といった信心に関わるモノとの関連で研究することができるし、さらには「家宝」とでも呼べるものの一部として研究することもできる。「家宝」とは、そのモノ自体の貴重さから重んじられるだけでなく、それが伝える高い社会的地位の感覚のゆえにも重んじられ、遺言などによって親族集団内で分配される傾向があるものだ。歴史家は通常、まず写本が何を述べているかを考えるが、考古学者は、単に写本を読むというよりも、当時の人が写本を使って何をしたのかを考えるように促すのである。最近の非侵襲的なサンプリング技術の発展により、写本の「素材」の側面においても、さらに多くの要素が明らかになり、考古学者と写本研究者が協力して、獣皮紙(日本では羊皮紙という語がよく使われるが、原料は羊に限られない)の製造に使われた動物の皮の種類だけでなく、同じ一頭の獣の皮が複数の写本に使われていた箇所をそれぞれ特定することが可能になった。後者の場合、これらの写本は製作段階で結びつきがあった可能性がある。動物の皮の種類を特定することで、その動物がどのような環境で暮らしていたのか、例えばその動物が患っていた病気などの分析が容易になる。また、解釈がかなりやっかいになりはするが、写本を使っていた人間のDNAを復元できる可能性もあるのだ[38]。

考古学者が(人類学者と共同して)歴史学者の注目を集めてきたもう一つの側面は、空間の研究である。考古学がこれに関して提供する特殊なスキルには、比較年代測定や発掘技術、航空写真や電子地図の使用などの高度な技術的問題から、ある地域のきちんとした地形図を作成するという基本的かつ不可欠な能力までさまざまなものがある。例えば、中世のコンスタンティノープル(現代のイスタンブル)における教会でも宮殿でもない構造物の研究では、文字史料を含むさまざまな資料を用いて、都市のレイアウトがどのようなものでありえたかについて初期のイメージを構築する。つまり、想定しうるさまざまなタイプの建物や、さまざまな「街区」(巨大建築街区、沿岸部、身分の高い人々と低い人々の住宅地区、空閑地など)の配置についてのイメージである。建築遺構と考古学的出土物を慎重に比較分析することで、家庭用建物と商業用建物の位置・デザイン・範囲、さらに道路のレイアウトの当時の考え方について、ある程度の作業仮説を立てることができる[39]。中世後期の都市には、その地誌を復元するための文字史料が残っている場合もあるが、考古学的調査は不可欠であり、私たちの時代(中世)のほとんどの期間については、それが唯一の選択肢である。

考古学は空間をマッピングするためのツールを提供するだけではなく、さまざまなかたちで空間について考えるのを促してくれる。第一に、時間の経過による変化である。建築技術や建築様式の連続性やコントラストはこの点で参考になる。つまり、それぞれの時点で新しい素材の特徴が見られるということは、建物や空間の使用状況が変化していたことを示している、という具合である。例えば、前述のコンスタンティノープルの研究では、古代末期のエリートの邸宅の中には、中世初期に教会に改築されたものがあることが示されている。第二に、そしておそらく最近の中世史にもっとも影響を与えているのが、考古学と人類学の両方が、空間のさまざまな社会的利用法とその意味についての考察を促していることである。考古学の理論では、物質文化と空間は、人間の継続的なプロセスの一部、つまり、静的なものというよりは動的なもので、社会、政治、文化についての移り変わる(時には競合する)概念に絡め取られているものと捉えられている。ロベルタ・ギルクリストによるイングランドの女子修道院に関する影響力のある研究は、建築と空間が社会的・ジェンダー的な区別にさまざまに関与していたことを浮かび上がらせた。イースト・アングリア地方のさまざまな女子修道院で発見された堀や中庭などの特徴は、他の修道院の地誌的特徴よりも荘園の集落との共通点が多く、修道女と下層ジェントリとの密接な関係を示している。ギルクリストは、アクセスマップ(建物を通る利用可能なルートを抽象化した図)を描くことで、男子修道院は女子修道院に比べてかなり「透過性」が高いことを示した。すなわち、外部の人間でも男子修道院のさまざまな部屋に簡単に入ったり、その間を行き来することができたりしたのに対し、女子修道院のさまざまな箇所には、余計に長くなっている限られたルートを通じてしかアクセスできないようになっていた。ここから女性の禁域は男性の禁域に比べて、より物理的なかたちで保証されていたことが分かる。このように修道院の空間は、実用上の必要性だけでなく、イデオロギーや権力やジェンダーといった論点を通じて形成されているのである[40]。最近の空間に関する歴史学的な研究がいっそう強調しているのが、空間の移り変わりやその競合的な性質である。例えばイングランドの市場は、交易やゴシップを通じた水平方向の社会的相互作用の場として分析されるとともに、公的贖罪（公の場で罪を悔いる行為）や処刑された犯罪者の晒し首を通じた垂直方向の権力表現の場としても分析されてきた。また、中世後期のプラハにおける売春の場所と社会的意味は、さまざまに異なる宗教的理想の影響下で変容するものとして読み解かれている[41]。これらの研究や同様のその他の研究がもっとも直接的に関わっているのは人類学であったが、中世史学が物理的な世界とその意味を議論する元となるインスピレーションを得たのは、主に考古学からなのである[42]。

近年の科学技術の発展により、中世の写本研究に新たな可能性が生まれていることは前述の通りである。これは、考古学者や歴史家が他の自然科学と協力して、技術的な可能性を飛躍的に高めてきたことを示す具体的な例の一つにすぎない。おそらくもっとも大きな変革をもたらしたのは次の二つの分野であり、そこでは議論の新たな、注目に値する可能性が生まれ続けている。一つはＤＮＡ分析であり、もう一つは気候変動の研究（主には〔年輪の成長を調べることで年ごとの環境変化を把握する〕年輪年代学によるものだがそれに限られない）である。近年、ＤＮＡ分析は格段に速くなり、コストもかからなくなってきた。また、遺物からＤＮＡを抽出する方法についても、非常に巧みな技術開発が行われている。すでに述べたように、ＤＮＡ分析には実に多様な可能性がある。おそらくこれまでにもっとも広く行われてきたのは、病気の研究と、中世初期における人口移動の分析である。前者について、何十年にもわたる議論にほぼ終止符を打ったもっとも重要な発見は、黒死病の原因となった病原体がエルシニア・ペスティス（*Yersinia pestis*）〔ペスト菌〕であると同定されたことである。最初の発見に疑問を持つ人はいたものの、その後の研究で技術が改良され、その同定が確かめられた。最近ではペスト菌の全ゲノム配列が明らかにされている。[43] 古代末期のユスティニアヌス帝期の疫病に関する研究も病原体はペスト菌と同定し、最近では、このときの感染症の突発的発生（アウトブレイク）に由来するＤＮＡがどのようにこの病気の新しい変異株になっているかも明らかになっている。この知識によって、過去のペストに関する歴史的な記述の中に、現代の経験から予想される伝染や症状とは異なるものがある理由をこれまでよりもはっきりと説明できるかもしれない。[44] しかし、それと同じだけ重要なことは、ここで述べたような科学的発見は議論を終結させるというよりは、むしろさらに広げるものだということである。現在の議論は、進行中の遺伝子分析に助けられながら、一四世紀のペストのありうべき地理的な起源と広がり、その広がりをもたらした社会的要因、政治的要因、気候的要因、動物学的要因の複雑な相互作用に取り組んでいるのである。[45]

後者の中世初期の人口移動について、学者たちは「蛮族」の諸部族の移動に関する前述の議論を再検討している。パトリック・ギアリが率いる大規模なプロジェクトはさまざまな分析手法を用いるが、中心となるのは、複数の埋葬地から回収した中世のＤＮＡの塩基配列を解析し、六世紀後半の「ロンバルド人」(ないし「ランゴバルド人」)の移動を再検討することである。集められた証拠は、現在のハンガリーから北イタリアに諸部族が移動し、その後、遺伝子が混じり合ったことを強く示唆している[46]。この意味で科学は、「ランゴバルド人の侵攻」を語る数少ない文字史料の修辞的に偏った部分を大幅に補完するものである。しかし、ギアリらが指摘しているように、科学は歴史を単に説明するものではないし、ハプログループ(共通の祖先を持つ遺伝的集団)を特定したとしても、それが「民族」的アイデンティティや、ましてや政治的なアイデンティティと同等のものではない。このような分野では、現在の世間の誤解(そして人種差別主義的極右勢力による政治的利用)を招かないためにも、中世学者は、「人種」に関する一九世紀の本質主義的概念に逆戻りしないよう、非常に気をつけて取り組まなければならないのだ[47]。

以下では気候に目を向けよう。気候学者たちは、気候変動の非常に長い歴史を明らかにしようと、氷床コア標本、樹木の年輪、海洋堆積物などさまざまな証拠を用いているが、一般的な目的はもちろん、近代以降の炭素排出量によって、人間に起因する気候危機の前代未聞の時代に突入することになったことを疑う余地なく証明することである。中世は、気候変動をめぐる過去の議論の中でも特に関係があるとされてきたが、その理由は、九五〇年から一二五〇年頃の「中世温暖期」または「中世気候異常期」と呼ばれる、ヨーロッパの気温がそれ以降(二〇世紀の最後の数十年まで)に比べて全般的に高かった時期があったからである。(「中世温暖期」を裏付ける研究は引き続き出ているが、最近の気候変動のペースが過去に比べてかなり速いことも明らかにされてきた。また、中世の温暖化は主に火山活動の低下と太陽放射の増加の結果であることが強く示唆され、この時期の地域的な気温変動にも注意が払われている[48]。)年輪年代学の最近の研究によって、歴史学的分析と科学的分析の間により密接な連関を見出す可能性が出てきており、気候変動の事実を立証するだけでなく、それに対する過去の人間の反応が分析できるようになってきた。この要因としては、年輪年代学が各年の状況や火山噴火などの気候イベントを（特定の地域に限ってではあるが）かなり確実にマッピングできることや、科学が総合的な全体像に関心を持つのと同じくらい、気候記録における地域的・季節的変動にも関心を持つようになったことが挙げられる。このように、地域と時代が特定されているデータがあれば、中世ノヴゴロドにおける特定の年（一二六一年、一二三〇年）の不作とそれに伴う飢饉のような災害を、異常な寒さの年に関連付けることができ、年代記に記されていることを確認できる場合もあるのだ。

ここには中世史家にとって大きな可能性がある。一四世紀初頭に北ヨーロッパは、中世の温暖期からより冷涼で湿潤な環境へと移行したが、この中世後期に農業、社会、経済の根本的な転換をもたらした主要な要素として、そのような気候変動に（病気と並んで）すでに注目している者もいる[49]。全体的な傾向としては冷涼な気候に向かうものだったが、例えば中世後期イングランドでの〔寒冷化の〕具体的な影響とは、年によって予測できないほど極端に変動する気象パターンを生み出し、農業生産に大きな支障をきたし、おそらくペストの断続的な蔓延と連動してさらなる被害をもたらしたことである[50]。時折、気候学者たちは、例えば一二四二年にモンゴル人がハンガリーから（その地域での突然の大雨と冷え込みに直面して）予期せず撤退したというように、気温や降水量の変動が特定の出来事を「説明」できると示唆する誘惑に駆られている[51]。だが、中世後期の作物収穫の年ごとの記録のような一部の文字史料は、気候証拠と比較できるおおむね頑健な〔イレギュラーなことが起きたときでも推定性能が高い〕データセットを提供できるものの、それ以前の時代の、主に叙述史料については、文字史料が文化的な状況に埋め込まれていることに注意しなければならない。というのは、中世初期の著述家たちが洪水や嵐などの、環境にまつわる劇的な出来事を記したとき、彼らは外部で起きた客観的な出来事に反応していたのかもしれないが、主には聖書の罰や警告のレトリックを用いて自分たちの世界を〔主観的に〕表現していたのである。(52)

このように科学の進歩は、特に、全く異なる学問分野の人々といかに協力して仕事をするかという点で、私たち中世史家にも課題を提起している。私も含めて、ほとんどの中世史家にとって、年輪年代学やＤＮＡ分析のような領域の仕事を「読み込む」ことは、最近の人類学や社会科学に取り組むよりもはるかに困難なことなのだ。重要な点は、これを認識したのは年輪年代学者のウルフ・ビュントゲンとの対話に負うところが大きいのだが、全く異なる学問分野で「完全な専門家」になるのはほとんど不可能だということである。むしろ必要なのは、不確実性やデータのギャップ、現在の方法論の弱点などを当事者同士がすすんで認め合い、専門分野間のオープンな対話を促進しようと望む姿勢である。気候に関しては、現在の気候危機の事実をめぐる議論は〔頑固に妄想している人は別として〕基本的に終了している。そこで、歴史家、特に中世史家がこれからどのように貢献できるかというと、それぞれの人間社会が気候やその他の環境要因の変化とどのように相互作用し、それに反応するのか、その学際的な議論を通じてである。ある種の「物質性」の最先端を担う科学は、非常に大きな機会を提示してくれている。しかし、中世史家やその他の歴史家が取りうる最善の方法は、科学を私たちの仕事の主人としてでも召使いとしてでもなく、進行中の議論の対話相手として遇することなのだ。

テクストと文化論

それは爪で雲を突き破り、ものすごい力で昇ってくる。
私には空が昼のように白んでいくのが見える。いまにそれは夜の帳(とばり)をはぎとり、
この高貴な男から、貴婦人をついに奪い去ってしまうだろう。彼を忍び込ませるのに私は苦心したのだが。
できるなら私は彼をここから逃したい。彼の多くの美徳がまさにそれを私に求めているからだ。[53]

ある貴婦人の召使いの男が〔情事の〕見張りを務めていた。ここで引用したのは、夜明けの光に促されて、召使いの男が女主人とその愛人である騎士とを目覚めさせようと考え、愛人に主人のベッドを去るよう告げた言葉である。この言葉は、一三世紀初頭にヴォルフラム・フォン・エッシェンバッハによって書かれた短い詩の冒頭のスタンザ〔詩節〕を構成するものである。ヴォルフラム自身も騎士であり、中世アーサー王物語の中でももっとも偉大な作品の一つである『パルチヴァール(*Parzival*)』の作者でもある。このようなテクストは、文学の発展や技術的な分析に関心のある文芸批評家にとっては明らかに重要であるが、私はここで、歴史家としてこうした作品にどのようにアプローチするかを考えてみたい。より広く言えば、歴史家が、文学的分析からある種のツールをどのように取り入れられるかを探ってみたい。

考古学と歴史学に密接な関係があったのと同様に、歴史学と文学の間にも密接な関係がある。歴史学と文学の両者とも、主に書き記されたテクストを扱う(ただし、ヴォルフラムの作品の場合、テクストはほぼ確実に口頭でのパフォーマンスで経験されたものであり、そもそもそのために著された可能性もある)。両者とも可能な限りの意味を引き出すために、それぞれの扱うテクストを綿密かつ慎重に読むことに慣れており、さらに、特定のテクストからその時代のより広い世界をどのように見通すことができるかに関心を持っている。両学問分野は、つまらぬことで互いに言い争う傾向がある。文学研究者は時として、テクスト分析の文脈として単純化された歴史叙述を利用する傾向がある一方で、歴史家の分析は洗練さを欠いていると批判しがちである。歴史家は、抽象的な理論化には反射的に疑念を抱く傾向があり、時折、文学的なテクストを無粋なまでに逐語的に読んでしまうことがある。中世の文学テクストは、自らの文学性を自覚していて、非常に繊細な文体上の約束事と戯れ、現代の読者にはただちには自明でないテーマを暗示する。また、現実世界の何かに直接的に言及しているというよりは、潜在的な意味の波間に浸っているものである。しかし、だからといって、歴史家が中世の文学テクストを全く利用できないということにはならない。物語的な詩の中には、人々の言動やさまざまな出来事の情報を含むものもある。例えば、アルビジョワ十字軍(一二〇九―一二九年)の歴史を書くには、『アルビジョワ十字軍の歌(*Chanson de la Croisade*)』を抜きにしては考えられないし、スカンディナヴィアのサガは、解釈をめぐって激しい議論が戦わされているものの、アイスランドやノルウェーについての不可欠な史料となっている。

しかし、もっと重要なのは、文学(そして実際には、他の「歴史学」が扱う史料と考えられているもの)からは、さまざまな態度や考え方、思考パターンなどを読み取れるということである。ヴォルフラムの詩は、実際の出来事については何も教えてくれないが、文化的習俗(やものの考え方)について何かしらのことを教えてくれる。見張りを務めた男は自分が仕える貴婦人への忠誠心と、彼女が寝床をともにする騎士への憧れの両方を持ち合わせている。彼女が愛人を求める心と彼女自身の名誉との間には緊張関係が存在する。すなわち、太陽が昇って一日の始まりを告げると、貴婦人の寝室の空間は、私的な領域から公的空間になりうる場へとゆっくりと変化していく。この詩が示唆しているのは、この貴婦人には夫がいて、この夫は妻を騎士に寝取られているということである。このような状況を詩人と聴衆が承認している、あるいは望んでいると考える必要はない(もちろん実際にそのようなことは時折あったが)。重要なのは、この詩が、あらゆる種類の個人の欲望と、共同体や忠誠が要求するものとの間の緊張関係を劇的に描いていることである。このような緊張関係は、ランスロットとアーサー王妃グィネヴィアとの間の情事など、中世の他の文学作品でもお馴染みのものである。これらはすべて、ヴォルフラムの聴衆にとって、感情的にも知性的にも意味をなすものであり、したがってそこから彼らの思考や感情の形についての洞察を得ることができるのだ。

おそらくもっとも興味深いのはジェンダーのテーマであり、そこでは貴婦人の女性らしさだけでなく、騎士(と見張りの男)の男性らしさが問題となる。詩の後半では、争点になっているのが騎士の名誉であることが明らかで、上に引用したスタンザの中で、見張りの男は、自分の義務は騎士の非常に多くの美徳(sîn vil manigiu tugent)によって引き出されたものだと述べている。ここで男らしさとは、何か公共的で情動に働きかけ、手がかかる大変なものであり、男性と女性の関係と同じくらい、男同士の関係にも関するものであるように見える。この詩は理想化して描くが、その際にも階層によって違いがある。つまり、騎士は貴婦人の愛を性的に満たすことで男らしさを得ることができるが、見張りの男は〔見張ったり、起こしたり、出入りの手引きをするといった〕奉仕を行うことで満足しなければならない。それが、騎士に可能な男らしさとは別の種類の男らしさなのである。こうしたパターンは「騎士道」に関わる状況においてだけではなく、職人の同業組合員や大学の知識人たちといった他の分野でも見られる[54]。このように、文学テクストは「事実」を提供することはあまりないかもしれないが、話し方や書き方、したがって考え方を私たちに伝えてくれるものなのだ。

文学理論は、文学の領域だけでなく、すべての書かれた史料のなかで、言語の重要性をより広く認識するよう歴史家を促してきた。言語は、単に私たちの周りの世界を反映するのではなく、その世界を双方向に媒介するのである。つまり、第一に私たちの世界の経験は、言語（もっと広く言えば、文化的な観念や慣行）によって枠付けられ、解釈される。そして次に私たちは、言語（文化）を用いて、世界がどのようであり、どうあるべきかという考えを提示することで、世界と他の人々の世界の経験とを形作ろうとするのである。その好例が政治言語に見出せる。階層的な権力構造をエリートが説明し正当化するやり方にはさまざまなものがある。そうしたものには例えば、階層的ではあるが相互に影響し合う「政体」論があり、ソールズベリのジョンの『ポリクラティクス〔政体論〕』（一二世紀）やそれ以降の多くのテクストや図像に見られる。こうしたエリートによる権力構造の説明の仕方は、単に政治的領域を「反映したもの」ではないし、また人々がそれについてどう考えていたかを単に「反映したもの」でもないのだ。それらはむしろ、思考と現実の両方を形作ろうとする試みであり、（この特定のイメージにおいては）権力と権威の特定の布置を自然なものに見せ、それゆえに疑問の余地がないように見せようとするものである。後の時代に関するクエンティン・スキナーやジョン・ポーコックの研究を受けて、中世政治（思想）の歴史家たちは権力に関わる語彙について考え始めており、例えば、中世後期のイングランドで「コモンズ（the commons）」という言葉に帰せられる複雑で移り変わる意味（「庶民」「庶民院」「共有地」など）を辿っている。[55] マーク・オームロッドは最近、この時代を対象とする歴史家に、基本的な言語そのものの複雑さ、例えば国王統治の言語がラテン語やフランス語から英語へとゆっくりと断続的に移行していくことについて考えるように呼びかけた。これは、ナショナル・アイデンティティの政治的構築という観点からだけでなく、俗語（ここでは特に英語）を使って広がる政治的扇動と異端への恐怖、そして王と議会の間の一連の具体的な交渉にも関連していると考えるべきものなのである。[56]

最後の二つの例で注目すべきは、「言語論的転回」と呼ばれてきたものには、歴史家が言語に関心を持つようになったさまざまなやり方が含まれているということである。語彙、レトリック、「キーワード」の意味が第一の領域であり、二つ目の領域では俗語化の政治学、そして土着の言語とアイデンティティの結びつきが対象とされる。第三の領域には、テクストの形式とその文化的コンテクストについての考察が来るだろう。文学テクストには、押韻構成やリズム、テーマなどの点で、ある種の形式的な特徴があることは明らかである。文学テクストは、これらの埋め込まれた構造によって部分的に意味を伝えているのだ。しかし、私たちが「歴史学的」なテクストと考えるものも、ある点では文学テクストと同じように捉えることができる。歴史家は長い間、さまざまな記録の定型的な性質に注目してきた。実際、これは「文書形式学（ディプロマティック）」、すなわち文書（*diploma*）の研究の一環として常に歴史家の注目するところであった。しかし、文学で行われる分析は、記録が持つあからさまな反復表現にとどまらない構造的な類似性を深く理解し味わうように促す。多くの史料には、現実の出来事を都合の良いかたちに仕上げた叙述（ナラティヴ）、すなわち、ちょっとしたフィクションが含まれている。説教のなかで語られるエクセンプラ〔例話〕はその典型的な例であり、歴史家はそのような史料の数々を見ることで、それらに共通する構造的なパターンを見出すことができる。通常、エクセンプラは、舞台設定、試練、成功か失敗か、罰か救済か、という四つの部分から構成されている。聖職者の男性としての純潔を讃える話は、自制ないし神の介入という限られた物語パターンに陥りがちである。この物語パターンは、奇跡的な出来事と男性の自己統治という多少相反するテーマによって形作られている[57]。ナラティヴ〔物語・語り〕は、（第2章で議論したように）裁判文書のようなあまり目立たないところにも見られる。宣誓供述者と裁判官は、それぞれに何かを記録にもたらす。前者は何らかのこと（「自分は無実である」、「自分が被害を受けた」、「そのことについては何も知らない」）について法廷を説得しようとし、後者は法的な解釈と理解のための枠組みを提供する。これらが、記録の役割を担う書記のテクスト作成上の習慣と相まって、裁判記録で提示される話を生み出し、そのようなナラティヴには、より広い文化に関するさまざまな期待、時には相反する期待が刻印されている[58]。このように、私たちの史料に含まれる叙述を深く認識するということは、「真実」と「偽り」とを見分けようとすることによってなされるのではない。では、どうすることによってか。人は、自分の話を真実なものとして受け入れてもらおうとするとき、その話を、イメージや観念や当時の人々の思い込みなど、より幅広い枠組みのなかに位置づける。そうした枠組みに目を向けることによって、語りは深く理解できるのであり、それが私たちの助けとなるのだ。

言語、叙述、物語ること、これらすべては社会的なものであり、それらを取り巻く世界に埋め込まれていると同時に、その世界を形成するものである。そのために、これらは文学批評家にとってだけでなく歴史家にとっても重要なのだ。言語は単なるコミュニケーションの手段ではなく、社会的行為である。ミヒャエル・トッホが言うように、「話すという行為そのものによって、人は行動し、それに基づいて行動される」のである。彼はさらにこの点を説明するにあたって、中世盛期ドイツのヴォルフラム・フォン・エッシェンバッハの世界において領主と農民の間で交わされた言葉のやりとりを探る。トッホが立証するところによれば、文書史料のなかには、領主と農民の間には身分や権力の大きな格差が存在し、農民は領主の道具にすぎないと示しているものがあり、その点で文書史料は文学作品における領主と農民のやりとりを模倣している。しかし、一三世紀までには、それまでとは違った語りが見られるようになる。つまり、農民たちが正統な集団として、集団的な声で語る。彼らはもはや領主との交渉ができる存在なのである。[59] 近年、中世の町や都市に関する重要な研究が行われてきている。この研究は当時の抽象的な論説を見るだけでなく、同時代の文化的生産物の証拠にも目を向ける。例えば、中世末期のネーデルラントあたりで作られた詩や歌、劇、あるいは都市当局の統治プロセスが生み出した日常的な文書などである。そうすることで、競合するさまざまな政治的な「声」を分析し、「市民性」や統治や正義という観念をより広い視点から論じているのである。[60]

文学理論と文化理論が中世史家に提供してきた洞察の一つは、社会的経験が、言語によってどの程度形作られるかということである。この「言語」はより広く言えば、服装や身なりの規制、公的な儀礼の挙行など、あたかも言語のように組み立てられた文化的表現といってもよい。特に興味をひく領域はジェンダーである。フェミニストの中世学者たちは、長い間、男女の経験の差異を分析してきた。具体的にはまず何よりも、女性の労働の地位を低くする社会経済的条件、世帯や家族の構造、ライフサイクル（出生から死亡に至るまでの過程）が女性の力に及ぼす影響に注目してきたのである。また、この分野の先駆者たちは、教会におけるミソジニー（女性嫌悪）の力についても指摘してきたが、この文化的要素は近年、注目を浴びてきている。ただ、そこには複雑さが付け加わっている。というのも理論家たちは、言語がいかに不安定なものであるかを指摘しているからである。言語は確かに構造ではあるものの、常に意味が固定されているものではないので、意味の変化や内在する緊張関係にさらされているのだ。したがってジェンダーは、人と人との関係のシステムとして、また人々の自己同一性(アイデンティティ)の一構成要素として、思われているよりも堅固ではなく不安定だと論じられている。単に、男性がいて女性がいて、その身体的な違いに基づいて、ある行動様式が生まれるということではないのだ。

中世という時代は、ジェンダー以外のさまざまな社会的分類が男性／女性の二項対立を超越しているために、ジェンダーの複雑なあらわれかたを探究する上で特に興味深い分野である。キャロル・クローバーによれば、スカンディナヴィアのサガは、私たちが「男らしさ」と思い込んでいるような支配と権力の単一モデルを提示しているが、実際には、十分に並外れた存在であれば、サガは男女の両方に開かれている。他方で、北欧の中世後期の聖職者は、大人の男となるための伝統的方法（結婚、世帯主になるなど）は（聖職者であるがゆえに）許されていない一方で定義上は女性ではないので、一種の

「第三のジェンダー(社会的性別)」と見なすことができる。[61]

ここまで触れてきたような分野、またそれ以外の分野においても、文化理論は、歴史家たちに、自分たちが「自然なこと」と考えているもの、あるいは当然のことと思われているものを見直すよう促してきた。その主要な特徴は、個人のアイデンティティのあらゆる側面を、自然に生じたものではなく、構築されたものとして見なすことである。実際、個人のアイデンティティという概念は、中世研究のなかで歴史化されてきた。文化史家のヤーコプ・ブルクハルト(一八一八―九七)は、中世には個人という感覚がなく、人々は常に自己を集団の一員として考えていたと主張し、より「近代的」な自己意識への移行はルネサンス期になってからだと、中世におけるアイデンティティについては根本的に否定的な態度を示した。[62] 中世学を切り開いた最初の世代は、ブルクハルトの議論の妥当性に疑問を呈し、それは一二世紀にまで遡って論じられるとしたのである。[63] その後の研究は、自己意識の時代がいつかという問題だけではなく、議論の前提となる用語にも疑問を投げかけている。つまり、「個人」という非歴史的で抽象的存在が、ある時点で一定の方法で発見され、生み出され、存在するようになったのだろうか。それともむしろ、さまざまなタイプのアイデンティティが、異なる状況の中で生み出されたということなのだろうか。つまり、さまざまなアイデンティティのあるものは「個人」に関わっていたが、中世ではより集団的なアイデンティティも生み出されていた、というように。

この点に関して、キャロライン・ウォーカー・バイナムは、一二世紀の敬虔な人々の自己意識が、さまざまな集団的アイデンティティの中からどのように選択されたのか、そして自己を文字通りつくりなおす方法として、いかに模倣が重要であったかについて指摘している。聖人の模範についてサン・ヴィクトールのフーゴー（一〇九六―一一四一）は次のように述べる。

　私たちは模倣を通してこれらのものを刷り込まれる。……しかし、蠟が最初に柔らかくならないならば、求める形にはならないと知っておくべきであるように、実際、人も、まず謙虚さによって柔らかくされすべての高慢と矛盾の固さから解き放たれないならば、他者の行動の力を通して美徳の形へと曲げられることはないのだ。[64]

　この自己が「柔らかくされること」は、現代の「個人／個性」概念とは大きく異なって響く。敬虔なアイデンティティを達成するためのフーゴーのプログラムは、明らかに神の模範と、修道院で共住し一定程度規制された生活の一部としての「他者の行動」の助けに依存している。さまざまな種類のアイデンティティと個性、そしてそれらを構築する手段についての考察は、引き続き注目の的となっている。また、騎士道に関する最近の研究は、騎士道のイデオロギーに含まれる明らかな緊張関係に注目する。具体的には、暴力と平和維持の間に存在するもの、そして個々の騎士の冒険遍歴とアーサー王の円卓の仲間的な行動モデルとの間にあるものなどであるが、これらの緊張関係が、特に中世のコンテクストの中で理解されるアイデンティティの生成にいかに不可欠な要素として考えられるかを、こうした研究は探っているのだ。[65]

　この章を終えるにあたって、あれこれの問題について中世的であることとの考察に立ち戻ることが重要であろう。私は、中世の人々が近代以降の人々とは本質的に異なっていたと独断的に主張したいわけではないし、その逆を想定したいわけでもない。同じであることと違っていること、つまり同一性か他者性かという問題は、現在も続いている重要な議論である。ここまでに取りあげたような理論の大きな強みは、そのような問いに対する「本質」ないし唯一無二の答えを求める願望は放棄可能だと理解する助けになる点である。アイデンティティは文脈によるものであり、そのアイデンティティの経験は、年齢、階層、社会的環境などの輪郭を通して変動する。ヴォルフラム・フォン・エッシェンバッハの詩に出てくる見張りの男について想像されるような従順なアイデンティティ、つまり主君や貴婦人への従属を前提としたアイデンティティは、そのような男が持ちうるすべてのアイデンティティの限界として理解する必要はない。他の証拠からも分かるように、あの見張りの男の階層に属する人は、他の俗人男性よりも優越した地位にあった。結婚していれば、彼は自らの世帯の家長として権威ある地位を享受していたかもしれない。年を重ねれば、他の役職に就く道がひらけるかもしれない。そして、一五世紀から一六世紀初頭のドイツでは頻繁に見られたように、使用人、農民、農奴が集団で力を合わせて、従属的なアイデンティティを否定し、公然と反乱を起こして領主に対抗することも時にはあったのだ。[66]

第4章　中世を議論する──深まる論点

Debating the Middle Ages

歴史は協働作業である。別の言い方をすれば、進行中の議論である。そこでの議論は、ほとんどの場合、学術的な意味で相互に尊敬し合う礼儀正しい関係のなかで行われる。そして議論の背景にあるのは、たいていの場合、証拠、視点や視覚、洞察におけるさまざまな相違点である。この章で、最近の中世史家の議論のあらゆる輪郭を描こうなどという野心は持っていない。そうしようとするなら、もっと大部な本を書く必要があるからだ。議論の対象となる具体的な分野は数多くあり、それらの重要性は時代によって変化してきた。長年にわたり議論の対象となってきたトピックは、中世の人口動態の変化である。特に、一四世紀半ば〔一三四八年からの数年〕の黒死病の被害(あるいは被害の少なさ)に注目が集まってきた。黒死病被害の推定値としては、人口の約一〇%から七〇%の間のさまざまな数値が示されてきた。現在の見解は、四〇%前後を示唆しているが、地域間の偏差の(文化的、政治的、経済的)重要性を強調する。また、サミュエル・コーンが論じているように、一三六〇年代に起こった黒死病の大規模な再発は、おそらく最初の猛威よりも長期的な社会的・文化的影響において重大だった。[1] かつては議論が盛り上がっていたが、現在では時代遅れと見なされている話題もある(例えば、ノルマン人によるイングランド征服の功罪)。あるいは、いまはコンセンサスができており後景に退いているが、新たな議論を待っている話題もある(例えば、「一二世紀ルネサンス」)。その他で議論されている話題は、現在では概して過度に図式的と見なされているにもかかわらず当該の研究領域の枠組みを規定し続けている専門用語に関わる。その一例として、中世イベリア社会は、「コンヴィヴェンツィア(convivencia)」(キリスト教徒、ユダヤ教徒、イスラーム教徒の相対的に平和的な共存)として特徴づけられるのか、あるいは「レコンキスタ(reconquista)」(キリスト教の支配者たちがその支配権を南方へと拡大するにつれて起こった暴力的紛争)として特徴づけられるのか、という議論がある。

ほとんどの特定の研究分野では、いつでも、何らかの解釈上の論争が進行しているものだ。そして、これらの議論が、いかなる広範な歴史学的文脈のなかで行われているかを理解しようとすることは価値がある。例えば、私がよく知っている分野である中世の異端について言えば、現在の議論の焦点となっているのは、異端がどの程度それ自体として自立した存在だったのか、あるいはどの程度まで正統派(すなわち、西欧であればカトリック教会)の権力によって構築されたものだったのかということである。[2] このテーマは、一一世紀フランスから一五世紀イングランドまでのさまざまな領域で研究している学者たちの関心を集めている。その理由の一つは、R・I・ムーアによる『迫害社会の形成』(一九八五年)という一冊の本がもたらした波紋が現在も広がっていることにある。この本は、異端と正統の権威との関係を歴史学者たちがどのように理解していたかについて根本的に再考を迫ったのである。[3] この議論は同時に、歴史学者が、史料がその周囲の現実を反映する仕方よりも、現実を構築する仕方に焦点を当てるようになってきたという、歴史学で広範にみられる傾向の産物である。このように議論は、部分的には、「歴史する(doing history)」こと全般に内在する方法論やイデオロギーによって形作られるのである。例えば狭義の政治史の詳細に関わる特殊な話題を除けば、未知の証拠が発見されたからといって、それだけで議論や再評価が促されることはほとんどない。しかし、その一方で、既知のカテゴリーに属する史料が、時に新しい視点から新鮮な形で見直されたり、新しい研究分野に用いられるという事例はある。例えば、列聖調査記録を社会史を書くために利用したり、公証人のそっけない実務記録をアイデンティティの文化史のために利用したりする場合などである[4]。

したがって、本章で中世史におけるいくつかの議論を論じるにあたり、私は提示する議論がこの分野にとってもっとも重要なテーマだと主張するつもりはない(これらは必ず変化するだろうから)。また、特定の研究領域の表も裏もすべて示すつもりもない(それはあまりにも特殊に過ぎる作業である)。そうする代わりに、これまで議論が行われてきた、そしてこれから議論になるだろういくつかの一般的なテーマを示したい。歴史家の中には、中世の初期と後期の歴史とでは、研究方法や議論のやり方が異なると、両者の違いを強調する人もいるだろう。例えば、史料に比較的乏しい一一〇〇年以前はより構造的な分析や考古学的なデータの多用を促す一方で、中世後期の研究は大規模な系列分析を重視し、それ以前の時代では捉えることが困難な社会史の諸側面に焦点を当てていると言うことはできるだろう。しかし、これらの違いは絶対的なものではないが、外から見た人の目には、時に、その時代の研究者が感じるよりも大きくそびえ立つように映るものである。したがって私は、中世全体を通じて共有されてきた、あるいは共有されうるいくつかの分析の道筋を強調することにした。

儀礼

あなたが王であるのは、他の人々があなたを王として認めている限りにおいてである。いかにして王としての認知を人々から得るのかには、法を制定し貨幣を発行し、裁判を行い、城を建てるなどの手段や、暴力の行使などを通じて、巧みな操作がさまざまにありえた。西フランク王ラウールは、自身の王としての地位が、アキテーヌ公であるオーヴェルニュのギヨーム二世に認められていなかったため、九二四年に、ギヨームに対する兵を起こし、アキテーヌに向けて出立した。両軍はロワール川の対岸にそれぞれ陣取って相対した。交渉のために使者が一日中行き来した。そして合意が得られた。馬に乗ったギヨームは川を渡り、それから馬から降りて徒歩でラウールに近づいた。ラウールはギヨームを抱擁しキスをした。問題は解決し、両者は別れた[5]。

ここでのキスとは何だろうか。また、このような抱擁がどうすれば重大な問題を解決できたり、戦士たち同士の会戦の代わりになりえたりするのだろうか。少なくともその答えの一部は、一連の身振りにある。まず、ギヨームは渡河してラウールのもとに赴いた(これはラウールに対するギヨームの服従を示す)。渡河にあたってギヨームは馬に乗っていた(ギヨームの地位を示す)。それからギヨームは下馬して徒歩で近づいた(ラウールに対する服従を示す)。ラウールはギヨームを抱きしめた(ラウールの地位を示す。しかしギヨームの地位を示してもいる。というのは、ギヨームが、跪くといった、より服従的な身振りをとらなかったため)。そして、ラウールはギヨームに口づけをした(これも双方の地位を示している。というのは、ラウールは、ギヨームに忠誠を求めるのではなく友愛的に接したため）。こうして、ギヨームはラウールの王位を認めたのだった。ただし実際には、ラウールは当時もその後も、ロワール川を渡ってギヨーム公の領地に足を踏み入れることはできなかったのだが。このような複雑な状況を読み解く上で、私たちは身振りの言語を扱い、儀礼の持つ力とその繊細さを目の当たりにするのである。

儀礼とは、象徴的な意味を持つ行為として大まかに定義されるものであれ、「式次第」があるような形式的な活動に限られるものであれ、社会階層の上下を問わず、中世社会を貫くものだった。王の宮廷では、誰がどこに座っているか、誰が誰よりも高い位置にいるか、誰が誰に何を渡したか、頭をどのように傾け、手をどのように回し、贈り物をして、お返しの贈り物がなされたかなど、儀礼的な動きで絶え間ないダンスが繰り広げられていた。教会における典礼も儀礼であった。聖体のパンとぶどう酒がキリストの体に変容するという奇跡を日々繰り返して行い、（少なくとも中世後期には）ミサの終わりに隣人同士で交わされる平和のキスによって、聖体の全実体変化に劣らず奇跡的な共同体の合意を生み出していた。教会の裁判所で下された処罰は儀礼的な辱めを要求するものであり、通常は、裸足と半裸の状態で教会や市場のまわりで鞭打たれた。一二世紀以降（それよりも早くはないだろう）、町や都市は、さまざまな種類の儀礼を開催していた。具体的には、劇場のような様をなす王の入市式、誰かが死んだ時に大抵の場合は敬虔に執り行われる葬列、祝い事、聖人の祝日、神への取りなしを求める呼びかけ、ギルドの職人や兄弟団のメンバーによるさまざまな儀礼などである。村も、都市とは異なるさまざまな種類の儀礼を毎年執り行っていた。例えば、年初には（豊作を願う）火を囲んだ鍬入れ、ホックタイドと呼ばれる性的な色合いを帯びた遊び（復活祭後の第二月曜日に女性が男性を追いかけて縛り、翌日には役割を反転して行う)、夏至を祝う野性的な祭り、教区の境界を示す年一回の「境界の打ち鳴らし」(子供たちがそれぞれの道しるべを叩いてまわり地理を頭に叩き込む)などである[6]。

もちろん、儀礼が用いられるのは中世だけではない。文化人類学者が現代の聴衆に楽しげに指摘するのは、儀礼的な振る舞いが、サッカーの試合、フォーマルな晩餐会、スタッグ・ナイト(結婚直前の男を囲む男だけの会)やヘン・ナイト(結婚直前の女を囲む女だけの会)といった現代の私たち自身の日常生活の中に入り込んでいるという点である。しかし、中世学者が儀礼に特別な関心を寄せているのは、政治権力の交渉、キリスト教というヘゲモニーの維持、平和と共同体の更新・再生という三つの重なり合う分野で儀礼が鍵となる役割を果たしていたと思われるからである。これらの領域のそれぞれにおいて、儀礼的な活動が、時には他の形式化され法に基づいた仕組みと並んで、あるいはしばしばその代わりとなって行われているのを目にすることができる。サッカーの試合や晩餐会や定例のどんちゃん騒ぎがなくても、現代の生活は十分に成り立つと言って、その必要性をいぶかしむ人もいるだろうが、中世の政治や社会が、キスや抱擁、平伏、涙、その他の儀礼的言語の諸要素を欠いて、どのように機能しえたかを想像するのは非常に難しい。

こうして儀礼は、中世初期(最近は中世後期も含む)の政治、宗教と社会、そして中世後期の都市文化を扱う歴史家の関心を集めている。とはいえ、これら歴史家のそれぞれの関心事は必ずしも一致しているわけではなく、それぞれの分野で少しずつ異なった方向に議論が進んでいる。中世初期の政治に関する研究は、利用できる叙述史料によって大きく左右されてきた。これらの史料は(ギヨームとラウールの間で生じたような)紛争の解決における儀礼的振る舞いのさまざまな形態を強調している。さらに叙述史料は、こうした儀礼的振る舞いが、興味深いことに「文書化されない」規定でありつつ、後の時代に外交と呼ばれる事柄の本質的な部分を構成していたことを示唆しているように思われる。ゲルト・アルトホーフが言うところの「ゲームのルール」である。[7] この領域の研究は主に、儀礼がどのように、その他の行動様式やコミュニケーションに組み込まれているかを理解しようとしてきた。

一方、キリスト教を扱う歴史家は、儀礼について別の課題を追究している。すなわち（儀礼的諸形態の主な宝庫である）典礼は地域的な差異がかなりあるとはいえ、早い段階から文書化された規定であった。キリスト教を扱う歴史家の関心は、ミサや（教会前での鞭打ちなどの）公的贖罪行為、祝福といった儀礼の範囲と影響力（の有無）を理解することにある。膨大な数の俗人（平信徒）は、主にラテン語で行われる儀礼にどの程度真に心を奪われていたのだろうか。キリスト教にとって儀礼はどれほど重要だったのだろうか。最後に、都市儀礼に目を向けよう。多くの場合、かなりの人数の参加者を伴う大規模なものだった都市儀礼について、歴史家が関心を持ってきた問いとは以下のようなものである。町や都市は、都市内外に向けて自らをどのように表現していたか。また、聖体（コーパス・クリスティ）行列のような儀礼は、共同体的な一体感あるいは結束力を高めるために機能していたか、それとも逆に、階層化や緊張をもたらす機会となっていたか。

これらの各研究領域のなかで、またそれらの領域の間で、多くの議論が行われている。典礼は、規則的に繰り返される形では「儀礼」ではなく「式典（セレモニー）」にすぎないと論じる者もあるだろう。この「儀礼」と「式典」の区別は人類学者によるものであり、「儀礼」が変化や更新をめぐって交渉するダイナミックな活動であるのに対し、「式典」は単に現状を告知するだけの所与の台本を空虚に繰り返すものだとされる。こうした見方に対して最近の典礼に関する研究は、まさにその繰り返しが持つ力を強調している。継続的に使用され再利用されることでより親しみやすくなったと思われる言い回しやイメージの持つ力である。さらに近年の研究が強調するのは、全体的な経験における（典礼が歌われるのを聞く、香の匂いを嗅ぐ、蠟燭が灯されるのを見るといった）感覚の重要性である。[8] 史料の使い方についても議論がある。文化人類学者とは異なり、中世史家は、研究対象と直接対話することができない。歴史家である私たちは、過去の書き手（通常は聖職者）が記録に値するとして選択したものにしかアクセスできないのである。[9] 本節冒頭の例に戻るならば、問題は、ラウール王とギヨーム公の会談が実際に行われたかどうかというよりも、（史料で描かれる）儀礼的要素の重要性が、参加者全員が感じたものを反映しているかどうか、あるいはそれは年代記作者（この場合はフロドアール）が強調したかったことなのかどうかである。（年代記の読み手にとって）儀礼は必要以上に重要なものと映るかもしれない。だが、フロドアールは交渉が行われたことを記しており、こうした交渉も確かに重要なことなのだ。その一七〇年後にも同じようなやりとりがあり、より全体的な像を示してくれている。年代記作者オルデリク・ヴィターリスが伝えるところによれば、（一一〇一年に）イングランド王ヘンリー一世と、その兄で王位簒奪を企てたロベール（二世）短靴下公の両軍が対峙した。このときも事態は、友愛の抱擁とキスで戦いなくして解決したという。しかし、この儀礼的締めくくりの前に、王位をめぐる事柄以外にも複雑な政治的交渉が明らかに行われていた。交渉されていた事柄には、他の従属貴族の扱い、ロベールに譲渡される土地、多額の年貢の支払い、彼らの父親であるウィリアム征服王がかつて所有していた土地を他の貴族から取り戻す連携協約が含まれる。確かに（儀礼について考えるもう一つの道である)象徴的行為は重要な一部をなしてはいた。すなわち、オルデリク・ヴィターリスは、ロベールとヘンリーが、それぞれの従者で作られた大きな輪の中に、二人だけで「誰にも付き添われずに」(すなわち対等の関係で)立ち、「皆の視線が彼らに注がれている間に」話し合いが終わり、抱き合い、キスをして「和解した」ことを強調している[10]。ここには確かに公的なパフォーマンスの要素があったのである。しかし、このような儀礼的要素は、土地所有や歳入をめぐる厳しい交渉に対して、どのようなバランスで考えればよいのだろうか。

いずれにせよ、歴史家は儀礼をどのように扱うべきなのだろうか。一つの歴史学的な伝統は、他の種類のテクストやイメージを利用して、特定の儀礼を「解読」することである。このようなアプローチは、中世の人々を、残酷で無教養で粗野な人々と見なす傾向とは距離を置いて理解を深めていくのに非常に役立ってきた。剣を振り回したり、床に身を投げ出したり、抱き合ったり、人前で泣いたりすること、これらすべては、象徴的なコミュニケーションの手段として見ることが可能で、子供じみた振る舞いのしるしとして見るべきではないのである。この意味で、意味のある行為としての儀礼に対して繊細に注意を払うことは、中世の政治や文化に対する私たちの感覚を大いに豊かにしてくれる。しかし「解読」をあまりに厳密に捉えすぎることも問題含みである。例えばキスは何を意味しているのか。儀礼のさまざまな文脈によっていくつかの解釈がありうるし、さらに、特定の儀礼の観察者すべてにとって(あるいは参加者にとってさえ)全く同じ意味を持つとは限らない。当時の観察者たちがそれぞれに、儀礼を全く異なるふうに「読む」ことはありうるのだ。例えば、東フランク王オットー二世に九七八年に敗北した後、西フランク王国〔フランス〕の人々が、アーヘンの宮殿の上にある鷲の向きを、東フランク王国〔ドイツ〕の人々に対する何らかの儀礼的なメッセージとして変えたと、二人の年代記作者〔仏、サン・レミの〕リシェと〔独、メルゼブルクの〕ティートマールは記録している。ただ、リシェは、西フランクの人々は隣国を脅かす身振りとして鷲を東に向けたと考えたが、ティートマールは、鷲は西に、つまり西フランク王国に平和的に向けられたと信じていたのである。[11] この例については、中世初期の年代記やそれに用いられた情報源に問題があったのであり、その影響でこうした記述のズレが現れただけだと考えたくなるかもしれない。だが、もっと後の時代の例を考えてみよう。ヴェネツィアの駐ロンドン大使とロンドンの織物商組合の書記はどちらも、洗礼者ヨハネの祝日〔六月二四日〕と聖ペテロおよび聖パウロの祝日〔六月二九日〕両日の前夜にロンドン市民が行った行列を一致した内容で記録している。ただし、ヴェネツィア大使がこの儀礼を、街を一つにまとめる大規模な共同体の祝祭と捉えていたのに対して、織物商組合の書記は、この行列は「ロンドン市長の護衛隊」だとはっきりと描いている。つまり、書記の目には、この行列はロンドン市政を牛耳る者たちによる役人を称える強い階層性を持ったものであり、その年に生じたある緊張状態の後でも厳正な秩序を維持するために利用されたものだと映っていたのである。[12]

ジェフリー・コジオルは、儀礼をそれだけ取り出して解読するのはあまり意味がないと暗に示している。「ある儀礼を観察するためにそれを真空中に置く「実験」をしてしまえば……同時代の人々が慣れ親しんでいたであろう、複雑に組み合わさった、その儀礼に関連した象徴的振る舞いから、儀礼を切り離してしまうことになる。それによってその儀礼は殺されてしまうのだ」[13]。そこでさらに重要となるのは、その儀礼がどういうものであれ、それが組み込まれているより大きなシステムを理解することであり、儀礼的振る舞いを、簡潔な暗号解読の符号表として単に見るのではなく、かなりの幅と深みを持つ「言語」として捉えることである。確かに人類学が歴史家に促してきたのは、儀礼を、その境界がほとんど無限に拡張可能なものとして捉えることだった。すなわち、身振りやその他の形態の象徴的コミュニケーションは、儀礼の場の特定の瞬間だけに限られたものなのではなく、生活全般に浸透していたものとして捉えるべきなのである[14]。

前章で論じたアラゴン王ハイメ一世にまつわる受胎の物語は、繰り返し行われることが想像できるような「儀礼」ではない。しかしこの物語には、祈りやミサといった明らかに典礼的な要素だけでなく、王の寝室に乱入した貴族たちが、服従的な態度をして涙を流したことなど、儀礼的な特徴が含まれていると見なせる。実際、中世の感情(少なくとも王や支配者たちの感情、あるいは年代記に記録されているような感情)は内に向けられた抑えきれない反応というよりも、外に向かって打ち出された儀礼的で戦略的な表現だったのだと一部の歴史家は論じている[15]。

そこでもう一つの疑問が出てくる。儀礼は何のために行われたのだろうか。中世宗教の研究者のなかには、特にエミール・デュルケムの人類学の影響を受けて、儀礼は社会をバランスのとれた状態に戻すために機能するのだと捉えてきた者もいる。和解の行為、典礼の儀式、友愛の宴、都市行列などは、共同体(コミュニティ)の感情を活性化させる働きがあると論じられる。そうした感情は、全体性を集合的に表象するもの(聖体行列)や、犠牲が投影された象徴(ミサ)を通じても活性化されるし、カーニバル的で御しづらい祝祭の場合には、共同体が「憂さを晴らす」のを許すことによっても活性化されるのである[16]。

「和解」については、往々にして幅広い政治的な活動として、非常に広範な地域における儀礼の諸形態の検討を通じて分析されてきた。関連する研究のいくつかだけを挙げるならば、中世初期の政治の領域、スカンディナヴィアのサガ文化、一二世紀のイタリアや中世後期のフランスに関するものがある。[17] しかし、これらの地域の研究のほか、都市儀礼に関する研究は、ますます、機能主義的な議論に疑問を呈するようになってきている。都市儀礼は非常にしばしば階層的なものであり、世俗社会内部の身分の複雑な序列を定めていた。また、聖体行列や聖体劇の場合には、そうした都市内階層をめぐる激しい議論がまさにこのような機会に噴出したという明確な証拠が存在する。さらに、聖体祭や夏至祭のような、年に一度の盛大な儀礼の場やその前後の時期には、いくつもの大規模な反乱が起こった。第2章で論じた一三八一年の農民反乱〔ワット・タイラーの乱〕だけでなく、一三五八年のフランスのジャックリー〔の乱〕もその例である。集団的な儀礼的パフォーマンスが行われるタイミングは、国レベルであろうが地方レベルであろうが、反乱を起こすのに適した機会だった。なぜなら、そういう時には、共同体(コミュニティ)は集団的動員にむけての準備をすでに整えているからであり、儀礼的な文脈が政治的抗議の意味(と時にはその言い訳)にさらなる重みを加えてくれたからである。

歴史家の間で強まっている見方では、儀礼が言語であるとするなら、儀礼とはそれを通じて、ある立場が提示され、それに対する反論がなされ、その過程で何かが変容するといった議論が行われるものである。儀礼は、敵対関係を変容させる神秘的なレシピではなく、選択可能な(公的な)複数の立場を束ねた(潜在的にさまざまな結果につながりうる)ものと考えられる。さらに、儀礼は常に、台本を破り捨て、そこに書かれていた所作を書き換える可能性の枠組みをつくりだすものである。一三一一年の五月祭(五月一日)に、フランスのシャンブリーの町の人々は、ポントワーズ修道院が所有する地元の林に入った。しかし、彼らは慣習で許されているわずかな草木を集める代わりに、大勢でやってきて、可能な限りのすべてを林から奪っていった。動機の一部には単純に物資の不足があったかもしれないが、この略奪は特別な象徴的行動でもあった。すなわち、従属と慈善を意味する既存の慣習という台本から離れて、都市共同体(コミューン)が集団としての力を主張したのである(18)。また、儀礼は、偶然にせよ意図的にせよ、誤解されることがある。東フランク王ルートヴィヒ二世(「ドイツ人王」)の宮廷は八七三年にはフランクフルトに置かれていたが、クリスマスの直後にルートヴィヒの息子カール(後の東フランク王カール三世、西フランク王シャルル肥満王)が突然俗世を捨てたいと宣言した。この出来事によって、大きな混乱と警戒が引き起こされたと、記録した年代記作者たちは述べる。しかし、事実はそれだけではなかったようだ。父に対する陰謀を画策しつつあったカールは、緊張した政治的関係を修復しようと望んで、公的贖罪行為の儀礼を行おうとしていた可能性はありうる。しかし、その儀礼は失敗した。それは、儀礼が間違ったやり方でなされたか、間違ったタイミングで行われたためだったのか、あるいは、年代記作者たちが隠遁宣言を意図的に間違った意味に解釈して、計算ずくの政治的な動きとしてではなく明白な狂気の沙汰として書き記したためか、のいずれかの可能性が考えられる(19)。

そういうわけで、儀礼の分析は、中世学で一部は現在も進行中であり、いくつかの激しい議論の場となってきた。こうした儀礼分析は、いくつかの分野では議論の中心的な役割を果たしてきたし、新しい研究領域(特に中世後期の狭義の政治史(ハイ・ポリティクス)の分析)に比較的最近取り入れられてきていることから、今後もしばらくはこの状況は続くだろう。人類学の新たな潮流は、既存の事例に新鮮な見方をもたらすだろうし、ここで議論されている諸分野間の比較がより進んでいけば、間違いなく生産的な成果をあげるだろう。いずれにせよ、中世のキスは単なるキスではなかった。コミュニケーション行為や儀礼的なパフォーマンスは、私たちが扱う中世のテクストには溢れているのだ。[20]

社会構造

「封建的な〇〇」というのは馴染みのある言葉だが、詳しく調べてみると、ばらばらに砕け散ってしまう言葉である。ジャーナリストなどは、この言葉を「中世」の同義語として侮蔑的に使うことがある。例えば、ある不公平な労働慣行は「正に封建的」であるなどという時がそうである。アダム・スミスとカール・マルクスは、近代以前の社会を「封建的」と呼んだ。それは、彼らが前近代に本質的な経済構造〔近代の資本主義の前の段階としての封建的な生産形態〕と見なしたものに主に基づいている（まず間違いなく、スミスとマルクスは、中世都市と結びついていた芽生えたばかりの資本主義の規模を過小評価していたわけである）。近代以降の歴史学の展開においても、この言葉は潜在的に複数の意味を有すると言える。マルク・ブロックの『封建社会』は、この言葉を使って、中世社会を垂直的な相互依存関係の上に成り立つものと定義し、さらに広義として、その社会の構造と心性を特徴づけるものとしている。そのなかで、実際には二つの異なる「封建時代」の存在を主張しており、ローマ帝国の衰亡によって特徴づけられる第一の封建時代と、一一世紀における都市の成長を特徴とする第二の封建時代に分けて捉えている。もっとも影響力のある考え方としては、「封建制」とは以下の二つのいずれかを意味するものと受け取られてきた。(1)まず、王と領主たち、騎士たちの間の階層的な結びつきを構成すると理解される、土地所有、庇護、感情的な個人的関係という三要素の組み合わせである。下位の者は臣従礼（オマージュ）を行うことで上位者の「封臣」となり、上位者は土地（「封土」）や役職、その他の恩顧などの恩賞を下賜する。このようにして結ばれた絆は、上位者が恩顧と保護を与え、下位者は（通常は軍事的な）奉仕を主君に提供する、相互扶助という互恵関係を前提としていた。もし（１）の意味ではない場合は、（２）封建制は、本質的にマルクス主義的な枠組みに従って、領主と被支配者である農民との関係を指す。そこでの農民は、労働奉仕と金銭的な徴集と引き換えに、耕作地を与えられ、この意味で「不自由」である（ただし、奴隷のように、所有されているとか何の権利もないということではない）。「自由のない」家族に生まれた、あるいは結婚してそういう家族に入った者は、同じような制限を受けることになる。そのような「農奴」はその土地に縛られ、他の場所に移るのを選ぶことは法的に不可能だった。

後者の状況（第二の意味における封建制）は、近年では「荘園制」あるいは「領主制」と呼ばれる傾向にある。しかし、この（領主と農民との間の）垂直的な束縛と観念的な互恵関係の構造は、（第一の意味での）貴族領主と封臣の関係というテーマと接続しているのではないかと思わせる。まさにこれこそが、マルク・ブロックが完全な「封建」社会を描こうとした理由である。もう一人の有力なフランスの歴史家ジョルジュ・デュビーが主張するところでは、領主、封土、家臣、臣従礼という四つの組み合わせは、カロリング帝国の崩壊とその他の社会経済的な要因によって、一一世紀の変わり目に中世社会にもたらされた急激な変化の産物である。(21) デュビーにとって、このような個人間の同意や情動的な関係は、無政府状態の時代に生じ、トップダウンの「公的な」政府がかつて担っていた役割を引き継いだものだとされる。このデュビーの指摘がさらに広い文脈において持つ含意(および、それに対する非常に重要な批判)については、本章の後半で検討する。ここでは社会構造とアイデンティティの問題に焦点を当てたい。というのは、このテーマは、現在の中世史における「封建制」という個別の議論を超えて、市民性、家族、ジェンダー、社会経済的変化、さらにそれ以外の多くの問題を取り込むものだからだ。

デュビーが提唱した一一世紀初頭の「封建革命」の一部は、主君の封臣(それゆえに主君を支える実働部隊)であった戦士階級の地位が明らかに上昇したことに基づいていた。それまでも社会的エリート(貴族)は常に存在していたし、戦士も常に存在していたが、時代や地域によって、戦士とは(中世を通じて歩兵がそうであったように)専門労働に関わる階層であった。しかし、騎士(ミリテース)は新しい社会集団であり、一二世紀から一三世紀にかけて、彼らのアイデンティティと領主とのつながりはさらなる発展を遂げて、貴族階級が形成されたのである。彼らの地位は上昇し、騎士階級に伴うイデオロギーが発展した。そのイデオロギーは、アーサー王伝説や、それに影響された馬上槍試合(トーナメント)などの儀礼的武術に基づいていた。このように、騎士階級は社会における騎兵の地位を高めただけでなく、自分たちは社会的に超越した存在であるというイデオロギーを身につけた。すなわち、騎士や貴婦人は、一般の平民の男や女とは質的に異なる種類の人間だと考えられたのである。以上が、一三世紀までの一般的な状況である。一四世紀末から一五世紀にかけては、非常に裕福な都市の商業エリートがそれまでの「貴族」と融合し始めるにつれて、さらなる変容が生じた。これらの都市(ブルジョワ)エリートは、実際の武術にはほとんど、あるいは全く関与していなかったが、それでも、騎士道的なシンボルや騎士階級のイデオロギーを頻繁に自らに取り入れたのである。

また、下層の身分に目を向けると、社会の階層化が起こっていたのを観察することができる。もっとも明らかなのは「自由」農民と「非自由」農民との間に複雑な差異化がなされていた点であるが、それに加えて、都市の発展と成長によって新たな社会的なダイナミクスがもたらされた。一二世紀から一三世紀にかけて、中世の都市は大きく発展した。例えば、フィレンツェの人口は一三世紀の間に四倍になり、一三世紀末には、周囲約八キロメートルの新しい市壁の建設を余儀なくされた。都市への人々の出入り、都市が支えるさまざまな専門的諸産業、そして何よりも商人諸集団と結びついたイデオロギーや多様な結社の発展によって、さまざまな社会階層が生み出されたのである。王権の官僚制が村落レベルにまで展開したのは、少なくとも西ヨーロッパにおいては、部分的には在地役人の仕組みが確立したおかげである。そうした在地役人の例としては、イングランドではベイリフやリーヴ、フランスではバイイやプレヴォなどがあり、彼らの社会的地位はこうして上昇したのである。

本節では、いろいろな種類の人々に言及してきたが、それだけでなく、彼らについての考え方にも言及した。歴史家は、ある時代の「客観的な」社会構造（その基盤は法、経済、権力関係などにある）をはっきりさせようとしてきたが、その際社会構造がどういうものであるべきかというイデオロギーを提示しがちな史料と常に格闘しなければならなかった。史料には、例えば、社会を「祈る者／戦う者／働く者」に区分して考えること、騎士道の概念、一三八一年の〔ワット・タイラーの乱に関わる〕さまざまな年代記記述のなかに見られたような下層階級に対する蔑視など、社会構造にまつわるイデオロギーが含まれているのである。社会階層の配置が序列的であったことは、どの時代についても疑われていない。しかし、さまざまな社会階層が正確にはどのように、そして、いかなる区別や意味合いを伴って配置されていたのかを把握するのは、より難しく、それゆえにいっそう好奇心をかき立てる問題である。中世初期については、社会がエリート層と下層に分かれていたことを示す明確な根拠を考古学的証拠が提供している。例えば、地位の高い人物の埋葬品や埋葬の仕方だけでなく、そうした人物が住んでいた建物の種類や集落での配置が特異なものであったこともその根拠となる。文書史料がさらなる手がかりを提供する。証書(チャーター)の場合は、その印を解読するのはイライラするほど困難であるが、こうした文書のなかで、社会的アイデンティティを記述し互いに区別するために用いられる特定の用語(*milites, caballarii, vassalli, fideles* など)を追跡することが可能である(これはデュビーが行ったことである)。しかし、これらの用語をどのように正確に解釈するかは、史料上の文脈に左右される可能性がある。例えば、中世盛期のフランスの俗語文学における「ヴァッサル(vassal)」という語は、土地所有や臣従礼に関連する特定の「封臣」といった意味よりも「勇敢で忠実な戦士」というような意味だと思われる。さらに、語彙の変化は、書記の慣習の変化、つまり新しい定型表現の採用を示しているのであって、社会自体の何らかの変化を示しているのではないかもしれないのだ[22]。

法史料は、さまざまな社会的アイデンティティに関する注釈を提供してくれる場合がある。例えば「非自由」状態の定義や、特定の種類の人が負うべき義務についての説明などである。これらは非常に有用である。一二世紀の法典『バルセロナ慣習法』は、暴行に対する刑罰(罰金と体罰)の項目の中で、貴族の等級をさまざまに区分し、その地位に応じた刑罰の違いを比較している。例えば、一人の副伯は二人のコミトールに、コミトールは二人のヴァッスヴァッソールに相当し、ヴァッスヴァッソールが五人以上の騎士を配下に有している場合には、一人の騎士を持つごとに価値が上がるという。また、別の項では、騎士の間にも異なる等級がありうると書かれているが、これはおそらく、騎士自身が自らの封臣を持っているかどうかに基づいているのだろう。非常に興味深いのは、この法典が定めるところによれば、騎士の息子は三〇歳になるまでは騎士としての報酬を受けることができるが、その時点までに騎士とされていない場合には、農民としての報酬しか受けられないという点だ。さらに、「騎士を務められるのに騎士の地位を捨てた」者も同様に農民と判断される。農民自体は、「キリスト教徒であること以外に何の地位もない」者としてのみ記されている。この「キリスト教徒」は、ユダヤ人や「サラセン人」〔イスラーム教徒〕とは区別されている。[23] このようにして、法史料から社会の諸階層の全体像を把握することができる。さらに、地位や身分に関する考えの複雑さ、そうした地位に想定される要素やそこで実現する要素、他の身分との関係のあり方についての考え方、また、これらの地位や身分が男らしさや宗教的アイデンティティなど文化に関わる他の考え方とどう交錯するかも捉えることができる。しかし、以上は、量刑表に特に関連した抽象的な観念にすぎないことも忘れてはならない。すなわち、カタルーニャの領主たちが、五人の騎士を配下に持つヴァスヴァッソールと一〇人の騎士を持つヴァスヴァッソールについて、『バルセロナ慣習法』が規定するのと同じような精密な区別を、別の文脈でも実際にしていたかどうかは不明なのである。

教会人の著述家は道徳的に論じるので、社会について法史料とは別の描き方をしており、一二世紀後半以降、すべての社会階層を包摂する方向に向けて特別な権利主張を行っていた。それは例えば、個々の社会集団が陥りやすい特定の罪についての説明や、特定の聴衆ごとに向けた「身分別（アド・スタトゥス）」説教などに見られる。これらは有益であり、別の史料で描かれているさまざまな区分と重なっていたり、それらをいっそう強化することもあるが、この場合でも、それぞれの文脈のなかで理解する必要がある。一二世紀後半に、リールのアラヌスは、兵士、訴訟代理人、既婚者、未亡人、処女などそれぞれに向けた「身分別」説教を書いている[24]。教会人は確かに俗人をこのように区分していたが、こうした区分は、それを通して俗人たちを見る唯一のレンズというわけではなかった。また、課税調査文書は、早い時代には稀にしか存在しないが、一四世紀後半からは非常に豊富であり、社会階層を認識するための、より構造的かつ経済的な基盤を提供する。例えば、中世後期のフランドル地方の都市ヘントに見られるような詳細な都市史料は、社会経済的構造がいっそう精密になっていたことを示唆しており、歴史家が商人、市民、職人の間での相対的な経済的富のあり方を描き出すことを可能にしている。社会経済的な諸階層を目に見える形にすること、特に人がどのような服を着るかを通じて諸階層間の差異を文字通り目に見える形にすることは、中世後期のさまざまな都市や王国の関心事になっていたようである。そこでは、しばしば収入や出生に基づいて奢侈規制が課されていた。ベルギーの現代の歴史家レーモン・ファン・ユイトヴェンは、ネーデルラントの社会的地位に関する中世の「世論」を描くためのさまざまな方法を指摘している。そうした「世論」は、行列やその他の公的行事で与えられている場所、都市政府が訪問者に贈る贈り物の質、公式に派遣された使節に認められたさまざまな旅費、そして奢侈禁止法など、経済的な状況と相関しているかもしれない(し、相関していないかもしれない)とされる[25]。

これらのすべての中で、多くの地域・時代をまたいで研究する中世史家が特に注目しているテーマがいくつか存在する。その一つが、貴族の問題、つまり富だけでなく生まれにも関わる地位の問題である。もう一つが、非自由状態に対するさまざまなメカニズム・意味・反応という問題である。そして、ジェンダーの問題、特にジェンダーが社会の諸階層を超越するのか、あるいはそれらの区分を支持するのかというのが三つ目の問題である。順に見ていこう。『バルセロナ慣習法』によると、「町民と市民」には騎士と同じ報酬が与えられること、そして「貴族であり、毎日小麦のパンを食べ、馬に乗る」役人にも騎士と同じ報酬が与えられる[26]。ここでは、馬を持ち一定の食事をできる余裕があるという経済的な区分と、生まれながらにして高貴であるという考えなどのイデオロギー的な区分とが混在している点が興味深い。貴族であるかどうかはかなりの違いを生む（貴族の血を引かない役人には半額の報酬しか支払われない）が、この特殊な量刑表に基づくと、役人の地位は、上がっても都市民と同じ高さまでにしかならない。高貴な生まれという観念は、もちろん王と王の「血統」という中世社会の頂点の基盤を支えている。貴族であること、そしてその王位継承の可能性は、少なくとも時代や場所によっては、血を通じて伝えられると理解されていたために、貴族の女性は特に重要視された。それには良い効果も悪い効果もあった。すなわち、貴族の女性の地位はある意味では高かったとも言えるが、同時に彼女らは、賭け金が高額の結婚市場における手駒にすぎなかったのである。

しかし、中世後期ヨーロッパのほとんどの地域に貴族は存在していたものの、彼らの利益が階級としてどの程度まとまっていたか、また貴族が実際上どのような意味を有していたかは地域ごとに大きく異なっていた[27]。例えばイングランドのコモン・ローは、貴族と非貴族の間に実質的な区別を全く設けておらず、そこでの主な区分は自由民と非自由民の間に引かれていた。一〇六六年以降の時代になると、鍵となる区分は、当然のことながら、入植してきたノルマン人の貴族と、多かれ少なかれ服従させられた現地住民との間にあった。さらに後の世紀になると、貴族は貴族院への登院によって明確に定義されるようになるが、それ以外の「ジェントリ」と呼ばれる諸家系も、一般庶民とは異なる上位の存在として認識されていた。これとは対照的に、中世のほとんどの期間、ノルウェーには「貴族」といったものは存在せず、非常に明確に定義された「王の手に下った者(håndgangne menn)」という集団があり、彼らには他の者とは異なる法律が適用されていた。しかし、一四世紀になると、王直属の従者たちから政府の官僚が分離し、そしてスカンディナヴィア諸国の間で結ばれた連合のゆえに、王自身が王国を留守にすることも多かった。その結果、はるかに「ヨーロッパ的」な(奉仕よりも血筋が重要という)貴族のイデオロギーが、まだまだ小さくあまり力を持たないノルウェーの前述の集団に対して輸入されることになったのである。[28] また、貴族とは確かに特権を意味したが、必ずしも権力を意味するものではなかった。実際、貴族の家系は必ずしも長くは続かなかった。例えば、一二世紀の〔現ドイツ北西部の都市〕オスナブリュックの小貴族一六家のうち一三〇〇年まで存続していたのはわずか六家であった。同様に、一一二五年から一一五〇年までの間に〔現ドイツ南東部の〕アイヒシュテットで封土を与えられた騎士七〇家のうち、一二二〇年まで生き残ったのは四〇家にすぎない。[29] このことが示唆しているのは、「貴族」が特定の人々の財産の単なる維持ということよりも、より幅広いイデオロギー的な機能を持っていたということである。すなわち「貴族」は、中世世界のイメージの一部を形成していたのである。

しかし、そのイメージに対して全く挑戦が突きつけられなかったというわけではない。すでに見たように、一三八一年のイングランド蜂起（ワット・タイラーの乱）では、農奴制からの普遍的な解放を求める声や、領主制に対する批判が見られた。同様の訴えがなされたのは決してこの時だけではない。中世を通じてさまざまな反乱が、不当な領主制の終わり（必ずしも領主制の廃止ではなく）を要求し、財産の共同所有、万人のための正義を求めていた。何が「非自由」を意味するかは込み入っており、この場合も、場所や時代によってさまざまだった。歴史家の間では、平民の農奴化がいつ起きたのかについて議論がなされてきた。デュビーにとっては、平民の農奴化は、主に一一世紀頃に起こった「封建革命」の不可欠な一部であった（ただし、本章の後半で述べるように、この点は大きな議論の的となっている）。他方で、平民の農奴化は、ローマ帝国の崩壊後に、地元の土地所有者である戦士たちが自分の周囲の弱い人々に対して、彼らを「保護」する見返りとして奉仕を要求するという形で、より安定した形で生まれたとの示唆もなされている。一三世紀までには、非自由農民（農奴）は、自分たちが耕す土地に縛られ、定期的かつ恣意的な金銭的要求に甘んじ、領主に対する労働奉仕を行うことを要求されるようになっていた。これらの条件がどの程度過酷なものであったかについても議論がある。農奴でいることで、経済的に苦しいときには確かにある程度保護が与えられていたと考える者もいるが、その反対に、農民の余剰労働力を領主が収奪することで、農民の生活は極端に危ういものになっていたと論じる者もいる。一四世紀に（飢饉、それからペストで）人口が激減したことで、少なくとも一部の地域では農奴制の終焉の始まりが確かに告げられたように思われる。しかし、とりわけボヘミアやポーランドのようなヨーロッパの一部地域では、中世後期に「第二の農奴制」と呼ばれる時代が到来した。すなわち、そこでの領主は一四世紀の変化に直面して自らの支配を厳しく再主張したのである。

支配が達成され維持されるプロセスは重要な研究テーマであり、最近の比較研究では、ヨーロッパ規模での経験の差異が(さらに、実際、日本などの他の前近代世界との対照も)明らかになってきた。例えば、デンマークの農民は、イングランドやフランス、ドイツにおけるほどは農奴化されておらず、特定の比較的短期間の借地権のついた土地を主に耕していた。しかし、農民には、社会的上位に位置する法的な保護者が必要であるというのがデンマーク社会の基調であり、一三世紀に法的手続きが変化すると、農民は、逆説的に、法的保護のために土地領主にさらに依存し、結びつけられることになった。それに対して北イタリアでは、同時期に、農村の農民が土地に縛られていた状態から、メッツァドリアと呼ばれる一種の「分益小作人」の状態に移行した。一方、ハンガリーでは、農民は法的には領主に対して奉仕や賦課金の義務を負ったままだったが、一三世紀以降は個人としては自由であり、制限されることなく他の場所に移動して働けるようになった[30]。歴史家たちは、農奴制や領主制に対する農民の抵抗の根源について議論を重ねてきた。その一部としては、例えば、一四世紀のペスト流行直後にさまざまな集団の暮らし向きが良かったか悪かったかというような社会経済的な状況のパターンについての議論や、農民は、集団的に境遇を一つにしているのだという感覚(マルクス主義者であれば「階級意識」と呼ぶようなもの)を持っていたのかどうかについての議論がある。最近の議論は、大規模な民衆反乱だけでなく、村落レベルでの小規模な緊張にも焦点を当てている[31]。

ここまでの本節の内容は、概して過去の歴史学を反映して、そして一部では史料の状況を反映して、男性の騎士、男性の市民、男性の農民を想定して論じてきた。しかし、女性はどうだったのだろうか。女性は、ある有名な本の書名にもあるように、中世社会における「第四身分」として、三身分という規範的な構造の外側に位置づけられ提示されることがある。[32] しかし、女性はもちろんあらゆるレベルに存在していたのであり、ここ数十年の研究は、女性の存在を認識することが中世の社会構造の理解にどのような影響を与えるかという議論に関係している。この議論は、一般女性を対象とするか、貴族の女性を対象とするかによって変わってくる。中世の人口の大部分を占める下層社会については、歴史家は家庭や仕事場での女性の経験を調査してきた。女性の相対的な権力や地位、そしてそれに対して、数世紀にわたる社会経済的な変動がもたらした〔女性の立場の〕変化〔の有無〕について考えてきたのである。女性の人生においてライフサイクルは特に重要であると言われてきた。北欧の若い女性は頻繁に奉公に出て、そのことで経済的にある程度自立していたが、結婚するとその状況は根本的に変化した。というのは、協力的な結婚モデルはおそらく多くの夫婦に当てはまっていたものの、法と市場の両方において女性は概して男性に従属していたからである。寡婦になると、さらなる変化が生じる。経済的に安定していれば、女性の独立性は回復して強化されるが、そうでない場合には、運が悪ければあっという間に他人に依存する状態に転落してしまう。ヨーロッパのさまざまな地域間の比較を参照するのがここでもふさわしい。もっとも重要なのは、北部と南部での結婚モデルの推定上の違いであろう。イングランドやその他の北部ヨーロッパの地域では、かなりの「晩婚」傾向があった(おそらく二〇代半ばで結婚し、夫婦間の年齢差はほとんどなかった)。これに対して、イタリアをはじめとする南部ヨーロッパ地域では、女性はより若くして(多分まだ一〇代のうちに)年上の男性と結婚する傾向があった。[33] エリート女性にとっては、どちらの地域においても後者の早婚モデルが主流であったようである。この社会層の分析は、貴族の家政において女性が振るうことができた権力に注目している。

そこでは、例えば、夫の不在時に女性が文字通り砦を守ることが一般的に期待されていたという指摘があるし、より広くは、さまざまな種類の権力戦略において、女性が主体と客体の双方として持っていた意味合いについても言及されている[34]。しかし、すべての社会レベルで重要で継続的に注目される分析領域となっているのは、地位とジェンダーがどのように組み合わされていたかという点である。一方の極端な例として、中世後期の神秘主義者で歯に衣着せない発言を行ったマージェリー・ケンプが経験した並外れた旅と出会いについて考えてみるなら、彼女の社会的に恵まれた背景（ビショップス・リン〔現在のキングス・リン〕の非常に有力な市長の娘）が、彼女の冒険を容易にする役割を果たしたと言えるだろう[35]。一方、その反対方向の例としては、性的に活発な女性に対する暴力的で正当とされる報復の物語など、中世における女性嫌悪（ミソジニー）の諸要素はあらゆる社会レベルで共通していたことも指摘できる。中世に人気のあったテクストでウィリアム・キャクストンが活版印刷を行った「チェスのゲーム」が物語るところでは、オクタウィアヌス帝は息子たちに水泳や馬上槍試合などの「騎士的」活動を教える一方で、彼の娘たちは、貧乏になったときのために、縫い物や紡ぎ物などの「女性に属するあらゆる仕事」をすることになっていた。この物語の「王妃」の部は、ある〔公領を統治する〕女性摂政の話で締めくくられている。その摂政は、ハンガリー王が彼女と結婚するという約束で、包囲された彼女の城をハンガリー王に明け渡した。しかし、ハンガリー王は一晩だけ彼女と寝て「朝になると、彼女をお伴のハンガリー人全員に見せびらかし〔すなわちレイプさせ〕、三日目には木の棒を彼女の下半身から喉ないし口に向かって突き刺した[36]」。この女性摂政は不貞と姦通のゆえにこの報いに値すると物語は述べる。摂政を務めるほどの女性であっても女性嫌悪による惨事にさらされえた。最終的には彼女も女性にすぎなかったからである。

グローバリズム

キリスト教暦で一四世紀(イスラーム暦では八世紀)後半から末にかけて、アラブの学者イブン・ハルドゥーンはたくさんのことを書き記したが、そのなかで統治の拡大には都市と交易と富が深く結びついているという彼の見解を述べている。彼が示唆するところによれば、都市は利用可能な大量の労働力を提供し、そのために当面の必要に対する余剰の商品をより迅速に蓄積できるようになり、交易が促進され、それにより徴税が容易になり、それゆえ支配者は領土を拡大できる(そこには新しい都市を建設することも含まれる)。このようにサイクルは循環していく。続けて彼はこうも述べる。

このことは、エジプトやシリア、インド、中国などの東方の地や、地中海を超えた北方の全地域によって例示されるだろう。……現時点では、マグリブのイスラーム教徒たちのところにやってくるキリスト教諸国の商人たちの状況を観察することができる。彼らの繁栄と富はあまりにも大きいので、ここでは十分に書き記すことができない。同じことが東方からの商人と、彼らの状況について聞き及んでいることにも当てはまるし、非アラブのイラク、インド、中国といった国々から来たさらなる東方の商人についてはなおさらである。彼らの富と繁栄については、旅人たちから驚くべき話を聞いている。[37]

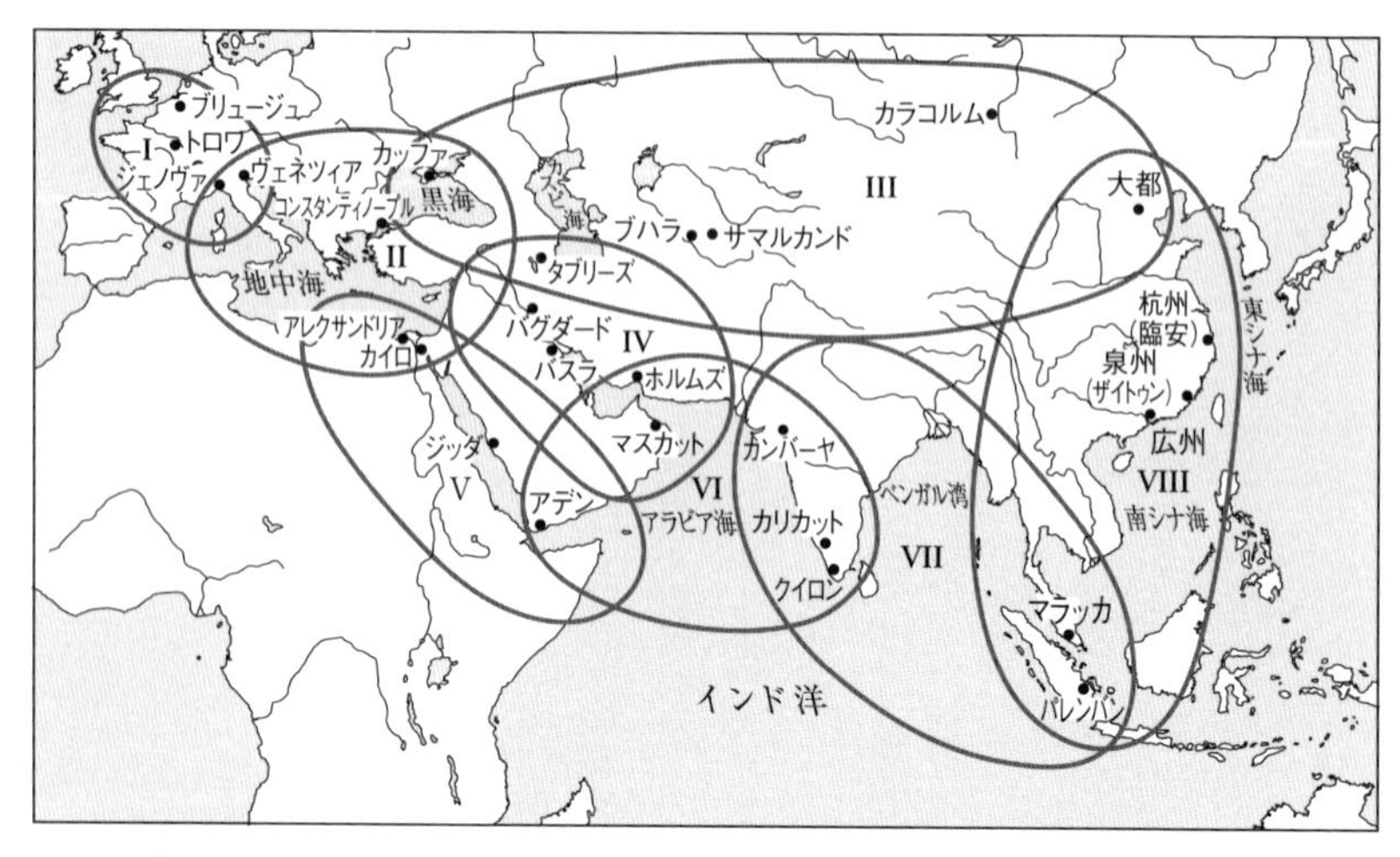

アブー＝ルゴドによる，13世紀世界システムの8つの回路(『ヨーロッパ覇権以前』2001年，上巻，43頁)

ここに引用した文章の最初の二文は、少なくとも八〇〇〇キロメートル離れた地域を股にかけている。一四世紀の世界は、現代人が考えるよりも互いにつながっていたのである。確かに、イブン・ハルドゥーンは並外れた思想家であり、かつ偉大な旅行者である。彼の北アフリカや中東での個人的な経験は他の誰よりも広い範囲に及んでいたのは認めるとしよう。しかし、この一節で、彼は、地中海貿易で接触したと思われる人々に言及するだけでなく、はるか東方の人々にも触れているのである。さらに彼の偉大な著作の他の部分では、西アフリカの知識も披瀝している。彼自身の著作から明らかなように、そして他の証拠も示しているように、ヨーロッパの住民とアジアの東端の人々は、彼のパノラマ的な理論的考察の中で抽象的につながっていただけでなく、実際の交易線によって物理的にもつながっていたのである。これは、数十年ほど前にジャネット・アブー＝ルゴドが影響力を持って表現したように、連動する複数のネットワークからなる「世界システム」と呼んでよいものかもしれない[38]。

ここには、伝統的な諸王国(まだそれほど近代的ではない国民国家)によって地理的に縛られていない中世の見方がある。それはまた、西ヨーロッパの経験をその中心や出発点とする必要のない捉え方でもある。すなわち、少なくとも潜在的には「グローバルな中世」がここにある。非西洋の前近代世界のさまざまな側面に関する基本的な学術研究は、一世紀以上にわたってしばしば「地域研究」部門の中で追究されてきたが、中世史家が「グローバル」に考えようとしたのは、ほとんどの場合、二一世紀に入ってからであり、主に英語圏の、より一般的な歴史学において現在流行している動向を取りあげたものだった。しかし、「グローバルな中世」ということで何を意味するのか、それが私たちの方法、分析ツール、最終的な目的にどのような意味を持つのかについては、議論の余地がまだ大いにある。

イブン・ハルドゥーンは私たちの注意を、貿易に、また商品と物資の移動に向けさせる。そしてこれは確かに、常に私たちの興味を引きつけ議論されるべき重要な分野である。何世紀にもわたって、絹布や後には絹の生糸が、中国からイタリア(特にルッカ)に運ばれ、そこから西ヨーロッパ中で売られていた。逆に、亜麻布は西ヨーロッパから中央アジアへと運ばれていた。象牙は、主に中央アフリカから地中海を経由してヨーロッパとアジアへと取引されていた。胡椒やショウガは、南インドやスリランカからヴェネツィアに運ばれて高額で売られた。その他の貴重な香辛料はさらに遠方からヨーロッパの市場にもたらされた。ダイヤモンドや真珠などのさまざまな宝石も同様であった[39]。これらの品々は、前近代世界において、非常に長距離の移動と地域間のつながりがあったことを証明しているのである。

しかし、いま言及した品々の性質について考えてみれば分かるように、大陸を横断する遠距離貿易は、ほとんどの場合は非常にエリート層の市場に向けられた極めて高価な製品や素材が対象であった。確かに、この貿易からより広範な社会文化領域へと思考の線を引くことはできる。例えば、エリートではない人々が、宝石をちりばめた聖遺物箱や絹で織られたタペストリーをたまたま目にして感銘を受けるといった場面などが考えられよう。しかし、そのような線は、しっかりとしたロープというよりも、むしろ細いフィラメントのようなものにならざるをえない。さらに、ピーター・スパッフォードが述べたように、香辛料貿易は実際には「主にアジアの商人の手に委ねられたアジア貿易であり、ヨーロッパからの参加はわずかなものだった」[40]。同様の指摘を「シルクロード」についても行うことができる。というのは、「シルクロード」は最終的には西ヨーロッパと中国を結んではいたものの、前近代のほとんどの期間、より深いつながりがあったのは中東と極東の間であったからである[41]。ヨーロッパとアジアを結ぶ近世の「グローバル」貿易についてヤン・ド・フリースが論じているように、これらの商品が扱われる主要な地域市場にとって遠距離貿易は比較的周縁的なものだった。また、遠距離貿易の性質上、商品は途中で何度も別々の人の手を介することになり、異なる商人コミュニティの間でさまざまな「結節点」を通過し、その度にマージンが取られ交換の機会費用は増加した。このため、近代に見られる広範な「グローバル化」のさまざまな効果(地球規模での情報、人、アイデア、文化の交換や、ひょっとすると複数の経済システムの収斂)は、前近代にはほとんど見られなかったとド・フリースは主張している。[42]

これは、あらゆる時代のグローバル・ヒストリーを論じる歴史家の間で続いている未解決の議論の一部である。しかし、このことが示唆するのは、中世史家は後の時代を研究対象とする歴史家に対して「こちらのほうが早く起こったのだ」というような単純な立場には陥らないようにするべきだろうということである。私たちが探究する前近代世界の「グローバリズム」とはどういう類いのものかという問いに対しては、近代を対象とする私たちの同僚が論じる同様の包括的なテーマが中世にも当てはまると単に主張しようとするのではなく、中世の特異性を認めてもらうことでもっとうまく応えることができる。例えば、一一世紀から一二世紀にかけて、イスラーム世界からラテン世界への重要な知的流入があったことについては以前から知られていた。これは、西方キリスト教が古典古代の学問に深く触れるきっかけとなった主要な回路であった。これらの交流が生じた環境は地中海世界の一部であったが、そこでは、南スペイン、シチリア、コンスタンティノープル、十字軍国家などのさまざまな場所に、アラブ人、フランク人、イタリア人、ビザンツ人、ユダヤ人、そして北イベリアや南フランスのさまざまな土地から来た人々が（調和的に、あるいは対立的に）集まることになった。貿易は非常に重要なつながりの手段の一つだったが、宮廷文化もまた別の手段となっていたと思われる。地中海における文化交流の研究は、その政治的な輪郭と限界をますます強調するようになっており、地中海を理想的な「るつぼ」としてよりも、一連のパリンプセスト（上書きされた写本＝獣皮紙に書かれた元の文章を削ぎ落して別のテクストを書いたもの）として捉える傾向を強めている。[43] そういうわけで、地中海交流に関する長年の研究は「グローバル」なレンズを通せば有益に見直せると判断できるだろう。

そこには、ヨーロッパ的な視点を脱中心化して、代わりにさまざまな人々と地域の間のつながりを強調できる潜在的な可能性もあるのだ。地中海の経験を描くことは、西ヨーロッパにおける非キリスト教徒の存在を可視化するという、グローバル・ヒストリーのもう一つの目的を達成することでもある。すなわち、イベリア半島や他の場所におけるユダヤ人の経験がまず挙げられよう(イベリア半島で起こった中世後期のユダヤ人追放に関する近年の研究では、その後のスペイン文化における「純血主義」言説の周辺に、現代の「人種的」偏見に非常に似たものが作用し始めていることが説得力をもって示唆されている)。また、北イタリアや南フランスを含む地中海周辺の諸都市で、北アフリカ出身の人々(特に女性)が家庭内奴隷として存在していたという事実もある。[44] 以上述べた事象は、西洋による大規模な植民地主義時代に見られるような「グローバリズム」と同じものではなく、ましてや現代の「グローバリゼーション」と同じではない。しかし、これは私たちが中世ヨーロッパを理解する上で重要な要素である。というのは、中世ヨーロッパが本質的に不変の「白人的なもの」であるという問題含みの思い込みに疑問を投げかけるものだからである。

考古学者ベン・ジャーヴィスの有益な示唆によれば、「グローバルなもの」を見るときには、現在よく用いられる「構造」や「ネットワーク」といった言葉よりも、「アッセンブリッジ」(権力と欲望の特定の結びつきにより一時的に形成される流れや関係の集積)という考古学の用語の方が説明の上で有用なメタファーを中世学者に提供するとされる。[45] この語を用いると、広範囲にわたる中世地中海世界は、互いに重なり合ってはいるが概して分離可能な「アッセンブリッジ」がいくつも連なったものとして見ることができるだろう。ここでの「アッセンブリッジ」には、例えば、海路で移動する船乗りと羊毛と穀物から構成され、中世後期の数世紀間、イングランド南部とアルジェとコンスタンティノープルといった互いに遠方の場所を結ぶものもあれば、書かれたテクストと旅する学者たちから構成され、中世のもう少し早い時期にスペイン南部と北アフリカ、そして十字軍諸国家を結ぶものも想定されるのだ。(46)

そこで次に、最近の研究で、中世におけるサハラ以南の西アフリカ（特にガーナとマリ、そしてソンガイといった諸帝国）と中東とのつながりを強調しているものを〔「アッセンブリッジ」との関連で〕考えてみよう。このつながりに関してもっとも有名なのは、イスラーム暦で八世紀前半（西暦では一四世紀初頭）にマリの偉大なる支配者マンサ・ムーサが取ったメッカへの巡礼路である。この巡礼の道行きにはカイロを経由するルートが含まれており、同時代のアラブの史料によれば「莫大な富〔を運ぶ〕巨大な軍」と多くの奴隷を伴っていたという。(47) 西アフリカとメッカを結ぶ線は、スルタンが治めるマムルーク朝と地中海・中東とを結ぶ線を横切っており、それゆえにこのルートは、特に金という莫大な富を有するマンサ・ムーサを、一部には西ヨーロッパも含むはるかに広い地域の諸民族に知らしめる手段となったのである。これらのつながりはそれ自体非常に興味深いものであり、前近代の西アフリカの歴史を理解する上でもこの上なく重要である。ただし、西アフリカと中東のつながりはおそらく極めて短期間の「アッセンブリッジ」以上のものをも構成するものではなく、ましてやグローバルな「ネットワーク」と呼べるものでもない。

より広い意味で、グローバル・ヒストリーの要点は、これまで考えなしに西ヨーロッパを中心に据えたり、何も言わずとも西ヨーロッパを参照点としてきた大きな物語（グランド・ナラティヴ）としての歴史に異議を突きつけることにあった。この点に関して、中世についてはさらに探究していくチャンスが訪れている。その一つが、イスラーム教の勃興と拡大に主要な焦点を当てて、その流れを西へ東へと辿ることである（東方について言えば、イスラーム教は一四世紀以降に東南アジアで強力な改宗者を見出すことになる）。そこには、イスラーム教が、ヨーロッパで見られるような混乱し断片化した王権の諸形態をとるのではなく、むしろ宗教的権威と政治的権威との特殊な形での結合を規範としていたことを確認したり、さらにはイブン・ハルドゥーンであれば見てとったはずだが、宗教が、都市への定住、貿易の発展、法の精緻化といった「文明」における変化の主要な要因であったかどうかを検討することも含まれる[48]。これとは別の観点から、R・I・ムーアは、特に一〇世紀から一二世紀に焦点を当て、開墾による農地拡大、都市への定住、経済活動、それに伴うエリートによる政治的支配といった点で、ユーラシア大陸全体が大規模な「集約化」の時代を迎えていたと見ることができると示唆している。そこで十分に強固な生活システムが作り上げられていたために、一四世紀の世界規模での複数の大災害を乗り越えられたというのである[49]。どちらの場合も、西ヨーロッパは物語の中で重要な位置を占めてはいるが、無条件にその中心を占有しているわけではない。どちらのアプローチをとった場合も、そしてここでは考慮しなかった他のアプローチをとったとしても間違いなく、私たちは、歴史的な諸形態や変化について最大限に視野を広げて語ろうとする一種の「グランド・グローバリズム」の方向へと導かれるだろう。とはいっても、実際の地球上の（例えばアメリカ南北大陸や南洋州（オーストラレーシア）〔オーストラリア・ニュージーランドおよびその付近の南太平洋諸島の総称〕を含む）ありとあらゆる地域を、いま述べたような前近代についての見方に接続することはほぼ不可能であることは忘れてはならない。

しかし、いずれにしても、「グローバル・ヒストリー」という旗印のもとで取りうる他のアプローチはある。一つは、比較を行うことである。例えば、特定のテーマ（ジェンダー、聖性、食文化、王権）の探究を媒介にしたり、類似の技術（文字、税制、法）がどう作用するかの検討を、地域を超えて比較するのである。以下に、二〇一三年に発見された一〇世紀のクメール（現在のカンボジア）の砂岩碑文に刻まれた長い文章から、重要な部分を抜粋する。「このカンブジャ族の王は彼の〔最初の〕統治年に、彼が打ち負かした諸王から貢物を受け取った。しかし、この王は、自身が信心によって打ち負かされたため、リンガプーラから毎年徴収されるべき税をこの地のシヴァ〔神〕に与えた」[50]。つまり、王（イーシャーナヴァルマン二世、九二八年没）は、王が取り立てる税を（ワット・プーに位置する）この特定の寺院の支援に振り向けたわけである。この碑文はこれに続けて、貴金属、動物、武器、食器、食料品、その他の貴重な品々で支払われた王への税の内容を記録している。他の証拠を欠いているため、この種の活動がクメール国内でどのような意味を持ったか理解するには大きな困難がある。このような活動は、クメール国家が自らの力を浪費した印であり、最終的にはクメール国家の崩壊を招くことになったとこれまで見られてきた。しかし、ドミニク・グドールが論じているように、寺院や病院を支援することは、インフラと、共有されていた文化、そして地方行政の影響力とを強化する手段だとも考えられる。こうしたさまざまな可能性を探るには、このような王の行動を、他の、例えば西ヨーロッパの王国で行われた、似たような事例と比較することが助けになりうる。これこそが、グドールとアンドルー・ウェアラムがある論文で行っていることである。私は彼らの論文から先のイーシャーナヴァルマン二世の例を引いてきたが、彼らが〔このクメール王と〕比較した対象は〔中世〕初期イングランド中部の一王国〕マーシアの王が〔イングランド南東部の〕ケント州のさまざまな宗教施設に与えた財政負担の免除であった。さらなる比較を、例えばカロリング王権が帝国統治の道具として修道院創設を利用するのを常としていた事実との間で行うことも考えられるだろう。さらに、史料で使用されている正確な言葉（敵を打ち負かす王自身が信心によって「打ち負かされる」という優雅な修辞的反転）によって興味深いさらなる可能性も示されている。この言い回しは他の西洋の似た事例と呼応するものであり、前近代世界における王権と宗教権力が絡み合って正統化を行う作用に関するさらなる分析を生み出すものだろう。

このように、「グローバル」という重要な枠組みを通じて、最近まで軽視されていた比較中世史が再活性化されうることが判明しつつある。さまざまな歴史家が指摘しているように、どのような比較史が私たちにとって適合的で有意義かを慎重に検討しなければならない。また、新規さに惹かれることで、重要な文脈上の特異性を見失ってしまうのではないかという若干の心配もある。それは、興奮気味に物語る一般読者層向けの経済書では好まれるが、歴史家にとっては説得力がないような類いの、内容的に保証のない「薄い」グローバルな比較史を生み出してしまう危険性である。しかし、良い仕事はすでに行われており、その多くは共同研究を通じて、そして時には歴史学の文献と同じくらい人類学の文献とも深く関わることを通じての成果となる。例えば、以前から行われてきた貿易や経済に関する比較研究だけではなく、王権と王位継承者の男らしさ、〔君主の教育を目的として、理想的・模範的な君主のあり方を論じる「君主の鑑」ジャンルなどの〕支配者への助言文学、宗教的禁欲と聖性などに関するグローバルな比較である[51]。前述したクメールとマーシアを比較する論文が掲載された『*Medieval Worlds*』誌の当該号には、「宗教的免除」というグローバルな比較に適した幅広いテーマに関して非常に啓発的な研究が集められており、その過程で、直接的な共同執筆と同様に、論文を並べて公刊することでも協働が可能なことが示された。

しかし、中世のグローバル・ヒストリーを追究するには、複数の相当に大きな課題がある。一つは、「中世」という見出しのもとに、そもそもグローバル・ヒストリーを行うべきなのかという課題である。本書の第1章で論じたように、「中世」とは、西ヨーロッパの経験から生まれた特定の歴史叙述上の時代区分の一部であり、「発展」や「文明」に対する特定の価値判断と、問題含みで結びついているからである。世界の他地域の研究者たちは使用可能な用語として「中世」を時に採用してはきたが、「中世」は誰もが考えなしにデフォルトで用いるラベルであるべきではない。というのは、他の時代区分や、場合によっては他の用語が、より生産的な視野を切り開く可能性があるからである(し、現在の政治的関心に対してもっと共鳴する形で訴えるかもしれないからである)[52]。さらに、もし前近代を研究するために「グローバル・ヒストリー」というラベルを採用するならば、近代以降のグローバル・ヒストリーで中心的に議論されてきた重要な議論のいくつかにどの程度関わろうとしているか(もし少しでも関わろうとするならば)判断しなければならない。例えば、近世において西洋と東洋の間に「大分岐」があったかどうか、また「工業化」の諸形態が前近代の経済を特徴づけるのかどうか、などである。「グローバルな中世」に関するある重要な論文集は、近代を中心にした議論の枠組みを明確に拒否しようとして、テーマ別のケーススタディとして提示されているが、実際のところ中世のグローバル・ヒストリーとというプロジェクトとは何なのかという疑問は依然として残っている[53]。

もう一つの課題は、より広い範囲にわたる複数の文化を、同じ水準で渡り歩くために必要な、さらなるスキルに関するものである。そのうちで最重要であることが明白なスキルは、より広い範囲での言語習得である。英語圏の近代のグローバル・ヒストリーの相当部分は、植民地支配下の西欧言語で書かれた史料をもとに追究されてきた。その政治性はさておくとしても、中世に関してはそのような選択肢はほとんど存在しない。したがって、複数の研究者チームの間でより共同的なアプローチをとることが(それなりの試練は伴うものの)より現実的な道筋だろう。さらなる課題は、現存する史料の性質の多様性である。世界には、私たちが関心を持っている時代に由来する、豊富で多様な史料が存在する地域がいくつもある。例えば、中国では、何世紀にもわたって正史(公的な歴史書)と豊富な在地文書が作成されていたので、研究者はエリート支配層の歴史だけでなく、より一般の人々の生きられた体験の何がしかを探究することもできる(54)。対照的に、同時代のクメールの文書史料は、前述したイーシャーナヴァルマン二世による寺院への贈り物が刻まれた碑文などの砂岩碑文に限られている。他方で考古学はもう一つの情報源となりうる。例えば、スペインによる征服以前の南アメリカにおけるマヤ文明の状況を理解する上で、考古学は計り知れない重要性を持つ。しかし、考古学者は好きなところをどこでも掘れるわけではないために、詳細な考古学的調査はどうしてもまだらになってしまう。以上のことは中世のグローバル・ヒストリーを不可能にするわけではないものの、地域的に広範囲に目配りし、グローバルな比較史を共時的に行おうとする試みには、非常に不均等な史料環境と折り合いをつけることが必須となる。

中世アジアの歴史家であるナオミ・スタンデンは「歴史をグローバルなものにするのは、従来の国民国家の枠内に収まることの拒否であり、研究対象が導くところにどこまでも付いていく覚悟である」と論じている[55]。確かに、第1章で述べたように中世史学は後世のナショナリズムの影響を受けてはいるが、次のように言って差し支えないだろう。つまり、中世史家は一般的に、研究は「国民国家」の境界を前提にしなくてもよいという考えにはむしろ慣れているし、社会的、文化的、政治的分析を行うのに有意義な地域は、さまざまな王国の境界を超えて存在すると同時に、よりミクロな歴史的な狭小領域（ニッチ）にも同様に存在しうるという考えにも慣れているのだ[56]。これは、一世紀前に偉大な中世史家であるアイリーン・パウアが自らの世界旅行を経て指摘したことにも一致している。近代以降の国民国家を所与の枠組みとして捉えない点において、「中世は、政治家やジャーナリスト、そして西洋古典の講師らが言う意味での中世ではない。中世とは、超近代的なものなのだ[57]」と。

文化的アイデンティティ

［シュトラスブルクの都市の指導者たちは］司教座聖堂内部の高い位置にあるオルガンの下に、ある種の野暮ったい像を設置し、それを次のように悪用している。聖霊降臨節の聖なる日々に……ある道化師がその像の後ろに隠れ、粗野な身振りと大声で、俗で下品な歌を吐き、入ってきた人たちの聖歌をかき消し、その間ニヤニヤして彼らを嘲っている。……さらに、市長（Bürgermeister）は司教座聖堂に自分の席があり、典礼（ミサ）が歌われている最中でさえ、そこで他の人たちと話をするのが習慣になっていた。……しかも彼らは、教会のポーチで売り買いをし、……典礼が行われているときですら、鳥や豚や器を教会の中を通って持ち運ぶなど、神聖な場所で他にも不敬なことをし

ているのだ。[58]

シュトラスブルク司教座聖堂での不信心で野卑な振る舞いについてのこの記述は、市内の聖職者であるペーター・ショットが、一四八五年頃にローマ教皇特使に宛てて書いた手紙から引用したものである。これが書かれたときの背景は込み入っており、ある宗教改革者たちと、シュトラスブルクの都市当局および教会当局との間で起きていた論争と関係している。したがって、ショットによる信徒たちの不正行為の告発は、プロパガンダ闘争の一部をなしていたというわけである。また、この描写は、聖霊降臨節の祭りに関連した、嘲笑的なイメージを帯びた毎年恒例の特定の慣習と、聖なる空間を商業的・社会的活動に不当に流用する、もっと日常的でごく普通に行われていたはずの平信徒の振る舞いとを混同している。[59]しかし、この記述が喚起する、教会の厳粛で神聖な力と衝突する、騒々しく不信心で俗な平信徒のイメージは、より幅広く共鳴するものを持っていた。二〇世紀前半にロシアの理論家ミハイル・バフチンは、このようなエピソードを、「文化の分岐」の兆候として捉えており、一つの声しか許さない公式の聖なる文化と、異質な複数の声を含む民衆的で「低い」庶民文化との間に、重大な切れ目があるとした。[60]他にも、例えば、民間魔術の存続や、泉やその他の教会非公認の聖なる場所の崇拝、非キリスト教的な超自然的存在への信仰、あるいは正統的な信仰が明らかに嘲笑されたり覆されたりした場面などの中世の事例を見て、さまざまな歴史家が、こうした文化的分裂というテーマを、中世の宗教研究における重要な解釈として受け取ってきた。ジャン・ドリュモーは、中世は「かろうじてキリスト教化された」時代にすぎず、正統的信仰に見える諸要素も、本質的には異教的な下地に張られた単なるうわべの装いにすぎないと主張したことで有名である。[61] そこまで極端ではないにしても、同様の見解は、とりわけジャック・ル＝ゴフとその弟子であるジャン＝クロード・シュミットをはじめとする他のフランスの中世学者によっても提唱されている。彼らの見解は、「公式的」な文化と（「異教的」というよりは）「民俗的」な文化との間には重要な違いがさまざまにあるが、この二つは完全に分離できるものではなく、無視できない形で絡み合っているというものである。また、これらの文化の違いは宗教的なものだけではないとされ、ル＝ゴフは、中世後期に「教会の時間」から「商人の時間」への転換があったと論じている。[62]

英語圏の歴史学はフランスでの研究とは逆の方向に進む傾向を示してきた。しばらくの間、敬虔ではあるが同時に軽信でもある「信仰の時代」という中世のイメージが明らかに強かったが、近年では、宗教改革以前のキリスト教には明確に中世的な性質があると巧みに主張し、その独自の活力と深さについて論じている。なかには、「民俗的」な宗教と「公式的」な宗教、あるいは「民衆的」な宗教と「エリート」の宗教との間にはほとんど、あるいは全く違いがなかったと示唆する歴史学者もいる。[63] また、聖職者が、特に教区レベルでは、世俗的なコミュニティとどれほど深く結びついていたかという点は、ますます強調されるようになってきている。例えば、中世後期ポーランドの結婚に関する説教は、信徒の日常生活の現実に対してかなりの理解と共感とを示しているのだ。[64] そういうわけで、見解は分かれるところである。文化的分裂の性質とその重要性、また、文化変容の手段と効果（特定の支配的な世界観をうまく広めて維持すること）という、宗教史をめぐる議論の二つの側面が、この研究分野を、さらに広範な中世学者たちの議論へと接続しているのである。

先に見てきたのは、中世社会が社会的階層によってどのように分けられており、それらの階層がおそらくは時とともに変化したそのありようであった。こうした問題と、以下で取りあげる「区分」とは無関係ではないが、より深遠なレベルでは独立している。すなわち、ここで扱う問題とは、中世社会のさまざまな部分が、根本的に別々の世界観、文化的慣習ないし「心性(マンタリテ)」を持っていたかどうかである。かなり早い時期から叙述史料で強調されてきた区分は、識字者(リテラーティ)(*litterati*)と非識字者(イリテラーティ)(*illiterati*)との間の区分である。すでに見てきたように、文字の読み書きができる者(リテラトゥス)というのは、知識、学問、知恵を意味し、聖職者(クレリクス)とほぼ同義であった。他方、「非識字者(*illiterati*)」は、「田舎者(*rustici*)」で「単純な人(*simplices*)」で「馬鹿(*idiotae*)」でもあった[65]。これらの語が含む侮蔑的な意味合いを共有することなく、さまざまな現代の歴史家は、この認識上の区分が中世における実際の断層線だったと考えてきた。また、(第3章で論じたような)影響力の大きい文化人類学者たちの研究に従いつつ、ある歴史家たちは口承文化と文字文化の間には根本的に異なる要素があると主張してきた。すなわち、声の文化が循環的で流動的であるのに対し、文字の文化では知識の累積と反省的思考が可能となり、権力が官僚制機構を発展させることができたというのである[66]。しかし、私たちは「口承」文化や「民衆」文化に対して、ほとんどの場合、文字史料を経由することでしかアクセスできない。だから歴史家は、それらの史料の中で、話されたものと書かれたものがいかに絡み合っていたかを強調してきたし、さらに、「口承」文化の諸要素(例えば慣習など)が「公式」な文化のなかで有していた明確な重要性を力説してきたのである[67]。

また、時間の経過に伴う変化という論点もある。宗教の問題に戻ろう。まず、キリスト教への改宗が起こった中世初期の数世紀には、キリスト教以前の宗教的慣習・儀礼・場所が地域住民の間で根強く残り続けていたという事実がある。そうであったのは、「改宗」が当初、在地の支配者による政治上の政策変更を意味していたからであり、地域住民に新しい信仰（キリスト教）を教え、文化的に適合させるためのメカニズムも当初は乏しかったためでもある。キリスト教布教者たちが用いた主な戦術は、既存の異教的な場所や礼拝所をキリスト教的なものに変えることだった。これによって、かなり早い段階で、キリスト教以前の神々についての考え方や宗教的儀礼は失われた可能性が高い[68]。しかし、既存の異教的要素をキリスト教的なものに置き換える戦術は、例えば、特定の聖なる場所が治癒のために使用されるとか、キリスト教の終末論に関係する儀式を行うというのではなく、「縁起がよい」といった感覚に関連した御守りの儀式が行われるなど、慣習や期待の念というより深い部分での異教時代からの連続性を保存したとも言える。一三世紀までには、教会が多大なるエネルギーを費やして、説教を通じて俗人を教え導き、霊的なケア（信仰や魂に関する世話）を教区で提供するようになっていたことは明らかである。したがって、ペーター・ショットがシュトラスブルクでの慣習について手紙を書いていた時代にまで、「異教」的なものが残存していたなどと云々するのは役に立たないだろう。彼が嘆いた俗人たちの行いは、むしろ写本の余白（マージナリア）に描かれたグロテスクな絵のようなもので、キリスト教というテクストが占める秩序ある中心的空間を際立たせる役目を果たしたのである[69]。より興味深いのは、各地でローカルな文化がどのようにキリスト教化されたのか、そしてこの概念上の均一性（を持つキリスト教文化）の枠内でどの程度のバリエーションが維持されたのかという論点である。この点に関して、儀礼的実践、視覚的イメージ、説教やその他の教育上のテクニックの使用は、すべて何らかの役割を果たしていた。また、文化がどのように生み出され、再生産されるのかという点は、これ以外の研究領域でも追究されてきており、例えば、ポスト・ローマ期に「蛮族」というアイデンティティが発達したことや、「カロリング」文化が上から押しつけられたことについて研究がなされている。(70)

近年の研究者の論調は、中世キリスト教をもっとも特徴づけるものは、わりと普遍的なその性格と、ローカルな差異はありつつ共有された慣習にあるというものである。例えば、豊作を保証するために畑や鋤(すき)を祝福するなど、一見「民俗的」だと思われる要素であっても、深いレベルでキリスト教的だと見なすことができる。というのも、それらはキリスト教の祈りを用い、しばしば司祭によって執り行われたからであり、また、その暦の起源がどうであれ、一三世紀までには明らかに「キリスト教」的な時間に沿っていた儀礼の暦に基づいて、折々に実施されていたからである。ほとんどのキリスト教徒は、どのような身分であれミサに参加し、祈りを捧げ、告解に参加し、洗礼を受け、死の床では終油(しゅうゆ)の秘蹟〔臨終の時に聖油を塗ること〕を受けた。中世後期には社会が深いレベルまでキリスト教化されていたというこの論点は、文化の他の諸側面も含み込むことができる。「五月祭の祝い」のような儀礼的慣習は、下は村から上は王の宮廷に至るまで、社会のあらゆる階層で行われていた。中世後期の俗語で書かれた文学は、貴族に限られていたわけではなく、社会階層の少なくともある程度下のほうにまで知られていた。都市行列や諸法廷、あるいは宗教的な兄弟団などの集団的な活動には、さまざまな社会階層の人々が関わっていた。また「騎士道」という文化的概念は、概念上は一つの社会階層、すなわち貴族層に特有のものだったが、一四世紀から一五世紀にかけて(そして実際はそれ以降も)、それは貴族以外の人々にも魅力的なものと映るようになり、とりわけエリート商人層は、自己を表象する際に騎士道を象徴する諸要素を取り入れ流用していた[71]。パリ大学の神学者たちは識字者（リテラーティ）の頂点をなしていたと考えられるが、彼らによる社会についての理論的思考は、告解の聴罪や説教を通じて一般の俗人と接触することによって深く影響を受けていたと論じられている[72]。中世の異端者たちとその支持者らでさえ、彼らの隣人である正統信仰側の文化から逸脱しつつも、宗教的なイメージと実践の多くの要素を正統の文化と共有してもいたのである[73]。

しかし、これらの共有された文化の例のいくつかは、少し別のやり方で解釈できるだろう。それは、支配的な文化が、年月をかけて、他の社会集団の文化変容をさせるのにどの程度成功したかを示す証拠として解釈するということである。キリスト教が共有文化になったのだとすれば、それは教会の努力を通じてもたらされたものである。そうした努力は、特に托鉢修道会や一部の改革派の司教らの活動、そして新たに注力された教区での〔俗人に対する〕司牧（しぼく）のシステムで具体的なものとなっていた。このほか忘れてはならないのは、中世末期でさえ、現存する証拠の大部分は、主に社会の上層について語るものだということである。最近の研究は、以前想定していたよりもはるかに高いレベルの識字率があったことを強調する。カロリング帝国時代をはじめとして、北イタリア、南フランス、スカンディナヴィア、ヨーロッパ全土の大きな都市などで、俗語の識字率が特に高かったことが指摘されている。このことは、文化的分裂について根強かったこれまでの思い込みに疑問を投げかけることになり、複数の社会階級を超えて文化的慣習が共有されている証拠として文学的な史料を利用することも促してきた。しかし、注意しなければならない。というのは、これまで想定されていたよりもはるかに高い識字率といっても、それは識字率が一般に行き渡った状態を意味するものではないからである。同様に、複数の宗教的実践がこれまで思われていたよりも互いに重なっていたとの証拠は、それらが完全に重なっていたこととは同じではない。両方について、ある理論的枠組(パラダイム)みから別の理論的枠組みへと移行しようとすると、何かが失われる可能性がある。例えば、時禱書は、中世後期における俗人の宗教心のごく一般的な特徴を示していることは確かであるが、それでもたいていの場合、それは限られた、都市エリートにほぼ限定された特徴だった。また、一三八一年の〔イングランドでの〕蜂起の議論で見たように、中世の年代記作者は自分たちを政治的エリートであり識字エリートの一員だと考えており、彼らが自分たちの下の「暴徒」に対して抱いた否定的な見解は、「暴徒」とされた人々の文化について誤解を招きかねない。異端審問史料のあるものは、正統とされる信仰とは非常に異なる「民俗的」信仰と言えるものの存在を示しているが、それと同時に、おそらくもっと興味深いことに、非識字層または半識字層の諸集団の間で、物語やゴシップが活発に語られていたことも示している。後者は「口承」文化の一要素であり、非日常な機会でもないと歴史的記録に残されないものである。[74]

したがって私たちは、文化的差異の可能性に注意を払い、文化的慣習が映し出されるさまざまな〔社会的、史料的、時代的〕文脈について慎重に考えなければならない。中世における性とセクシュアリティに対する態度〔性的関心や行動のあり方〕についての最近の研究は、類似点と相違点の諸要素を興味深い形で引き出している。例えば、性的不道徳に対する社会的関心については、教会の見方が影響を与えていることが指摘されるが、他方では、経済的に繁栄している時代には未婚での性行為はより寛容に受けとめられたり、イタリアの一部地域では結婚式に聖職者が関与するのをおよそ排除していたりと、俗人の考えがさまざまであったことも示されている。[75] 中世の説教や宗教美術の研究は、文学研究者が「読者の受容理論」と呼ぶものの重要性を強調する。すなわち、著者や説教者が意図したメッセージについて考えるだけでなく、それがどのように受容されたかを考える必要があり、潜在的に可能性のあるさまざまな受けとめ方をマッピングすることが重要だとされる。例えば、ミサの神学的な意味でのクライマックスは、ミサを司る司祭によって聖体が上に掲げられる時であるが、一部の信徒にとっては、供物を捧げたり、個人的な祈りを捧げたりする瞬間のほうが焦点となっていたのだと論じられている。[76] より人類学的な議論に刺激を受けた研究では、聖人を認定する列聖審査の過程において、「聖人」について潜在的に競合する数多くの概念が存在したこと、そしてそれらが示す文化的な文脈や関心は多様であることが強調されている。[77] そのような多様な文脈や文化は明らかに、密封され互いに隔離されたものではなかった。実際ローラ・スモーラーが示したように、列聖審査において〔目撃した奇蹟について証言を求められる〕証人たちが、自らの証言を〔識字者であり聖職者であった〕調査官の期待に沿うように〔都合よく〕「思い出す」というようなこともありえた。しかし、両者が文化的な結びつきという点において異なる圏域に属していたことに変わりはないのだ。[78] さらに、歴史家のなかには、聖職者と俗人の間のコミュニケーションや教育の過程は、道徳や社会秩序の面で、時間をかけて教会のヘゲモニーが押し付けられる権力作用と考えるべきとする者もいる。[79] この考えに触れたところで、本章の最後の部分に向かうとしよう。

権力

一三〇六年の夏、王フィリップ四世の命令により、フランス国内のユダヤ人が全員逮捕された。財産は没収され、家族は一か所に集められ、一五万人ものユダヤ人が王国から追放された。その多くは、南はイベリア半島に、東はイタリアへと向かった。中世におけるユダヤ教徒とキリスト教徒との関係において、悲しむべきことに、この出来事は最悪の事例ではなかった。このときは、民衆によるユダヤ人への暴力やポグロムと呼ばれる大虐殺は起きなかったし、反ユダヤ説教も行われなかったからである。こうしたことは、それ以前にも以後にも起こっていたのだ。だから、フィリップ四世の振る舞いは、憎悪の歴史というより広い観点から見れば特別に際立ったものではない。しかし、王権の行使における注目すべき瞬間であったとは言えるだろう。このとき、フランス王権は、大規模でよく組織された統治機構を通じて作動したからである。フィリップの役人は王自身から直接命令を受け、ユダヤ人追放計画は実施の数週間前に作成されたが、その秘密が漏れることはなかった。そして人の捕縛と物の押収は、驚くべき統一性と迅速性をもって行われたのだった(80)。

しかし、そのわずか数年前、同じフィリップの治世に起きた別の出来事は、王の統治と権威について大きく異なる様子を示している。一三〇〇年に、王はフランドル地方で進行中の軍事遠征の資金を得るために税を課した。王の役人は、王国全体でなされていたのと同様に、カルカソンヌを中心とする行政区域でも巡回し、税を徴収していった。だが、ピレネー山脈の麓にあるフォワという町では、この王の役人は、立ち入りを物理的に阻まれ、王の権威をかざしても住民は無反応であった。続いて赴いたヴァリユの町ではいくらかの金をなんとか徴収でき、カルカソンヌに戻ろうと出立したが、その道すがら、フォワのバイル〔在地役人〕やその他の人々に待ち伏せされた。この者たちは、金と持ち物を奪った上で王の役人を帰途につかせたのであった。カルカソンヌに戻った王の役人は、二人の下級役人を送り、フォワの住民を侮辱罪で召喚した。しかし、下級役人らも立ち入りを阻まれ、次いで訪れた別の村では殴打された。その後何年にもわたって歴代のフォワ伯は、犯人の引き渡しや税の支払いへの同意に関する度重なる王の命令を拒否し続け、フランス王権は最終的に諦めてしまったのである。(81)

本節のテーマは、フランスのフィリップ四世が行使した権力の度合いについてではない。いま見たフィリップ四世の治世下に起きた二つの〔両極端の〕例は、中世の全期間を通じてありえた二つの極を浮き彫りにしており、より大きな議論の中で重要な役割を果たすとともに、王のレベルにとどまらない権力の研究にもさまざまな影響を及ぼすものである。まず、ユダヤ人追放の例は、官僚制の力、中央集権的な統制、そして領土全域に対する国家の恣意的な介入の潜在的な可能性を強調するものである。他方、フォワの例では、あらゆる社会レベルで効果的な権威が欠如しており、王が自由に使える力の資源が限られていて、実際に税を徴収することの難しさが示されている。他の時代や地域からもこうした例をさらに増やすことができる。例えば、カロリング帝国は、一方では成功裏に拡大していったが、他方ではその周辺地域を統制する能力は限られていた点が対照的である。また、イングランドのヘンリー三世の治世において王の司法が中央集権化されていったことと、一二五〇年代から一二六〇年代にかけての諸侯の反乱を統制できなかった問題も対比できる。長い間、中世史家は、このような幅を持った権力のあり方を、個々の王の「強さ」や「弱さ」という観点から考える傾向があった（つまり、彼らの研究が依拠していた年代記史料と同じように、研究者自身も、権力行使の幅を、特定の君主に内在する準道徳的な資質にある程度結びつけて説明してしまいがちだった）。また、より広い意味では、このような彼らの判断を、〔近代〕国家の台頭という特定の物語の中に位置づける傾向があったのである。それは以下のようなストーリーであった。昔むかし、ローマ帝国という強力で効率的な国家があった。そこには中央集権的な官僚制も、税制も、常備軍も、その結果としての秩序の独占も備わっていた。やがてローマ帝国が崩壊すると、ヨーロッパは統治上の暗黒時代に突入した。唯一の権威は、誰であろうと勝者となったその土地の武将の剣に由来するというわけである。その後、カロリング家が登場し、少なくともある程度の中央集権的な統治を有した新しい「帝国」を築いた。しかし、これもまた崩壊（あるいは蕩尽）されてしまった。こうして一一世紀の終わり頃には、封建的な無政府状態の時期が続き、在地の武将が再び支配するようになった。しかしついに、一二世紀から一四世紀にかけて、特にフランスやイングランドでは、強力な君主らが、安定した統治および法のシステムを備えた中央集権的な官僚制国家を構築することとなった。これらの国家は、今度は、議会の権力を促進させることになり、立憲君主制へと発展していった。近代国家の礎石はこうして築かれた、というわけである。[82]

しかし近年、この物語は、数次に及ぶ攻撃にさらされてきた。まず、さまざまな欠点が指摘されている。例えば、フランスやイングランドの経験を、ヨーロッパ全体を説明する支配的なパラダイムとして捉える傾向があること。また、この物語には〔近代国家という目的に向かって進む〕目的論的な性質があること。さらに、中央集権的でトップダウンの権力は分散的で地域的な権力よりも明らかに「優れている」(あるいはトップダウン的な権力は、自らが統治する人々の「最善の利益」を達成する)という思い込みがあること。この物語にはこうした批判がなされてきたのである。ドミニク・バルテルミーらは、一一世紀に「封建革命」が急速に起こったとするデュビーの主張に異議を唱えてきた。バルテルミーの主張をイギリスの中世史家たちは概ね採用している。一方、フランスやアメリカの学者たちの一部はバルテルミーらに反発して、中世盛期に何らかの根本的な変革があったと主張し続けている[83]。もっとも生産的な変化は、歴史学が、特定の個々の支配者の長所や短所についての議論から脱却して、支配のさまざまな要素の性質や効果、そしてそれらがどのように変化したのかについて考えはじめたことである。政治史の新しい流れは、「王権」を特定の個人に内在する属性として見るのではなく、政治文化の構成要素として、また、支配のより広範なメカニズムの中の構造をなす一要素として見るようになってきている。さらに、中世の「国家(ステイト)」について語るとき、その「国家」とは何を意味しているのかについても多くの議論がなされてきた。それが近代以降の「国民国家(ネイション・ステイト)」とは全く異なるものであったことは、全員が同意するところである。もっとも、ヨーロッパのさまざまな国(または、特にイングランドとフランス)に、「ネイション」という概念があったのかどうかについては盛んな議論があるが。国家になるために必要な条件はさまざまである。すなわち、定期的に資金を調達する手段、社会秩序の維持、地理的・慣習的な差異に関わらず自由に介入できる能力、統治者が個人的に直接関与せずに統治が機能する度合いなどである。さらに、これらの諸要素の間にどの程度の相互関係が必要かという問いもある。例えば、一三世紀のフランスのように、相対的に強力な王の司法制度と相対的に弱い中央課税制度とが両立しているのをどのように説明すればいいのだろうか。

ある歴史家たちが示唆してきたのは、税(もっと広く言えば、定期的に収入を得る能力)こそが、中世国家について議論する上での核心でなければならないということである。中世初期については、ローマ帝国が外見上「没落」した後に統治の継続性がどの程度見られたかをめぐって重要な議論が行われてきた。研究史を統合しつつ、クリス・ウィッカムは、ローマ帝国の課税機構の要素を保っていた地域(とりわけ北アフリカやビザンツ帝国など)と、そうではない地域(ブリテン島が代表例である)とがあることを論じる。課税能力は、情報収集と記録保持、地方と中央の役人の協力手段、そして定例化された強制的な税の取り立てを住民が受け入れているかどうかにかかっていた。ローマ帝国の(課税)システムが放棄された土地では、それに匹敵するものを新たに構築するにはとてつもない骨折りが必要であり、実際、そのような努力は何世紀にもわたってヨーロッパの大半では見られなかった。だが、強力な課税システムが、あらゆる点で「強い」国家を確約するものではない。例えば、中世初期のビザンツ帝国は、外部からの圧力を跳ね除ける能力はなかったが、他の諸王国が目指すことすらできない統治形態を実現していた。[84] 後の時代を対象とした研究だが、マーク・オームロッドは、財政に関しては多様な種類の「国家」を考えるのが有益であると提案し、「朝貢国家」「領地国家」「租税国家」「財政国家」という四つの国家類型を示している。

例えば、アングロ・サクソン諸国家やノルマン諸国家はさまざまな形態の課税を行っていたが、それらの課税は常に臨時的に実施されたのであり、基本的な王の収入は、直領地やレガリア(採掘権や貨幣製造権など王が所有する特権)から得ていた。オームロッドにとって、これは「領地国家」である。イングランドでは、ようやく一四世紀半ばになって重要な変化が訪れた。恒久的な形の（海外貿易に対する）間接税と、より頻繁に課される（動産に対する）直接税が導入されたのである。この時点で王国は「租税国家」に移行したということになる[85]。課税権は、どのような種類のものであれ、それ以外の王の権力と複雑な関係にある。中世後期のヨーロッパでは、支配者が特定の社団（多くの場合、都市）に対して、（明示的あるいは暗黙裡の）政治的支援と引き換えに、特定の税を免除することがよくあった。その結果として市民の独立性の高まりが見られ、短期的には中央集権の力が弱まったと見ることができる一方で、このような都市環境で発達した統治の仕組みが、後の国家の発展に重要な役割を果たしたという議論もある。同様に、ある状況下では、支配者が、経済活動や貿易を促進するために地方に財政上の自治権を一部与えつつ、経済活動の拡大に伴って繁栄した貿易ルートに対してはその課税権を保持していたこともあった。一五世紀〔イタリアの〕ロンバルディア地方におけるスフォルツァ家やヴィスコンティ家がその事例である[86]。

しかし、ここまで見てきた事柄の先には、さらに大きな問題がある。パトリック・ウォーモルドが述べているように、「権力は現代歴史学の言説の主役である。……しかし、権力とは何を意味するのかと問われると、歴史家は目を逸らすように見える[87]」。この問いに答えるためには、税制のあり方や支配権の及ぶ範囲といった特定の仕組みについてだけではなく、税制などの個別の要素の運用がそもそもどのように許されていたかを考えなければならない。そして、この問いは、王あるいは統治者の権力の問題から広がって、中世社会のより広範な領域を包含するものとなる。すなわち、貴族が庶民に振るった権力、都市エリートが都市住民に振るった権力、教会がキリスト教圏に振るった権力、そして、村や教区、家庭などのもっともローカルな次元における権力である。

まず、暴力について。中世社会を、絶え間ない暴力にさらされていた社会として描くのは誤りだろう。しかし、暴力が行使される可能性（および戦略的な形で実際に行使される断続的な暴力）が、あらゆるレベルの政治システムの構築と維持に一定の役割を果たしていたことは明らかである。小規模な領主の世界でも、国境を越えた大規模な「帝国」の世界でも、物理的力を決定的な形で行使する能力は支配の要素として普通のものだった。八世紀のフランク王国の拡大は、少なくとも軍事的な勝利によって始まったのであり、この〔カロリング〕帝国への抵抗は、例えば七八六年にドイツ中部の領主たちが誓約を交わしてカール大帝（シャルルマーニュ）に反旗を翻した陰謀のように、実際の暴力と象徴的な暴力の両方で対処された。すなわち、首謀者らは目を潰された上で処刑されたのである。中世後期に、リトアニアがキリスト教圏に包含されることになった理由や、ウェールズがイングランド王権の支配下に入ることになった理由はそれぞれいくつも挙げられるが、何よりも重要だったのは軍事力の行使である。恐ろしい暴力が振るわれる可能性、そして時に実際にそれが行使された現実は、〔国のレベルだけでなく〕領主と農民との関係をも特徴づけた。例えば、オルデリク・ヴィターリスが記すところによれば、一一二四年には、ムラン伯ギャレランは、自分の森林から違法に木材を伐採した農民を罰するのに、彼らの足を切り落とさせたという。また、一五世紀半ばにチューリッヒで活動していた著述家フェリックス・ヘメルリは、農民が「傲慢」になるのを防ぐために、農民の農場を、およそ五〇年おきに焼き払うことを勧めている[88]。もちろんこのような行為は常に行われていたわけではなく、戦略としては裏目に出る可能性もあった。つまり、一五世紀ドイツの農奴制の過酷さこそが、大規模な農民の反乱や一六世紀の「農民戦争」を引き起こしたのだと論じることも可能だろう。しかし、暴力という脅しは常に存在していたのである。暴力は、国王裁判所などの中央権力が加えることもあれば、領主とその配下の者たちなど地方の権力者たちによる場合もあるし、また、(姦淫や不義をなした人が屈辱的な公的贖罪を強いられる場合のように)共同体に由来することもあった。「名誉」を保とうとする個人が暴力に訴えることもあった。一四七九年に、フリッツ・シュレップラーという人物がニュルンベルクの市場で妻の鼻を削ぎ落とそうとしたが、それは物理的暴行であると同時に象徴的な意味を持つ行為でもあったのだ。同様の事例はいくつもある[89]。中世の社会秩序があらゆるレベルで維持されていたのは、部分的には物理的な力のためであり、その暴力行為に与えられていた意味のためであった[90]。

前述の暴力ともいくつかの点で関連するが、もう一つの権力の道具が、庇護(パトロネージ)の授与と個人的なカリスマ性の涵養である。前者については、制度の諸構造や王権に関するかつての研究や、より人類学的に権力を捉えた最近の歴史研究のなかで、多くの蓄積がある。(政治的支援の見返りとして役職や土地や恩恵を授けるといった)パトロネージの過程は、カロリング帝国の創設から、ドイツの領地におけるさまざまな神聖ローマ皇帝の活動、そして(ルイ八世妃・ルイ九世王太后)ブランシュ・ド・カスティーユのもとでのフランス・カペー朝王権の強化に至るまで、中世の政治においては馴染み深いものである。よりローカルなレベルでも、類似したパトロネージと親族ネットワークのシステムがあることを都市の寡頭制エリートに関する研究が示しており、さらなる研究によって、社会のさらに下層でも同様のシステムが見出せると思われる。

パトロネージがどのように機能していたかを理解することは、社会構造の問題に私たちを引き戻すだけでなく、世俗権力圏と教会権力圏の相互作用にも私たちの目を向けることになる。これまで論じられてきたところによると、特に八世紀から一一世紀にかけて、教会に対する世俗側からのパトロネージ（特に領主による修道院への寄進の形をとった）の大部分は、領主の信心深さを示すだけでなく、彼らの政治的術策をも示している。というのは、パトロネージが持つ意味の一つは、自分が庇護を与えることができる存在だということを、授与される側だけでなく、それ以外の人たちにも示すことにあったからである（同じことは中世後期のギルドについても言える。団結することによって、社会的にはより下層の人々であっても後援者（パトロン）として集団的に振る舞うことができるようになり、それによって社会的な威信を得たのである）[91]。庇護を受ける側として、修道院自体も重要な政治的存在となった。もっともよく知られているのはクリュニー修道院であるが、他にもベリー・セント・エドマンズ修道院、ルドン修道院、サン・ベルタン修道院などもそうである。第2章で述べたように、中世史家たちはこれらの分野において、義務や期待、仮定される血縁関係が複雑に結びついた結節点を「贈与」概念との関係で考察してきた。貴族が（寄進の見返りとして）修道院から受け取ったのは、単なる霊的な滋養や宗教的な栄誉、あるいは実用的な援助だけではない（もっとも、それらすべての要素が関わっていただろうが）。それだけでなく、彼らは、修道院という聖なる場に埋め込まれているカリスマを帯びた力の感覚に、彼らのイデオロギーに従って自らを結びつけ、そのような誠実さ（フィデリタス）が自分たちの活動を助けることになるだろうと期待していたのである[92]。（慈善といったキリスト教的善行を守ることで得られる立場といった）より広い意味での宗教は、中世後期の都市政治にも行き渡っていた。一五世紀までには、北ヨーロッパの各都市における寡頭政治の構成員はそのほとんどが同じギルドに所属していたのである。個人的なカリスマ性とは、社会学者や現代の政治顧問たちを悩ませてきた、その人の持つ名状しがたい魅力のことであるが、世俗の指導者のある者たちには明らかに備わっていたものであり、〔イングランド王リチャード一世などの摂政を務めた〕ウィリアム・マーシャルやイングランド王ヘンリー五世が頭に浮かぶ。しかし、このカリスマ性がもっとも頻繁に発揮されたのは、キリストの十二使徒やその他の敬虔な人物を自分の行動の模範とするなどの、宗教的な共鳴を通じてのことだった。中世後期イタリアの政治を揺るがした一連のカリスマ的説教師たち〔ジョヴァンニ・ダ・ヴィチェンツァ、ベルナルディーノ・ダ・シエナ、サヴォナローラなど〕は間違いなく傑出した人物であったが、同時に、顕著に同じようなタイプの人物でもあった。このようなカリスマ性を利用することは、中世の支配者たちにとってもう一つの戦術であり、王太子シャルルがジャンヌ・ダルクを利用した〔そして見捨てた〕ことはもっとも有名である。

カリスマ性と関連してはいるが、より計画的になされたのが、象徴的実践の利用と、特定の権力に資するイデオロギーの開発であり、いずれも主に宗教的な観念とイメージを利用している。もっともよく知られているのはフランス・カペー朝の王たちの事例であり、マルク・ブロックによれば、彼らは自らの王権に神聖な要素を吹き込んだのである。すなわち、彼らは〔旧約聖書で描かれる王のように〕塗油(とゆ)されて「王」となり、聖遺物に多額の投資をし、主に「王が〔瘰癧の患者に〕触る」ことで奇跡的に治癒する能力があるとして、秘蹟にも似た力を王は持っていると主張したのである。同じような戦術は、〔もう一つのカリスマ的モデルである〕アーサー王の騎士道的なイメージが、中世後期に王権の目的追求のために利用された際にも見られるだろう。もっとも有名なのは、一三四八年にエドワード三世が「ガーター騎士団」を創設したことである。実際、フランス・カペー朝の王たちと〔エドワード三世を含む〕イングランド・プランタジネット朝の王たちは、それぞれ「神聖」な王権モデルと「騎士道」的王権モデルという、二つの対照的な王権モデルを発展させたと論じられている。[93]「神聖」というイメージがどのように王権に結びついたのか、また、中世初期と後期でこの神聖と騎士道という二つの用語が果たして容易に比較できるのかどうかについては、さらなる議論がなされてきた。[94]前述したように、多様な儀礼が社会的な階層関係や権力を明瞭に実演し、また再現していた。権力と階層関係を明確に示すイデオロギーは中世を通じて至る所に見られた。具体的には、支配者に助言を与える「君主の鑑」として概して知られるジャンルの著作から、アリストテレスの『政治学』〔一三世紀後半にラテン語に翻訳されて西欧の読者が読めるようになったもの〕に影響を受けて政治の本質に関してより抽象的な議論を展開する諸論考までさまざまである。ソールズベリのジョンが中世の政治体制を身体として表現したイメージが、権力と互恵性に関するイデオロギー的論述のうちで、おそらくもっとも有名で広く浸透していたものだろう。それが有する共鳴力と説得力の多くの部分は、〔身体という〕自然イメージを政治的イデオロギーの中心に据える点に由来する。この身体というイメージは、視覚的に表象可能で、社会のあらゆるレベルで、感情的な情動を潜在的にもたらしうるものだった。同様に、他の脈絡に属する諸イデオロギーも、宇宙の正しい秩序を、神や自然、歴史的経験に結びつけることで機能した。特に「家」が、身体と並んで政治体制のイメージとして一般的に用いられていたので、ここではジェンダーが重要な役割を果たしていた。男が女を支配するように、王が人々を支配している、などと語られるのである。政治的な緊張関係は、社会のさまざまなレベルで、ジェンダーの文脈で示されえた。〔イタリアの〕トスカーナ地方の町マッサ・マリッティマには、体から切り離されたペニスがたわわに実っている木を描く一三世紀の壁画がある。この壁画は、(神聖ローマの)帝権が侵攻してくることを、男色(ソドミー)や共同体の暴力のイメージに、さらに魔女の用いる魔術によって男たちが骨抜きになるイメージに結びつけている。[95] 潜在的に人々に影響力を持ちうるもう一つのイメージである「ネイション」概念は、中世に関連して議論されており、特にイングランドの事例について注目されてきた。長年にわたって「イングランド人であること」の感覚が保持されてきたとジョン・ギリンガムとパトリック・ウォーモルドは論じており、その感覚は、いくつかの紛争においては政治的資源として動員されえたという。[96] このような「ネイション」の感覚は、近代以降の国民性(ナショナリティー)とは同一ではない(し、王国も国民国家とは同一ではない)が、その違いがどの程度なのかは議論の対象となってきたのだ。

「ネイション」や「国家」に関して、中世史家にとっての最大の課題は、それらのトピックを中世それ自体の状況において考えることである。それは、後世の発展を予示する未発達のものとして理解することでもないし、そうした後世の発展(特に近代の国民国家)を、中世がもたらした唯一必然的で、考えられうる有意義な結果なのだと捉えることでもない。マシュー・イニスが強く主張するのは、中世初期の政治における権力は本質的に人と人との間に生じるものであり、したがって支配の抽象的または非人格的な要素のみを強調する「国家性」という概念では、その(中世初期の政治権力の)性質は根本的に誤解されてしまうということであった。[97] 文書に基づく官僚的統治機構の発展は(特に北イタリア、フランス、イングランドに結びつけられつつ)盛んに研究されてきた。歴史家の議論によれば、そのルーツは、修道院での記録保存の実践、教皇庁という統治モデルの拡張、王の尚書部で用いられていた技術の拡散などにあるとされる。しかし、「国家」(その善し悪しは別にして)とその機構が「トップダウン」で上から導入されたと考えるのは誤っていると論じる歴史家もいる。つまり、現代の統治に馴染み深く見えるものの大部分は、公証人文化や、教区や村の政府、紛争解決などのローカルな慣行から「ボトムアップ」で生まれたものであると示唆されているのである。[98] ここには上記の問題とは表裏の関係にある論点が、一三八一年の反乱や、より小規模で局地的な反乱など、権力への民衆の抵抗に関する研究において見られる。過去の歴史学では、このような出来事を、民衆の政治的抵抗が後世にとった諸形態に照らして読む傾向があった。そのために、中世の農民は階級的アイデンティティに基づく集合的な政治〔運動〕や政治改革の一貫したプログラムの構築に明らかに失敗したのだと捉えられ、失望する評価が下されていた。しかし、最近の研究は、中世特有の集合的正義の考え方(それには宗教的なモデルに基づくものもあれば、そうでないものもある)が抵抗にどのような影響を与えていたかについて、はるかに共感的な見方をしている。さらに、これまでの世代の研究者が認識していたよりも激しさの度合いが小さい抵抗にも目を向け、また、もっぱら王の政治の問題と考えられていた事柄に、エリートではない諸集団が関わっていたことにも注目が集まっている。[99] ここ数十年の間に、あらゆる水準において、権力、そして権力への反発は、中世史家にとってはるかに複雑なテーマとなってきているのである。

第5章 中世を作り、作り直す――「中世主義」再考

Making and Remaking the Middle Ages

不幸に押しつぶされた現在の人々が、先人の行為を入念に調べて相談や力を得たいと願うものの、思うように手に入れることができないのを見ると、現在の行為を未来のために書き残しておくことは、後世の人々への大きな奉仕になるだろうと思います（エアドメルス『ヒストリア・ノウォールム』）[1]。

この本の初版を書き始めた頃、本棚を作るために自宅に木材を配送してもらった。木材の荷卸しをする配達員を手伝っていると、彼は私に何の仕事をしているのかと尋ねてきた。「中世の歴史」だと答えると、彼は言った。「あぁ、そうですか……、でも、その仕事ってあんまりお呼びがかからないのでは？」

彼の怪訝な口調にもかかわらず、この質問は私を喜ばせた。それはこの質問が、中世を研究することへの職人的なアプローチの可能性を示唆していたからだ。ある種の特殊な問題を解決するために臨時雇いの中世史家が呼ばれ、他の種々の熟練職人たちと肩を並べているような図は、実際の大学教員

職の経験を反映するものではないかもしれない。だが、歴史学の教えを説いたマルク・ブロックの偉大な著作『歴史のための弁明――歴史家の仕事』の副題にある「仕事」という語と共鳴したこともあって、一定の魅力を持っていた。しかし、もし私たち歴史家が、家具職人や銀細工師と同じような意味で（あるいはごみ収集人、外科医、広告代理店の役員のように、現代社会にとって自明に重要な職業として）自分たちの仕事を正当化することができないとしたら、どのようにして自分たちが行っていることを説明すればよいのだろうか。中世史には果たしてお呼びがかかるのだろうか。声がかかるのなら、それはどのような意味で、そしてどのような目的でだろうか。この最終章では、中世史の用途、私たち中世史家が中世を作り、さらに作り直すためのさまざまな目的、そして、他の時代を扱う歴史学に対してだけでなく、より広く社会に対してそうすることの重要性について、簡単に考察したい。

　エアドメルス（一〇六〇頃―一一二八頃）にとって、答えは簡単だった。歴史は後世の人々のために書くものなのだ。彼が「後世の人々」という言葉で意味していたのは、彼の前後に生きた多くの人々とともに、将来の支配者のために、ということだ。歴史が、特に国政（国家運営）の手本となる「事例の貯蔵庫」を提供するという考えは、歴史が必要な理由付けとしてはおそらくもっとも古い考えである。それは最近でも形を変えて引き合いに出され続けている。例えば、一九八八年に偉大な中世史家リチャード・サザーンが主張したのは、特に宗教的（スピリチュアル）な視点からみると、彼が研究した過去が私たちに「未使用の富の宝庫」を提供してくれるというものだった。[2] しかし、このような議論は中世史家にとっては常に問題をはらむものだった。なぜならば、まさに「中世」という時代区分を作りだすこと、言い換えればローマ滅亡とルネサンスに挟まれた期間を「中世」として切り離すことは、「中世」を否認する行為に依拠していたからである。この一〇〇〇年間を「中世」と考えるように促した近世の著述家や思想家たちがそうしたのは、その一〇〇〇年間が、来るべき近代とは不連続かつ本質的に「関連しない」ものだと主張することによってであった。「後世の人々」（このカテゴリーに含まれると考えられる人なら誰でも）は「（自分たちとは）本質的に関連がないと理解される時代から引き出された例であっても未来のために利用できるのだ」と言われて、納得するだろうか。説得が可能なのは、ただそれらの例がすべて情け容赦なく否定的な場合のみであるように思われる。つまり、悪意に満ちた循環論法の中で、中世の違いや劣等性を主張し続けることによってのみ、中世は未来に利用可能なものと「後世の人々」は考えるのではないか。

そのような態度が、ポピュラーな面でも知的側面においても、現代世界のものの見方の多くに、微妙なかたちで影響を及ぼし続けている。すなわち、人間の「本性」を扱った多くの本は、古代のギリシャ人やローマ人とともに語りおこし、その後ルネサンスや啓蒙主義へと素早くジャンプし、その中間にあるものはほとんど関連がないと確信しているのである。

同様の態度が、私たちが「新しい中世」に生きているという定期的になされる主張の根底にも存在する。このような「診断」は通常、中央集権の崩壊と文化の劣化した形態を認識することでなされる。こうしたカサンドラ的な予言（ギリシャ神話に由来する、誰にも信じてもらえない凶事の予言）は、これまで述べたのと全く同じ否認のプロセスを経て作動する。つまり、それらの予言は、私たちに対して、中世のようになってはいけないと警告するのだ。なぜなら、中世のようになる運命は私たちが大切にしているものすべての崩壊をはっきりと告げるものだからである。

他方、このような考え方とは明らかに逆に、うやうやしく服従し社会的ヒエラルキーを受け入れる類いの「新しい中世」に対する非常に保守的な憧れも時折見受けられる。このような態度が持つ政治的な問題はさておき、こちらの立場も先の否定的な見方と同じくらい、均質化され歪んだ中世観念のとりこになっているのである。[3]

しかし、特にヨーロッパ文化には、この時代を重要な起源と見なす、もうひとつ別の流れに属する中世主義が存在している。そのナショナリスト的要素は第1章で言及した通りだが、ここには、個々の国民国家がその初期に喧伝した、自らを勝ち誇る語り口以上のものがある。今日の世界を構成し続けているさまざまな社会的・政治的存在は、中世にまで遡ることができるからである。この考えがもっとも定着している領域は、おそらく政治的立憲主義である。この考えが特に好んだのは、一九世紀から二〇世紀初頭にかけて、近代の政治機構から中世の先駆的政治機構(その最たる例が英国議会である)までの間に途切れのない線を引いて、その線を遡ることだった。中世の政治に関する最近の研究は、このような単純な見方よりもはるかにニュアンスに富んでいたことを明らかにしている。例えば、中世イングランドにおける「議会(パーラメント)」の性質、それらの議会と同時代のフランスの高等法院(パルルマン)やイベリア半島のコルテスとの類似点や相違点(実際、アラゴンは他の西欧諸国より早く、毎年開催される議会を獲得していた)、中世の政治が憲法のような抽象的概念をどの程度認識していたか、時々に君主制を制限しようとした際に繰り広げられていた複雑な権力闘争、国の政策実施に影響した個々の人間関係の網の目や地元のパトロネージのネットワークなどについてである。これらは、中世に現代の議会制民主主義につながる奥深い基礎があったと言いたい単純な願望とは相性がよくないが、政治的メカニズムがどのように進化し変異していくかを分析する一環として、非常に大きな可能性を秘めている。議会制民主主義がもはやそれほど安定的・包括的ではなく、すべての人にとって自明で考えなしに望ましいものとは見えなくなっている今の時代、加えてグローバル化された環境においては、議会制民主主義が出現した中世の文脈をより豊かに感じ取ることが、現代の分析者にとって再び重要になるかもしれない。同様の議論は、「ネイション(国・民族)」という概念についても可能である。この概念のルーツは、ほとんどのヨーロッパ諸国では間違いなく中世にまで遡るが、その意味と効果は(第4章で議論したように)数世紀の間に大きく変化してきた[4]。

「起源」や「ルーツ」などについて考える際に中世史家ができることは、現在行われている議論に対して、あまり認識されてはいないものの、現代のさまざまなアイデンティティには中世的要素が存在しているという点に注意を向けさせることである。第4章で述べたように、中世後期のスペインとイタリアに関する研究が示唆しているのは、近代以降の人種イデオロギーやそれに伴う偏見を生み出した重要な要素が、中世の血統や「純潔」に関する考え方や社会的排除を示す言葉に見出せることである。もっと最近になって文学研究者たちが強調しているのは、中世後期までに、ある人を「黒人」や「白人」と判断するその評価が幅広い意味での社会的な指標として機能しはじめ、それが少なくとも、近現代の人種差別よりも早い時期の「沈殿物」(とサラ・アーメッドは名付けた)となったことである[5]。また、ヨーロッパという概念自体も、一二世紀初頭には明らかに不安定なアイデンティティとなっているが、それがどれほどまでに中世の「キリスト教世界」という観念の上に無意識に構築されてきたか(実際にローマ教皇のキリスト教世界は大陸ヨーロッパを「西」と「東」に分けていた)を、さまざまなグローバルな潮流の変化を経るなかで再認識し始めている。多文化・多宗教の二一世紀において中世史家たちには担うべき重要な仕事がある。それは以下のような問いを再考することである。すなわち、中世の数世紀の間にヨーロッパのカトリック圏がどのように構築されたか、その過程で個々人の信仰と社会的集団の間の接触面(インターフェース)がどのような交渉を経て設定されたのか、そして政治的権力と宗教的権力の間の関係がどのように結ばれ、また壊されたのか。これまでのところ、社会の中で信仰(それがどのような主義・信条によるものであっても)が果たす役割に関する近代以降の議論は、西欧のキリスト教の発展というあまり疑問に付されることのない物語(ナラティヴ)に基づいて行われてきた。この語りの中で、中世的なものはここでも、そこから後の複雑さが発展していく、より素朴な「前近代」的空間という役割を果たしている。中世の宗教史に立ち返れば、これらの分野において、具体的にはキリスト教共同体にあったとされる統一性や、「上からの」押し付けと「下からの」熱狂とのバランス、そして「信念」や「信仰」とは社会学的、哲学的、政治学的に何であるかという問題について、相当多くの疑問が付されることになるだろう。

中世の他者性や異質性は、現代に対するグロテスクな「他者」としてではなく、現在の私たちが常にそうであったわけではないこと、また、「私たち」といっても、その「私たち」は普遍的な状況というよりは特定の状況の産物であることを思い出させてくれる、強力な知的資源にもなりうる。人間の生きた経験の輪郭がここでは肥沃な土壌となるのだ。例えば中世の家族・世帯の形態のさまざまなあり方について考えてみよう。血縁関係を超えて広がるものとしての「一族・一門(*familia*)」を彼らはどう理解していたか、とりわけ北欧で中世の若者の大多数が(時には二〇代まで)行った奉公の期間、家族の住居内の空間における、ほとんど個々人には与えられる部分のない、さまざまな間取り、そしてそのことが感情的、社会的、文化的な関係に及ぼす影響を考えてみよう。中世盛期に教会によって神聖なものとされた結婚は、中世と近代をつなぐものであり続けているが、中世の視点から見ると、同じ結婚といっても(第４章で論じられたように)ヨーロッパ内でもかなりの実践上の差異があったことが浮き彫りになる。また、修道制、騎士団、ギルド会員資格などを考察して現代人が気づくことは、結婚とは感情を介した情動的な結びつきがとる一形態にすぎないこと、そして一部の人々は、結婚が現代においても社会の「基盤」であると主張するが、当時でも結婚が中世社会の「基盤」だとは確実に考えられていなかったことである。中世のジェンダーとセクシュアリティに関する研究が示すのは、さらなる差異である。まず男らしさに何を期待するかは、社会階層によって重要な点で異なっていた。まだ完全には解明されていないパラドックスは、社会的役割に関する中世に行われた議論のほとんどが、聖職者によって書かれていた事実である。聖職者は、一人前の大人の男らしさ(戦闘、生殖活動、世帯の長であること)とは何かという俗人的規範を自らのものとして採用することを(少なくとも理論上は)禁じられていたというのに。何が「正しく」「間違った」性的行動なのかについての中世の観念も、現代的な期待とはきちんと重なり合わない。その最たる例が「男色(*sodomia*)」であろう。ソドムの罪(ソドムは創世記一八―一九章で語られる死海南岸に位置する古代都市。この町の人々の罪のため、隣町のゴモラとともに天の火で焼き滅ぼされた)が主として性的な罪として理解されるようになったのは一二世紀になってからのことだが、その後も、ソドミアは生殖につながらない性行為と定義されることがあり、セックスの際に女性が男性に馬乗りになるような「不自然な」行為も、ソドミアという範疇に含まれえた。もっとも重要なことは、ソドミアが心理学的あるいは社会生物学的なアイデンティティの一部としてではなく、罪（すなわち理論的にはほとんど聖人のような者以外はあらゆる人が問われうる行為）と見なされたことである。現代の研究では、中世にゲイ・アイデンティティのようなものが存在したかどうかについて多くの議論がなされているが、その答えはともかく、そのようなアイデンティティが現代の性的自己同一性（アイデンティティ）と同じものではなかったのは間違いない。

前述の議論すべてにおいて、私がそれとなく示唆してきたのは、「一緒に考えるのに適している」というだけの理由であっても中世史は重要なのだということである。この手の議論にはもちろん、同様の主張が他の研究領域や学問分野についてもなされうるという弱点がある。しかし、中世主義の一環としての中世学が引き続き重要であるという考えをさらに補強してくれるのは、中世が一緒に考えるのに適しているだけでなく、すでにそういう実績がある点である。つまり、明示的にであれ暗黙のうちにであれ、中世学はさまざまな重要な知的領域に関与してきたのである。もっとも一般的なレベルで言えば、これは、前述した「反近代としての中世」という議論に明らかに当てはまる。言い換えれば、近代性にまつわる諸概念は中世的なものの諸観念の上に成り立っているのであり、近代性、さらにはポストモダン状況についての議論は、それらがどこに由来すると理解されているかについての感覚なしには成り立たないのである。エスニシティ、イスラーム世界と西洋世界、移民、グローバリゼーションなどについての現在の政治的議論は、中世から近代への移行という観念に裏打ちされた西洋の「発展」という広く認められた物語（ナラティヴ）に基づいていることが多い。例えば、イスラーム世界には「ルネサンスと啓蒙主義が必要だ」という「問題」を指摘することは、イスラーム教が、（キリスト教に比べて〕数世紀だけ逆行しているものの、西ヨーロッパと同じ時間的展開（タイムライン）を辿るはずだと考えているということである。このような議論が暗黙のうちに前提としているのは、中世キリスト教世界の「問題」が、宗教改革や啓蒙主義という過程を経て何らかの形で「解決」されたという考えである。[6] さらに憎むべきことに、私たちは最近、人種的に「純粋」で「白人」の中世ヨーロッパという政治的空想への回帰を目にするようになった。これは民族性の複雑さを歪曲し、中世の相互関連性を無視するものであり、ネオナチのウェブサイトやさまざまなソーシャル・メディアから、とりわけアメリカ合衆国において、とはいえアメリカに限らず広範な右翼層に向けてまき散らされているように見える。[7] ここまでに示唆したような複数の誤解に対処する上で、中世史家には担うべき本質的な役割があるのである。

さらに、中世学は、その実践者が必ずしも認識しているわけではないが、より広範な学術的議論において一定の役割を果たしてきた。例えば、中世ヨーロッパにおける農奴制や奴隷制、その他の社会経済的要因に関する歴史家の分析は、ポストコロニアル理論の基礎を築いたインドの「サバルタン研究」グループにとって至上の重要性を持っていた。また、ブルース・ホルシンガーが論じたところによると、ジョルジュ・バタイユからジャック・デリダ、ピエール・ブルデューに至るまで、さまざまなフランスの理論家たちは中世学（メディーヴァリズムズ）の研究成果をかなりの程度利用し、中世という時代そのものからアイデアや言語を引き出している。[8] これら中世から多くを得た重要な研究者のなかに加えられるのは、人類学者で政治理論家のジェームズ・C・スコットや哲学者のチャールズ・テイラーのように、中世の事例を参考にしたり、中世から近現代への展開を探究したりすることで自らの分析に深みを与えようとする他の著述家たちである。そしてもちろん、ノルベルト・エリアスやカール・マルクスらの理論にとって、中世が重要であったことも忘れてはならない。[9] これらの例は列挙する価値がある。それは、単に自分たちの領域が過小評価されていると感じている中世史家を励ますためだけではない。むしろ、望むと望まざるとにかかわらず、中世史は、学術的・知的活動の他のさまざまな部分と対話していることをこれらの例が認識させてくれるからである。中世史は、概して受動的なパートナーであり続けることもできるし、あるいは、能動的なプレーヤーとなり、思いきって他の学問分野の視点に語りかける選択をすることもできる。そうするために覚えておいてよいことは、歴史家は時間の経過に伴う変化を分析する能力に長けており、おそらくその誰よりも中世史家は、時間を「長期持続」のなかで考え、変化を深い意味で考えるのに慣れていることである。私たち中世史家が近代的ではない、また単に「反近代的」でもない社会について積んできた経験は、より焦点を絞ったさまざまな学問的視点を理解し批判的に議論するための強力な足場を提供してくれる。また、そうした経験は、第4章で示唆されているように、グローバル・ヒストリーという広い分野で現在行われている方法論の議論に寄与するための準備を中世史家に十分に整えさせてくれているのだ。

「中世史する」ことをどのように正当化するのか、あるいはなぜそれを追究したいと個人的に思うのか。この問いは、さらに次のような問いに結びつく――なされつつある中世史とはどのようなものか。本書のこれまでの章で私は、中世史がどのように行われてきたか、どのように行われているか、どのように行うことができるかについて、さまざまな具体的な方法を論じてきたが、この話題は、結論部においてより広範な考察に値するものである。学問的な中世史学は、国民国家に近代国家形成という語り（ナラティヴ）を提供することから始まったと言えるかもしれない。その際中世は、後に開花する国民国家の「ルーツ」として、そしてその国民国家によって秩序と意味が与えられることになる未発達で前近代的な「他者」として描かれたのである。二〇世紀半ばになると、社会構造の創出に焦点が集まるようになった。具体的には、都市や貴族、階層区分などである。「階級（クラス）」という近代の傷の前兆を示す階層区分は、（フランス語圏の視点からは）一七八九年のフランス革命で一掃されたものであり、（アメリカの視点からは）最初の西洋人が一六二〇年にメイフラワー号からアメリカ大陸のプリマスに上陸し、「プリマス・ロック」を踏んだときに旧大陸に置き去りにした問題である。ここ数十年の間、個々の近代的主体（自己やアイデンティティの感覚、そして以前には「人間の本性」と呼ばれていたものの感覚）に対する「他者」としての中世に焦点が当てられてきた。しかし、そうした他者としての中世像は、「中世当時」に焦点を当てるものというよりも、敬虔にもポストモダン的な、「今」に対する深い疑いで成り立っている。すなわち、オルタナティヴな可能性という熱に浮かされた精神錯乱状態の中世なのである。

では、中世史学は今どういう場所にいるのか。前段落の最後の数行は少し皮肉を込めて書いたものだが、それは、私たちの学問的活動の底流をなし、その方向性を示す時代精神（ツァイトガイスト）の変化を示唆したものでもある。そうであるなら、私たちの将来の中世史学のさまざまなプロジェクトは、おそらくネイションの概念をこれまで以上に疑問に付し、宗教と社会の関係をこれまで以上に緊迫したものとして見る視点から問い直し、共通善や法人団体についての中世における概念を、グローバル化したポスト民主主義の時代における政治的行動のオルタナティヴな基盤として見直すことになるだろう。またそれほど抽象的でも空想的でもないかたちで、まだ議論が始まったばかりの、今後の研究の肥沃な土壌となるに違いない分野を数多く指摘することができる。例えば、適切な比較史のいくつもの可能性である。当該の時代の国別比較史(例えば、宗教改革前のフランスとイングランドにおける宗教的経験)や、当該の時代を通じての時間的な比較史(例えば、八〇〇年から一四〇〇年にかけての官僚制)、通常想定されている時代の境界を越えて行う比較史(ことによると、一二〇〇年から一七〇〇年にかけてのローカルな市民資本主義など)、より広大な地理的領域にまたがる比較史(例えば、宋代の中国からイングランド沿岸にかけての自然環境の管理・制御の試み)などが挙げられる。[10] 第3章で見てきたように、新しい科学的ツールは、過去の資料や諸集団を分析する方法を変えつつあり、中世史家が気候変動の分析にどのように寄与できるか、その新たな側面を切り開いている。文学研究においては、近年、コンピュータを活用した分析が復活し、大規模なテクストデータセットへの新たなアプローチを容易にしつつある。歴史家もそれに倣うかもしれない。そして機械学習と写本の古書体学における最近の進歩に喜ぶか不安になるかのどちらかだろう。[11] 歴史的データに対するＧＩＳ(地理情報システム)、コンテクストに応じたスマートなデータベース、そして他にもいろいろな可能性があることは確かであり、それらすべてが私たちの前に広がっている。[12] さらに、他の時代を扱う歴史学の発展は、第4章のグローバリズムを論じた節で述べたように、中世史学にも強い影響を与える可能性が高い。[13] そして最後に、近現代史の歴史家はしばしば、自分が関わる年代を超えて活動することに抵抗があるように思われるが、中世史家は、時間と空間の広大な展望に果敢に取り組み、非常に多様なコンテクストと文化を持つ人々が生み出した難しい史料に対処するのに慣れている。私たちの核となるテーマは、例えばナチスについての分厚い本がもう一冊出版されるのと同じようには、現代との「関連性」が自明視されることはまずないかもしれない。しかし、変幻自在な人間存在の性質について強い感受性を有し、比較に基づいて通時的に研究・思考する潜在的な能力のおかげで、中世史家は、歴史の性質とこれに含まれるすべてのものについてのより大きな議論の枠組みを構想するのにとりわけ慣れている。別の言い方をするなら、私たち中世史家は、グローバリゼーションとポストモダンにさらされながら行われる歴史学への備えを十分に整えているのだ。

また、方法論に重きを置きながら「次はどこへ向かう(べき)か」という問題を追究することも可能である。中世史(中世学と書いてもよいだろう)は、これまで以上に学際的なものになっている。中世史学の実践者たちは「学際性」とは何を意味するのか定期的にやきもきするが、全体的に見れば、複数の学問領域を超えて、またその間を行き来しつつ、人文学と社会科学で行われている幅広い議論に触発されながら研究することが現在の流れである。学際的な研究に本質的に求められるのは、自分の専門領域を超えた議論に注意を払い、それに参加することである。学際的な研究が私たちに促すのは、語りかけることであり、そして同じくらい重要なこととして、耳を傾けることである。したがって、学際的な中世学の成果の一つとして、中世史家が他の諸学問分野、批評理論、政治的議論、一般市民に対してより自発的に「意見を寄せる(トーク・バック)」ようになるかもしれない。これからの私たちの中世学(メディーヴァリズム)は、このようにして、より広範な議論の中に位置づけられ、人文学という大規模な集合的活動にダイナミックに影響を及ぼしていくことが期待されるのだ。(14)

中世学が時により多くの読者にとって「関連のないもの」と思われることがあったとして、それはもっぱらその読者たちや現代の時代精神の流れの変化のせいというわけではなく、過去の少数の中世学者たちの態度のせいでもある。彼らはさまざまな場面で、一九世紀の栄誉に満足し、うぬぼれた態度で変わりゆく世界を無視することに喜びを感じ、そして、周囲の環境が自分たちに厳しくなってくると、物言いたげに、彼らが想像した中世という土地に引きこもったのである。「私たちは最大の危険をけっして忘れてはならない。私たちは好古家として活動をはじめたが、好古家のまま終わってしまう可能性があるのだ」とジョセフ・ストレイヤーは一九七一年に述べた[15]。こう言うと悲観的に聞こえるかもしれないが、実際には事態は全く逆である。そのように懸念される日々はほとんど過ぎ去っている。今日の中世学は、公にそれを目指すと宣言された国際的な枠組みに組み込まれ、学際性というコミュニケーション上の要求によって刺激され促されながら、議論や討論や情熱的な主張が展開される領域となっている。学問的な形成期である〔学部や大学院〕時代をこのような弁証法によって形作られつつある人たちは、中世学の分野内で交わされつつある議論を追究するだけでなく、議論をさらに向こうの新たな牧草地へと展開していく能力を身につけているのである。

訳者あとがき

本書は、John H. Arnold, *What is Medieval History?* (Second Edition, Cambridge: Polity Press, 2021) の全訳である。イギリスのケンブリッジに拠点をおく版元のポリティは、歴史学の研究入門として「○○史とは何か」というシリーズを展開している。これまで邦訳されたものは『文化史とは何か』(ピーター・バーク/長谷川貴彦訳、法政大学出版局、二〇〇八年/増補改訂版第二版、二〇一九年)、『グローバル・ヒストリーとは何か』(パミラ・カイル・クロスリー/佐藤彰一訳、岩波書店、二〇一二年)、『建築史とは何か』(アンドリュー・リーチ/横手義洋訳、中央公論美術出版、二〇一六年)、『ジェンダー史とは何か』(ソニア・O・ローズ/長谷川貴彦・兼子歩訳、法政大学出版局、二〇一七年)、『環境史入門』(J・ドナルド・ヒューズ/村山聡・中村博子訳、岩波書店、二〇一八年)、『感情史とは何か』(バーバラ・H・ローゼンワイン、リッカルド・クリスティアーニ/伊東剛史・森田直子・小田原琳・舘葉月訳、岩波書店、二〇二一年)で、各巻は歴史学の特定の視角やテーマを扱っている。二〇〇八年に原著初版が刊行された本書『中世史とは何か』もその一冊である。

著者ジョン・H・アーノルド氏は、一九六九年生まれ。ヨーク大学で中世史を修め、イースト・アングリア大学、ロンドン大学バークベック校を経て、二〇一六年よりケンブリッジ大学歴史学部の教授をつとめている。これまでの編著書を眺めてみよう。

〈著書〉

History: A Very Short Introduction (Oxford University Press, 2000).（『歴史〈1冊でわかる〉』新広記訳、福井憲彦解説、岩波書店、二〇〇三年）

Inquisition and Power: Catharism and the Confessing Subject in Medieval Languedoc (University of Pennsylvania Press, 2001).

Belief and Unbelief in the Middle Ages (Bloomsbury, 2005).

〈編著〉

History and Heritage: Consuming the Past in Contemporary Culture, co-edited with Kate Davies and Simon Ditchfield (Donhead, 1998).

A Companion to the Book of Margery Kempe, co-edited with K. J. Lewis (D. S. Brewer, 2004).

What is Masculinity? Historical Perspectives and Arguments, co-edited with Sean Brady (Palgrave Macmillan, 2010).

Oxford Handbook of Medieval Christianity (Oxford University Press, 2014).

Heresy and Inquisition in France, c. 1200–c. 1300, co-edited with Peter Biller (Manchester University Press, 2015).

History after Hobsbawm: Writing the Past for the Twenty-First Century, co-edited with Matthew Hilton and Jan Rüger (Oxford University Press, 2018).

＊

中世南フランスの異端カタリ派に対する異端審問についての研究を皮切りに、中世における宗教と文化、中世の信仰という問題に取り組んでいるが、こうしたメインの研究テーマと並行して、ジェンダーとセクシュアリティの問題、歴史叙述や歴史理論などさまざまなテーマについても多角的に論考を発表してきた。中世史の専門性に根差しつつ、幅広く歴史学の意義を問う著者の姿勢は、編著書のラインナップからもうかがえるだろう。現在は、異端などの宗教的マイノリティのみならず、中世キリスト教社会の中で宗教がどのような位置を占めるのか、一般のカトリック信徒がどのような宗教生活を送っているのかという観点から、世俗の宗教性というテーマでモノグラフを準備中だと聞く。これからも中世史のみならず歴史学全般についての発信が楽しみな注目の歴史家である。

そんな著者については、すでに翻訳されている『歴史』でご存じの方もおられるだろう。歴史学の方法論を分かりやすく(そして深く)解説する力を有する人物だということは、読まれた方は納得していただけるのではないだろうか。本書『中世史とは何か』でもその面白さはそのままに、中世史に焦点を合わせてさらに掘り下げた議論の整理が行われている。序文にもあるように、本書は、「中世」それ自体を紹介するというよりも、中世史学においていかなる「探究」がなされてきたか／いるかに重点を置いた叙述を進めている。その中には過去の研究者たちの声も折り込まれている。例えば、史料を「逆なでに」読解すると著者が述べるとき(三九頁)、イタリア出身の偉大な歴史家であるカルロ・ギンズブルグの言が響いていることに気づかされるといった具合である(ギンズブルグ『歴史を逆なでに読む』上村忠男訳、みすず書房、二〇〇三年)。本書は、限られた紙幅(原著の本文は一五〇頁ほどしかない)で広大な領域の研究を論じているので、そこここに圧縮された表現が用いられており、また日本の読者には馴染みのない部分もある。訳者の側で適宜説明や敷衍を行い、〔 〕に入れるなど補足した。巻末の索引もぜひ活用して本書を堪能していただきたい。なお、各章の副題は訳者による追加である。

*

以下では、本書の個別の論点というよりも、本書を全体として理解するための補助線として、本書の「中世史」が扱う地理的範囲、「中世学」と「中世史」の関係、そして「中世主義」と「中世学」の関係について、本書で特徴的に用いられる言葉へのコメントを交えながら説明しておきたい。

まず、本書で扱われている「中世史」はどこの中世史を意味しているか。著者が序文で認めている通り、この書物は、最初は仏独英伊などの西ヨーロッパを中心的に語るものの、その後、スペイン、東欧、北欧の事例に触れながらヨーロッパ全体を視野に収めていく。さらに第4章および第5章では、中世のグローバル・ヒストリーと比較史の未来を検討する。そもそも第2章ですでに、日本中世との史料論的比較史の成果にも言及している(四八–五〇頁)。本書で扱われる諸研究のさまざまな視角や概念――これを著者は「知的ツール」などの言葉で表現する――は、ヨーロッパの中世にだけ適用可能なものというわけではない。つまり、本書が扱う地理的範囲の重点はヨーロッパにあるが、あらかじめそこに限定されていないということである。

次に、「中世学/中世研究(medieval studies)」と「中世史(medieval history)」の関係はどういうものか。この点が本書では明示的に説明されていないのだが、簡単に言えば、中世学は、中世史を包含するより大きな集合である。中世を扱う学問分野(ディシプリン)としては、歴史学のほか、文学、哲学、考古学、美術、建

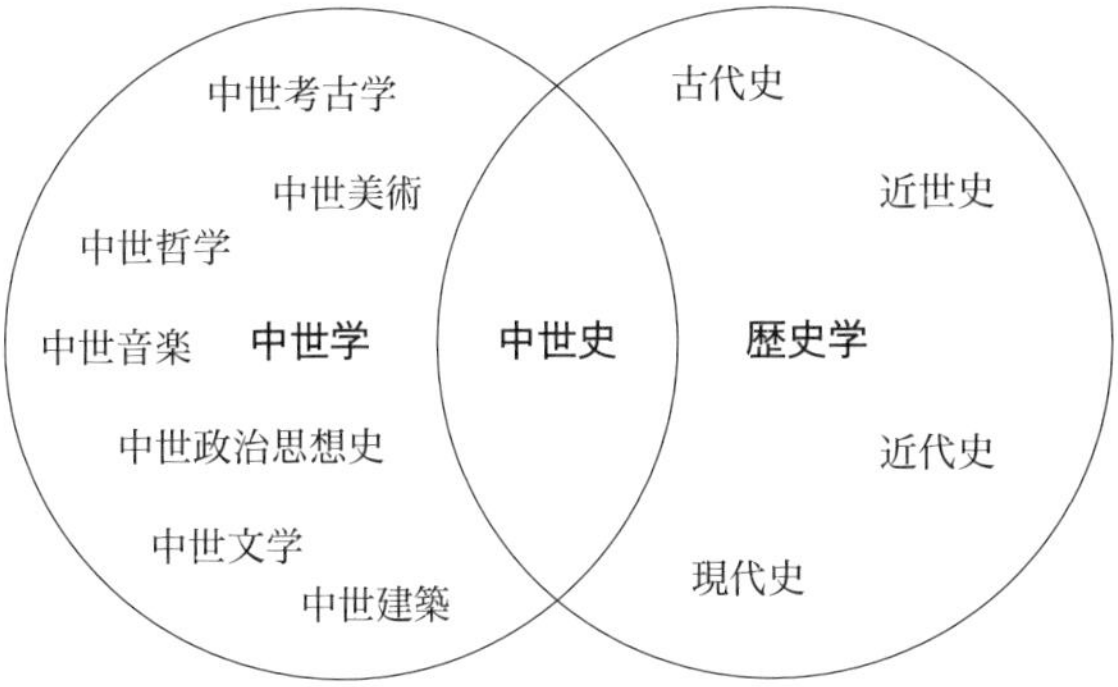

築、音楽、政治思想史など、さまざまな領域があり、中世を扱う限りでこれらの全てが中世学に含まれる。各分野の専門性は異なるので、中世学は必然的に学際的な性格をもつことになる。本書も至るところ(とりわけ第2章後半と第3章、第5章)でその学際的な側面を強調する。他方、中世史は、多様な時代と地域を扱う歴史学のなかで、中世という時代を専門的に研究する。したがって、本書が扱っている中世史とは、中世学という大きな輪と、歴史学という大きな輪の、ふたつが重なり合った領域として理解できる。本書で「中世学者」と言われている場合は、上の図の、左の円内に属する、中世史家を含む領域を研究する者すべてを指しているのに対して、「中世史家」と言われている場合は、中世学の円と歴史学の円が重なる部分のみを指す。歴史学は、さまざまな地域の、古代史、近代史、現代史などの専門に分かれており、中世史家たちは、異なる地域と時代を扱う専門家たちとのつながりの中でも仕事をしているのだ(その側面がとりわけ前面に出ているのが第4章である)。

中世考古学
中世美術
中世哲学
中世音楽
中世学
中世政治思想史
中世文学
中世建築
中世史
古代史
近世史
歴史学
近代史
現代史

　ところで、著者が本書全体を通じて用いる考え方で、日本の読者には耳慣れないかもしれない言葉として「枠付ける(frame)」がある。「写真や絵画で、撮る、描く対象をある構図のなかに位置づけて、背景から切り取る」というニュアンスである。この語は、対象はそれ自体としてだけでなく、それが置かれる構図とともに理解されねばならないという著者の主張を示す。「中世を枠付ける」と題された第1章に限らず、「中世」が誰によってどういう構図の中で捉えられてきたか、そして、どういう構図に位置づけて理解すべきなのかを本書は常に問いかける。

この点に関連して、本書で特に注意を要する語が「中世主義(medievalism)」である。さまざまな意味合いがグラデーションをなしながら使われる語であり、内包される意味を一義的に決定しにくい場合もある。しかし、本書ではこの語が明確な意図をもって使われる箇所があり、そうした箇所が、本書の、あからさまではないが重要な主張を示している。この点について少し説明しておこう。

近年、一方で学術研究(アカデミズム)としての中世の研究を「中世学／中世研究(medieval studies)」と呼び、他方で学術研究の外部におけるポピュラーな中世趣味を「中世主義(medievalism)」とする使い分けがしばしばなされてきた(この二分法については、岡本広毅「ファンタジーの世界とRPG——新中世主義の観点から」『立命館言語文化研究』三一巻一号、二〇一九年を参照)。こうした二分法に対して、本書は声高にではないが異を唱えている。それは本書の最初と最後で特にはっきりと表れる。まず、本書序文で「学術的な中世主義(academic medievalism)」という言葉を使う一方で、第1章では『ゲーム・オブ・スローンズ』や『パルプ・フィクション』などポピュラーカルチャーにおける「中世主義」に触れ(六頁)、その後、英仏独伊、およびアメリカのそれぞれの国における近代以降の歴史学と中世史学のあり方を「中世主義と史学史」として論じる(一二頁以下)。さらに、本書を締めくくる第5章で、中世史および中世学の意義を正面から扱うときに、それらを指して medievalism という語を著者は意図的に選んでいる(二〇二頁)。

これが意味しているのは、中世の学術的な研究と中世趣味の間に当然違いはあるものの、いずれも中世という時代との距離を捉え、いずれも中世像というものを打ち出してしまうという意味で同一線上にあるという考えである。このような二分法の拒否は、「ポピュラーな中世主義」を切り捨てて、学問としての中世学／中世史に閉じこもるのではなくて(閉じこもろうと思っている研究者は、今では実際あまりいないように訳者たちには思われるが)、学問も社会の中にある存在であり、社会とすでにエンゲージしているという著者の認識と深く関わっている。それがもっともよく現れているのが第5章である。冒頭で著者は「家具職人や銀細工師(あるいはごみ収集人、外科医、広告代理店の役員)」のような存在として自分たちの仕事を意味づけようとし(一九六頁)、また、現代の中世主義に見られる「人種的に「純粋」で「白人」の中世ヨーロッパという政治的空想への回帰」などの「誤解に対処する上で、中世史家には担うべき本質的な役割がある」と述べるのだ(二〇三頁)。

学問を聖域とせず、逆にポピュラーなものと全く同一だと平板化するのでもなく、二つは地続きになっているのだと捉える著者の姿勢は、「歴史する(doing history)」という言葉の使い方にも表れている。この言葉は、近年日本では、学術的な歴史学の文脈の外側での多様な歴史実践、とりわけ教育における歴史実践を志向して用いられることが多い(前者の嚆矢は保苅実『ラディカル・オーラル・ヒストリー——オーストラリア先住民アボリジニの歴史実践』御茶の水書房、二〇〇四年／岩波現代文庫、二〇一八年。後者は渡部竜也『Doing History：歴史で私たちは何ができるか?』清水書院、二〇一九年。星瑞希・鉾悠介・渡部竜也「「歴史する(doing history)」の捉え方の位相——多元的社会における歴史教育のあり方」『日本教科教育学会誌』四二巻四号、二〇二〇年など)。他方、本書においてこの言葉は「歴史学の学問的研究を行うこと」を指している。こう言うと、学問的な歴史研究だけが「歴史する」であると著者が主張しているように思われるかもしれないが、実際に本書を読めば、学問的に歴史を研究することも「歴史する」多様な営みのひとつと考えているのは明らかだろう。

読者は、本書の特に第1章で、欧米において「中世」に付されたイメージが、否定的・侮蔑的な場合も肯定的な場合も、強烈なものである点に驚くかもしれない。近世から近代にかけて自らの自画像をヨーロッパ諸国が描こうとしたとき、「中世」という直近の過去は、否定され乗り越えられるべき存在、あるいはロマンティックに美化される存在として立ち現れたと言うのである。しかし、この経験を、明治の日本は直接には知らなかったのであり、日本におけるヨーロッパの中世趣味は、すでに存在していた中世主義の二次創作的な「新中世主義(ネオ)」と特徴づけられている。近年の日本における「中世」理解のあり方は、本書とはまた少し位相を変えて捉える必要があるだろう(日本における中世主義については、ウィンストン・ブラック『中世ヨーロッパ——ファクトとフィクション』大貫俊夫監訳、平凡社、二〇二一年の監訳者「あとがき」を参照)。

一方で、近年の日本における中世史研究の状況に目を向けると、二〇世紀後半と比べて隔世の感がある。現地語で研究を発表し刊行する研究者が珍しくなくなってきているのだ。西洋中世史研究には、西ヨーロッパとアメリカの研究者に「スペイン、ポーランド、日本、ハンガリーなど、新たな国々の研究者が加わっ」て、いっそう国際的なコミュニケーションが促進されてきており、それが今後も続いていくであろうと本書で述べられている通りである(三〇頁)。さらに、二〇〇九年には、日本における西洋中世研究を学際的に進展させ、全国各地に散らばる研究者相互の交流を促すことを目標とする西洋中世学会が発足し、現在に至るまでさまざまな情報発信を含めた活動を続けている。

ただ、本書が刊行される二〇二二年度から、高等学校の歴史科目としては「歴史総合」が必修となった。「歴史総合」では、工夫を凝らして、近現代史を日本史と世界史の枠を超えて扱おうとしているが、前近代史は扱われない。新たに設けられる「世界史探究」を選択しない場合は、前近代の外国史に直接触れられるのは、中学社会の歴史的分野のみとなる。このことが及ぼしうる、中世ヨーロッパに限らず前近代の外国史研究への影響が懸念される。このような状況下で、本書は、中世史研究のスナップショットであるだけではなく、歴史学のなかにおける「中世史」の位置、そして私たちの社会における「中世史」の役割について考えるための手がかりにもなるだろう。

＊

最後に、本書の翻訳のきっかけに触れておきたい。図師は二〇一九年度にケンブリッジ大学での在外研究でアーノルド氏の元で学ぶ機会を得た。本人に本書の日本語訳の打診をしたところとても喜んでくれて、ちょうど第二版を準備中だと言って構想を聞かせてもらった。日本の出版社については大黒俊二先生にご相談し、岩波書店を紹介していただいた。そうこうするうちに、第二版が刊行され、ポリティから岩波書店への翻訳許諾が下りたのだが、かねてより赤江もまた本書を翻訳する意義を強く感じており、時同じくして著者に連絡をとったのだった。それを知った図師と赤江は、セレンディピティとはまさにこのことばかりに意気投合し、本書を共訳することになったというわけである。

翻訳に際しては、お互いの訳文をチェックし合い、メールとZoomでの打ち合わせを続けてきた。

この「訳者あとがき」も二人の協働執筆である。編集者の石橋聖名さんも含めた三人でのZoom会議も回を重ね、訳文の検討だけではなく、本書の意義についても改めて確認する機会となった。石橋さんは丁寧に訳稿に向き合ってくださり、率直な意見とともに貴重な示唆をたくさんいただいた。大黒先生と石橋さんに改めて感謝申し上げたい。また、図師と赤江は本書を原典講読の授業やゼミで取り上げて試訳を元に議論し、赤江はゼミで一部訳文と内容の検討も行った。議論に参加してくれた学生・院生にも感謝する次第である。

アーノルド氏はケンブリッジ大学歴史学部の主任として、幅広いスピーカーを国内外から招聘する中世史セミナーを主催している。そこでは歴史家のみならず、考古学・地理学・経済史など隣接諸分野の研究者との交流が図られ、多様なテーマについて刺激的な議論が繰り広げられる。図師が参加していた二〇一九年度の中世史セミナーに招かれた研究者の中には、年輪年代学のウルフ・ビュントゲン氏やグローバル・ヒストリーのナオミ・スタンデン氏もいた。第二版で追加された部分に登場する研究者である。アーノルド氏が硬軟織り交ぜたトピックを挙げながら質疑応答を切り盛りしていたことを思い出しつつ、歴史学は継続する議論であるとのスタンスをまさに実践されていたのだと改めて感じた次第である。なぜ「中世史」が大事なのか。現代世界における歴史学の意義にもつながる「中世史」の魅力を、本書を通じて多くの方に感じ取ってもらえればと心から願っている。

二〇二二年一一月一一日

図師宣忠・赤江雄一

索　引

＊１：中世の同時代人には生没年を，後世の人物・研究者の名前には原綴を補い，区別した．
＊２：→ は関連項目．合わせて参照されたい．
＊３：当該の索引語についてまとまった議論がなされている箇所は，その言葉が出てこない頁も含めて太字で示した．

あ 行

か 行

た 行

な 行

は 行

ま 行

ゆ 行

ら 行

わ 行

中世をより深く知るための読書ガイド

＊ここでは著者が挙げた文献に加えて，日本語訳がある文献，また特に日本の読者に有用と思われる文献を合わせて紹介した．

第1章

中世の魔術とその文脈については，R. Kieckhefer, *Magic in the Middle Ages* (Cambridge, 1989)を参照のこと．中世史および中世主義の研究については，E. Breisach, *Historiography: Ancient, Medieval and Modern* (Chicago, 1983)をはじめ，さまざまな一般書にその概要が紹介されている．また，非常に独特なものではあるが，N. Cantor, *Inventing the Middle Ages* (Cambridge, 1991)〔ノーマン F. キャンター『中世の発見――偉大な歴史家たちの伝記』朝倉文市，横山竹己，梅津教孝訳，法政大学出版局，2007年〕は特に興味深いものである．新旧の学術的・民衆的な中世主義については，M. Bull, *Thinking Medieval* (Houndmills, 2005)が優れた紹介をしている．アメリカの視点からは，J. van Engen, ed., *The Past and Future of Medieval Studies* (Notre Dame, 1994)が挙げられる．中世研究の学術世界がどのように変化してきたかを知る一助としては，J. Chance, ed., *Women Medievalists and the Academy* (Madison, 2005)を参照．

一般的な教科書は多数あり，中世初期については，M. Innes, *An Introduction to Early Medieval Western Europe* (London, 2007)，J. M. H. Smith, *Europe After Rome: A New Cultural History 500-1000* (Oxford, 2005)を参照．中世盛期については，J. H. Mundy, *Europe in the High Middle Ages* (New York, 1973)や M. Barber, *The Two Cities: Medieval Europe 1050-1320* (London, 1993)が，中世後期については，Charles F. Briggs, *The Body Broken*, 2nd edn (Abingdon, 2020)がある．M. T. Clanchy, *England and its Rulers, 1066-1272*, 3rd edn (Oxford, 2006)と R. Horrox and W. M. Ormrod, eds, *A Social History of England 1200-1500* (2006)というイングランドに関する2つの輝かしい著作は，より幅広いテーマを展開している．P. Linehan and J. Nelson, eds, *The Medieval World* (London, 2003)は魅力的な論文集であり，C. Wickham, *Medieval Europe* (New Haven, 2016)は刺激的で俯瞰的な概説書である．

†中世主義の研究は日本では特に英文学研究との関連で紹介・研究されてきた．マイケル・アレクサンダー『イギリス近代の中世主義』野谷啓二訳，白水社，2020年；アリス・チャンドラー『中世を夢みた人々――イギリス中世主義の系譜』高宮利行監訳，研究社，1994年；マーク・ジルアード『騎士道とジェントルマン――ヴィクトリア朝社会精神史』高宮利行，不破有理訳，三省堂，1986年；高橋勇「中世主義の系譜」高宮利行，松田隆美編『中世イギリス文学入門――研究と文献案内』雄松堂出版，2008年；松田隆美，高橋勇，原田範行編著『中世主義を超え

て――イギリス中世の発明と受容』慶應義塾大学出版会，2009 年；岡本広毅，小宮真樹子編『いかにしてアーサー王は日本で受容されサブカルチャー界に君臨したか――変容する中世騎士道物語』みずき書林，2019 年；『立命館言語文化研究』31 巻 1 号(2019 年)の特集「日本における西洋中世のイメージの源泉と受容」．なお，歴史学からの取り組みとしては，ウィンストン・ブラック『中世ヨーロッパ――ファクトとフィクション』大貫俊夫監訳，平凡社，2021 年がある．

第 2 章

1381 年の反乱〔ワット・タイラーの乱〕に関する史料の一部は，R. B. Dobson, ed. and trans., *The Peasants' Revolt of 1381*, 2nd edn（Houndmills, 1983）に収められている．ヨーロッパの比較対象としては，S. K. Cohn, ed. and trans., *Popular Protest in Late Medieval Europe*（Manchester, 2004）を参照のこと．一般的な史料集や翻訳版も多数あり，特に *Oxford Medieval Texts, Manchester Medieval Sources, Broadview Press's Readings in Medieval Civilizations and Cultures* のシリーズで出版されているものが注目される．〔史料類型の〕特定のジャンルについては，*Typologie des sources du Moyen Age* シリーズを参照．本シリーズには全部または一部が英語で書かれた巻もある．例えば B. Kienzle, ed., *The Sermon*（Turnhout, 2000）である．R. C. van Caenegem, *Guide to the Sources of Medieval History*（Amsterdam, 1978）は少し古いが，今でも参考になる〔R. C. van Caenegem, *Introduction aux sources de l'histoire médiévale*, Corpus Christianorum Continuatio Mediaevalis（CCCM）（Turnhout, 1997）が 1996 年までの文献を含めたアップデート版である〕．女性と中世の史料の問題については，J. T. Rosenthal, ed., *Medieval Women and the Sources of Medieval History*（Athens, GA, 1990）を参照のこと．

英語で研究を進めるにあたっては以下の文献を参照．E. A. Gooder, *Latin for Local History: An Introduction*（Harlow, 1978）はマナー〔荘園〕の記録について非常に有用であり，R. E. Latham, *Revised Medieval Latin Wordlist*（Oxford, 1965）は古典ラテン語辞典を補足するのに便利な本である．また，古書体学の詳細への手引きとして，C. Trice Martin, *The Record Interpreter*（Chichester, 1982）や A. Cappelli, *Dizionario di abbreviature latine ed italiane*, 2nd edn（Milan, 1929; reprint 1990）などがある．

さまざまな事例や視点については，K. Heidecker, ed., *Charters and Use of the Written Word in Medieval Society*（Turnhout, 2000）を参照．また，中世初期の史料に関する見事な分析として G. Koziol, *The Politics of Memory and Identity in Carolingian Royal Diplomas*（Turnhout, 2012）がある．F. Curta, 'Merovingian and Carolingian Gift-Giving', *Speculum* 81（2006）: 671-99 は〔中世初期における〕贈与交換へのアプローチについて有益な概観を提供している．中世後期については V. Groebner, *Liquid Assets, Dangerous Gifts*（Philadelphia, 2002）がある．年代記への一般的な入門書としては，B. Smalley, *Historians of the Middle Ages*（London, 1974）がある．〔年代記に関

する〕個々の研究は，継続中の年報 *The Medieval Chronicle* 誌(Amsterdam, 1999-)に掲載されている．イングランドについては，A. Gransden, *Historical Writing in England*, 2 vols (London, 1974–82)がもっとも重要である．また，C. Given-Wilson, *Chronicles* (London, 2004)も参照されたい．法史料については上記のような一般的な入門書はないが，M. Goodich, ed., *Voices from the Bench* (Houndmills, 2006)で有益な問題提起がなされており，T. Dean, *Crime in Medieval Europe* (Harlow, 2001)はこの分野の見事な手引きとなっている．中世美術の入門書としては，M. Camille, *Gothic Art* (London, 1996)〔日本語訳は存在しないが，同著者の邦訳にマイケル・カミール『周縁のイメージ——中世美術の境界領域』永澤峻，田中久美子訳，ありな書房，1999 年がある〕と V. Sekules, *Medieval Art* (Oxford, 2001)の 2 冊が優れている．

†第 2 章が扱うトピックと重なる日本語の書物としては高山博，池上俊一編『西洋中世学入門』東京大学出版会，2005 年．e.g.「古書体学」(千葉敏之)，「古書冊学」および「文書形式学」(岡崎敦)，「法典・法集成」(直江眞一)．渡辺節夫訳著『国王証書とフランス中世』知泉書館，2022 年．関連して古典的教科書の邦訳であるベルンハルト・ビショッフ『西洋写本学』佐藤彰一，瀬戸直彦訳，岩波書店，2015 年も参照．また，クリストファー・デ・ハメル『中世の写本ができるまで』加藤磨珠枝監修，立石光子訳，白水社，2021 年および八木健治『羊皮紙のすべて』青土社，2021 年も参考になる．

第 3 章

P. Burke, *History and Social Theory*, 2nd edn (Cambridge, 2005)〔ピーター・バーク『歴史学と社会理論』第 2 版，佐藤公彦訳，慶應義塾大学出版会，2009 年〕は，とりわけ人類学的アプローチへの手引きとなるものであり，P. Just and J. Monaghan, *Social and Cultural Anthropology: A Very Short Introduction* (Oxford, 2000)は，この学問分野に手っ取り早く触れるのに良い．中世研究者に特に影響を与えたのは，E. Durkheim, *The Elementary Forms of the Religious Life* (London, 1915)〔エミール・デュルケーム『宗教生活の基本形態——オーストラリアにおけるトーテム体系』上・下，山崎亮訳，ちくま学芸文庫，2014 年〕，M. Douglas, *Purity and Danger* (London, 1966)〔メアリ・ダグラス『汚穢と禁忌』塚本利明訳，ちくま学芸文庫，2009 年〕，V. Turner, *The Ritual Process* (Chicago, 1969)〔ヴィクター W. ターナー『儀礼の過程』冨倉光雄訳，ちくま学芸文庫，2020 年〕，P. Bourdieu, *Outline of a Theory of Practice* (Cambridge, 1977)〔ブルデューには日本語に訳された多くの著作があるが，この本の原著 *Esquisse d'une théorie de la pratique: Précédé de trois études d'ethnologie kabyle*, Paris, 1972 の日本語訳はまだなされていない〕の 4 点である．中世のリテラシーを理解する上で不可欠なのは，M. T. Clanchy, *From Memory to Written Record*, 2nd edn (Oxford, 1993)〔なお第 3 版が 2012 年に刊行されている〕である．

統計分析についての優れた手引きとして，P. Hudson, *History by Numbers* (London, 2000)がある．中世に関わる経済理論については，J. Hatcher and M. Bailey, *Modelling the Middle Ages* (Oxford, 2001)が分かりやすく解説している．中世初期の経済については，M. McCormick, *Origins of the European Economy* (Cambridge, 2001)の中で厳然と議論を伴う形で分析されているが，同書をめぐる討論が掲載された *Early Medieval Europe* 誌の第 12 巻 3 号(2003 年)も参照．中世盛期以降については，これほどまとまったものはないが，D. Wood, *Medieval Economic Thought* (Cambridge, 2002)や R. H. Britnell, *The Commercialization of English Society, 1000-1500* (Cambridge, 1993)を参照されたい．

考古学とその理論については，P. Bahn, *Archaeology: A Very Short Introduction*, 2nd edn (Oxford, 2000)や I. Hodder, *Archaeological Theory Today*, 2nd edn (Cambridge, 2012)など，さまざまな手引きが出ている．特に中世については，C. Gerrard, *Medieval Archaeology* (London, 2003)を参照されたい．城塞については，本書で提起した問題を含め，R. Liddiard, *Castles in Context* (Macclesfield, 2005)を参照．埋葬の慣行については，G. Halsall, *Early Medieval Cemeteries* (Glasgow, 1995)と *Early Medieval Europe* 誌の第 11 巻 1 号(2002 年)に掲載された T. Dickinson の論評がある．また，R. Gilchrist, *Gender and Archaeology* (London, 1999)も興味深い．歴史学に関わる DNA 分析などの高度に科学的な研究については，あまり簡便な入門書はまだないが，*Medieval Worlds* 誌の第 4 巻〔2016 年〕の特集「中世史と考古学に対する遺伝子の挑戦」および，M. H. Green, ed., *Pandemic Disease in the Medieval World: Rethinking the Black Death* (Kalamazoo, 2015)を参照されたい．また，関連するさまざまな雑誌記事にざっと目を通してみれば，資料や研究結果がどう提示されているか，したがって素人としてそれをどう解釈(批評ではないにしても)すればいいかの感覚がつかめるようになるだろう．気候と中世史の関わりについては，B. M. S. Campbell, *The Great Transition* (Cambridge, 2016)〔2022 年の時点では第 1 章のみ日本語訳がある．「ブルース・M・S・キャンベル『大遷移——後期中世世界における気候・疫病・社会』より第 1 章」東京都立大学西洋中近世史ゼミ訳『人文学報(歴史学・考古学)』(東京都立大学)第 517-519 号，2021 年 3 月，29-66頁〕と R. Hoffmann, *An Environmental History of Medieval Europe* (Cambridge, 2014)を参照．

文学理論は，N. Partner, ed., *Writing Medieval History* (London, 2005)の中で重要な位置を占めており，同書所収の Murray と Beattie による章〔第 7・8 章〕は中世のジェンダーとセクシュアリティに関する優れた分析を行っている．また，R. M. Karras, *From Boys to Men* (Philadelphia, 2002); R. M. Karras, *Sexuality in Medieval Europe* (London, 2005)および M. Erler and M. Kowaleski, eds, *Gendering the Master Narrative: Women and Power in the Middle Ages* (Ithaca, 2003)を参照．古代末期を専門とする歴史家による理論的な問題については，E. A. Clark, *History, Theory, Text: Historians and the Linguistic Turn* (Cambridge, MA, 2004)という優れた論考がある．

Joel T. Rosenthal は *Telling Tales: Sources and Narration in Late Medieval England* (University Park, PA, 2003)の中で，さまざまな史料の物語的要素について有益に論じている.

第4章

儀礼については，E. Muir, *Ritual in Early Modern Europe* (Cambridge, 1997)と G. Koziol, *Begging Pardon and Favour* (Ithaca, 1992)(特に 289-324 頁)を参照．P. Buc, *The Dangers of Ritual* (Princeton, 2001)は，中世研究者が用いる儀礼という概念への批判を提起し，それに対する鋭い反論が G. Koziol, 'The Dangers of Polemic', *Early Medieval Europe* 11 (2002): 367-88 でなされている．C. Humphrey, *The Politics of Carnival* (Manchester, 2001)は，儀礼という文脈で反乱についての簡潔かつ洞察に満ちた議論を展開している.

「封建制」に関するさまざまな主要論文は L. K. Little and B. H. Rosenwein, eds, *Debating the Middle Ages* (Oxford, 1998)に再録されている．S. Reynolds, *Fiefs and Vassals* (Oxford, 1994)とその後の書評も参照されたい．おそらくもっとも重要な近著は，C. West, *Reframing the Feudal Revolution* (Cambridge, 2013)である．社会構造をいくつかの異なる視点から捉えた興味深い著作として S. Rigby, *English Society in the Later Middle Ages: Class, Status and Gender* (London, 1995)がある．「二つの文化」モデルを探究する主要な 2 冊として，J. Le Goff, *Time, Work and Culture in the Middle Ages* (Chicago, 1980)〔ジャック・ル・ゴフ『もうひとつの中世のために――西洋における時間，労働，そして文化』加納修訳，白水社，2006 年〕と A. Gurevich, *Medieval Popular Culture* (Cambridge, 1988)〔1981 年にロシア語で刊行された同書の日本語訳は存在しない．なおアーロン・グレーヴィチ『中世文化のカテゴリー』川端香男里，栗原成郎訳，岩波書店〈NEW HISTORY〉，1992 年／〈岩波モダンクラシックス〉，1999 年は，1972 年刊のロシア語原著の日本語訳である〕．異なる見解として J. van Engen, 'The Christian Middle Ages as an Historiographical Problem', *American Historical Review* 91 (1986)と E. Duffy, *The Stripping of the Altars* (Yale, 1992)を参照されたい．一般信徒の宗教との(さまざまな)関わり方については J. H. Arnold, *Belief and Unbelief in Medieval Europe* (London, 2005)がある.

中世へのグローバルなアプローチに関する議論・考察は比較的まだ初期の段階に留まっているが，中世という時代をヨーロッパだけでなく世界にわたって表現する先見的な試みとして，R. McKitterick, ed., *Atlas of the Medieval World* (Oxford, 2004)を参照．*Past & Present* 誌の増補巻(第 238 巻)である C. Holmes and N. Standen, eds, *The Global Middle Ages* (Oxford, 2018)は，このテーマに対する私自身の理解の主な入口であり，*Medieval Worlds* 誌には極めて興味深い論文が多数掲載されている．また，J. Belich, et al., eds, *The Prospect of Global History* (Oxford, 2016)には，導入としても課題の提示としても有益な章がいくつか含まれている.

権力は多くの議論があるテーマだが，Tim Reuter の遺稿集 *Medieval Polities and Modern Mentalities*, ed. J. L. Nelson（Cambridge, 2006）にはその枠組みが見事に表現されている．中世初期については M. Innes, *State and Society in the Early Middle Ages*（Cambridge, 2000）や C. Wickham, *Framing the Early Middle Ages*（Oxford, 2005）が，中世後期については，W. M. Ormrod, *Political Life in Medieval England*（Basingstoke, 1995），D. Nirenberg, *Communities of Violence*（Princeton, 1997）や J. Watts, *Henry VI and the Politics of Kingship*（Cambridge, 1996）などが興味深い著作として挙げられる．中世の「国家」に対する賛否は，*Journal of Historical Sociology* 誌の第 16 号（2003 年）において，R. Rees Davies と Susan Reynolds との間で熱心な議論の焦点となった．

† 日本では小澤実による中世のグローバル・ヒストリーの研究および紹介が注目される．e.g.『史苑』第 80 巻第 1 号（2020 年 2 月）の特集「グローバルヒストリーと中世ヨーロッパ(1) イギリスの視点」および『史苑』第 80 巻第 2 号（2020 年 3 月）の「グローバルヒストリーと中世ヨーロッパ(2) ドイツ語圏の視点」．

第 5 章

近代以降における「中世」の利用のされ方については，再び M. Bull, *Thinking Medieval*（Houndmills, 2005）を，現在の議論が行われている領域については B. Holsinger, *Neomedievalism, Neoconservatism, and the War on Terror*（Chicago, 2007）を参照．ヨーロッパの中世性については R. Bartlett, *The Making of Europe*（London, 1993）〔ロバート・バートレット『ヨーロッパの形成――950 年-1350 年における征服，植民，文化変容』伊藤誓，磯山甚一訳，法政大学出版局，2003 年〕や J. Le Goff, *The Birth of Europe*（Oxford, 2005）〔ジャック・ル＝ゴフ『ヨーロッパは中世に誕生したのか？』菅沼潤訳，藤原書店，2014 年〕がある．このテーマは P. J. Geary, *The Myth of Nations*（Princeton, 2002）〔パトリック J. ギアリ『ネイションという神話――ヨーロッパ諸国家の中世的起源』鈴木道也，小川知幸，長谷川宜之訳，白水社，2008 年〕でも，特に現代的な重要性を有するとされている．フェミニズムにとっての「長期持続」の政治的重要性は J. M. Bennett, *History Matters: Patriarchy and the Challenge of Feminism*（Philadelphia, 2006）で強く主張されており，暗黙のうちに他の多くのものにも影響を与えている．

注

第1章

(1) これは(もし「マペルス(*mapellus*)」が「ナペルス(*napellus*)」の別綴りか転記間違いであるならば)洋種鳥兜(トリカブト)のジュースである可能性がある．この指摘につき，リチャード・キークヘファー(Richard Kieckhefer)に感謝する．

(2) バルトロメオの供述記録については，ヴァチカン文書館の史料の校訂版として，P. K. Eubel, 'Vom Zaubereiunwesen anfangs des 14. Jahrhunderts', *Historisches Jahrbuch* 18 (1897): 609-25. また次の文献では，この事件について考察され，MS Vat. Lat. 3936 をもとにヴィスコンティ家の関与を示すさらなる証拠が編纂されている．R. Michel, 'Le procès de Matteo et de Galeazzo Visconti', *Mélanges d'archéologie et d'histoire de l'École Française de Rome* 29 (1909): 269-327.

(3) U. Eco, 'Dreaming of the Middle Ages', in *Travels in Hyperreality* (London, 1987), 69.

(4) 引用元として，E. Breisach, *Historiography: Ancient, Medieval and Modern* (Chicago, 1983), 207.

(5) P. Burke, 'Ranke the Reactionary', *Syracuse Scholar* 9 (1988): 25-30; A. Grafton, *The Footnote: A Curious History* (London, 1997).

(6) P. Novick, *That Noble Dream: The Objectivity Question and the American Historical Profession* (Cambridge, 1988), 26-30.

(7) M. Innes, 'A Fatal Disjuncture? Medieval History and Medievalism in the UK', in H.-W. Goetz and J. Jarnut, eds, *Mediävistik im 21. Jahrhundert* (Munich, 2003), 73-100; R. N. Soffer, *Discipline and Power: The University, History, and the Making of an English Elite 1870-1930* (Stanford, 1994).

(8) C. Carpenter, 'Political and Constitutional History', in R. H. Britnell and A. J. Pollard, eds, *The McFarlane Legacy* (Stroud, 1995), 175-206.

(9) M. Bloch, *La Société féodale*, 2 vols (Paris, 1939, 1940); *Feudal Society*, trans. L. A. Manyon (London, 1961)〔マルク・ブロック『封建社会』堀米庸三監訳，岩波書店，1995 年〕; M. Bloch, *Apologie pour l'histoire, ou Métier d'historien* (Paris, 1949); *The Historian's Craft*, trans. P. Putnam (New York, 1953)〔マルク・ブロック『歴史のための弁明——歴史家の仕事』新版，松村剛訳，岩波書店，2004 年〕．

(10) H. J. Kaye, *The British Marxist Historians*, 2nd edn (Basingstoke, 1995)〔ハーヴェイ J. ケイ『イギリスのマルクス主義歴史家たち——ドッブ，ヒルトン，ヒル，ホブズボーム，トムスン』桜井清監訳，白桃書房，1989 年〕．

(11) Novick, *That Noble Dream*; P. Freedman and G. Spiegel, 'Medievalisms Old and

New', *American Historical Review* 103 (1998): 677-704.

(12) G. Spiegel, 'History, Historicism, and the Social Logic of the Text in the Middle Ages', *Speculum* 65 (1990): 59-68〔ガブリエル・スピーゲル「歴史・歴史主義・中世テクストの社会論理」渡部ちあき，越智博美訳『思想』838号，1994年4月，4-39頁〕; P. Zumthor, *Speaking of the Middle Ages*, trans. S. White (Lincoln, NB, 1986).

(13) W. R. Keylor, *Academy and Community: The Establishment of the French Historical Profession* (Cambridge, MA, 1975), 43ff.

(14) N. F. Cantor, *Inventing the Middle Ages* (Cambridge, 1991), 86ff〔ノーマン F. キャンター『中世の発見——偉大な歴史家たちの伝記』朝倉文市，横山竹己，梅津教孝訳，法政大学出版局〈りぶらりあ選書〉，2007年〕. キャンターの本はここで触れた点についてもそれ以外の点でも慎重に扱わなければならない．ロバート・バートレットによる書評(Robert Bartlett, *New York Review of Books* 39.9 (14 May 1992))とそれに続いた議論(同誌39.14号)を参照のこと．とはいえ，本書が重要な諸問題に言及していることは確かである．カントロヴィッチについては，素晴らしい研究者ラーナーによる伝記R. E. Lerner, *Ernst Kantorowicz: A Life* (Princeton, 2017)を参照．〔本文で言及されているカントロヴィッチの著作の邦訳は，エルンスト H. カントーロヴィチ『皇帝フリードリヒ二世』小林公訳，中央公論新社，2011年．カントロヴィッチの主著の邦訳は『王の二つの身体』小林公訳，平凡社，1992年／ちくま学芸文庫，上・下，2003年〕

(15) S. Berger, M. Donovan and K. Passmore, eds, *Writing National Histories* (London, 1999).

(16) E. Power, *The Goodman of Paris* (London, 1928); *Le Menagier de Paris*, ed. G. E. Brereton and J. M. Ferrier (Oxford, 1981)〔参照：森本英夫『中世フランスの食——『料理指南』『ヴィアンディエ』『メナジエ・ド・パリ』』駿河台出版社，2004年〕.

第2章

(1) *Anonimalle Chronicle, 1333 to 1381*, ed. V. H. Galbraith (Manchester, 1927), 151.

(2) C. Dyer, 'The Rising of 1381 in Suffolk', in *Everyday Life in Medieval England* (London, 2000), 221-40; H. Eiden, 'Joint Action Against "Bad" Lordship: The Peasants' Revolt in Essex and Norfolk', *History* 83 (1998): 5-30.

(3) J. G. Clark, 'Thomas Walsingham Reconsidered', *Speculum* 77 (2002): 832-60.

(4) 例えば，David d'Avray, *Medieval Marriage Sermons* (Oxford, 2001)における説教写本校訂についての議論を参照せよ．

(5) R. H. Bloch, *God's Plagiarist* (Chicago, 1995).

(6) R. Brentano, *A New World in a Small Place: Church and Religion in the Diocese of Rieti, 1188-1378* (Berkeley, 1994).

(7) フィレンツェにも国立図書館があり，そこには中世の写本が収められているが，フランスやイギリスの国立図書館と比べて中世写本の蔵書はかなり限られている．

(8) R. F. Berkhofer, *Day of Reckoning: Power and Accountability in Medieval France* (Philadelphia, 2004).

(9) S. D. Goitein, *A Mediterranean Society* (Berkeley, 1967-93), 6 vols.

(10) 綿密な手引きとしては以下を参照．J. A. Burrow and T. Turville-Peter, eds, *A Book of Middle English* (Oxford, 1991).

(11) H. Tsurushima, ed., *Haskins Society Journal, Japan 1* (2005)〔日本語読者は以下を参照できる．鶴島博和，春田直紀編著『日英中世史料論』日本経済評論社，2008 年〕.

(12) Patrologia Latina 198, 441-2. 次の文献に引用あり．C. Holdsworth, 'Were the Sermons of St Bernard on the Song of Songs ever Preached?', in C. Muessig, ed., *Medieval Monastic Sermons* (Leiden, 1998), 295.

(13) Robert Mannyng of Brunne, *Handlyng Synne*, ed. I. Sullens (Binghamton, 1983), 225-31.

(14) R. McKitterick, 'Political Ideology in Carolingian Historiography', in Y. Hen and M. Innes, eds, *The Uses of the Past in the Early Middle Ages* (Cambridge, 2000), 162-74.

(15) P. E. Dutton, 'Raoul Glaber's "De Divina Quarternitate"', *Mediaeval Studies* 42 (1980): 431-53; E. Ortigues and D. Iogna-Prat, 'Raoul Glaber et l'historiographie clunisienne', *Studi Medievali* 26.2 (1985): 537-72.

(16) Rodolphus Glaber, *Historiarum libri quinque*, ed. and trans. J. France (Oxford, 1989), 94-5 (III, i).

(17) Dino Compagni, *Chronicle of Florence*, trans. D. E. Bornstein (Philadelphia, 1986).

(18) G. M. Spiegel, *Romancing the Past: The Rise of Vernacular Prose Historiography in Thirteenth-Century France* (Berkeley, 1993), 2.

(19) *The Chronicle of San Juan de la Peña*, trans. L. H. Nelson (Philadelphia, 1991).

(20) *Annales Erfordienses*, Monumenta Germaniae Historica, Scriptores 16, 29.

(21) Richer of Saint-Rémi, *Histories*, ed. and trans. J. Lake, 2 vols (Cambridge, MA, 2011), II, p. 307 (Bk IV, cap. 50).

(22) K. Şahin, 'Constantinople and the End Time: The Ottoman Conquest as a Portent of the Last Hour', *Journal of Early Modern History* 14.4 (2010): 317-54.

(23) R. W. Southern, 'Aspects of the European Tradition of Historical Writing' I-IV,

Transactions of the Royal Historical Society（以下*TRHS*と略記），5th series, 20-3 (1970-3); Jean de Joinville, *Life of Saint Louis, in Joinville and Villehardouin: Chronicles of the Crusades*, trans. M. R. B. Shaw (London, 1963)〔ジャン・ド・ジョワンヴィル『聖王ルイ――西欧十字軍とモンゴル帝国』伊藤敏樹訳，ちくま学芸文庫，2006年〕.

(24) S. Bagge, *Kings, Politics and the Right Order of the World in German Historiography c. 950-1150* (Leiden, 2002).

(25) S. Justice, *Writing and Rebellion: England in 1381* (Princeton, 1994).

(26) E. van Houts, *Memory and Gender in Medieval Europe, 900-1200* (Houndmills, 1999).

(27) W. Davies, 'People and Places in Dispute in Ninth-Century Brittany', in W. Davies and P. Fouracre, eds, *The Settlement of Disputes in Early Medieval Europe* (Cambridge, 1986), 75.

(28) M. T. Clanchy, *From Memory to Written Record*, 2nd edn (Oxford, 1993), 85-92. 同書の中で，証書，割符証書(カイログラフ)，その他のイングランドの文書史料について，より正確で専門的な定義が示されている.

(29) P. Górecki, *Economy, Society and Lordship in Medieval Poland, 1100-1250* (New York, 1992), 51.

(30) A. J. Kosto, 'Laymen, Clerics and Documentary Practices in the Early Middle Ages', *Speculum* 80 (2005): 44.

(31) Kosto, 'Laymen'; W. C. Brown, 'When Documents are Destroyed or Lost', *Early Medieval Europe* 11 (2002): 337-66; W. C. Brown, M. Costambeys, M. Innes and A. J. Kosto, eds, *Documentary Culture and the Laity in the Early Middle Ages* (Cambridge, 2013).

(32) Clanchy, *From Memory to Written Record*, 46ff.

(33) R. C. van Caenegem, *Guide to the Sources of Medieval History* (Amsterdam, 1978), 72.

(34) B. Rosenwein, *To Be the Neighbour of St Peter: The Social Meaning of Cluny's Property, 909-1049* (Ithaca, 1989).

(35) B. Bedos-Rezak, 'Civic Liturgies and Urban Records in Northern France 1100-1400', in B. A. Hanawalt and K. L. Reyerson, eds, *City and Spectacle in Medieval Europe* (Minneapolis, 1994), 34-55.

(36) このことの意義については次の文献を参照. W. Brown, 'Charters as Weapons', *Journal of Medieval History* 28 (2002): 227-48.

(37) D. Alexandre-Bidou, 'Une foi en deux ou trois dimensions?', *Annales: Histoire, Sciences Sociales* 53.6 (1998): 1155-90.

(38) J.-C. Schmitt, 'Images and the Historian', in A. Bolvig and P. Lindley, eds, *His-*

tory and Images (Turnhout, 2003), 19-44; より概括的なものとして，J. Baschet and J.-C. Schmitt, eds, *L'Image* (Paris, 1996).

(39) M. Pastoureau, 'Voir les couleurs du Moyen Age', in *Une histoire symbolique du Moyen Age occidental* (Paris, 2004), 113-33〔ミシェル・パストゥロー『ヨーロッパ中世象徴史』篠田勝英訳，白水社，2008 年〕.

(40) 例えば，F. Garnier, *Le Langage de l'image au Moyen Age*, 2 vols (Paris, 1982-9).

(41) 筆者が個人的に訪問した教会．この例も含め一部の図像は，www.kalkmalerier.dk で見ることができる．

(42) M. Kupfer, *Romanesque Wall Painting in Central France* (New Haven, 1993).

(43) E. Welch, *Art and Society in Italy, 1350-1500* (Oxford, 1997), 295-302, figs 152, 153.

(44) J. Alexander, 'Labeur and Paresse: Ideological Representations of Medieval Peasant Labour', *Art Bulletin* 72 (1990): 436-52.

(45) D. H. Strickland, *Saracens, Demons and Jews* (Princeton, 2003); S. Lipton, *Dark Mirror: The Medieval Origins of Anti-Jewish Iconography* (New York, 2014).

(46) N. Rubinstein, 'Political Ideas in Sienese Art', *Journal of the Warburg and Courtauld Institutes* 21 (1958): 179-207.

(47) S. Y. Edgerton Jr, *Pictures and Punishment* (Ithaca, 1985).

(48) D. O. Hughes, 'Representing the Family', *Journal of Interdisciplinary History* 17 (1986): 13-14.

(49) S. Lipton, '"The Sweet Lean of His Head"', *Speculum* 80 (2005): 1172-208.

(50) M. Camille, 'At the Sign of the Spinning Sow', in Bolvig and Lindley, eds, *History and Images*, 249-76.

(51) M. B. Merback, *The Thief, the Cross and the Wheel: Pain and the Spectacle of Punishment in Medieval and Renaissance Europe* (Chicago, 1998), 124-5.

(52) H. C. Lea, *A History of Inquisition in the Middle Ages* (New York, 1888), I, iii-iv.

(53) *The Code of Cuenca*, trans. J. F. Powers (Philadelphia, 2000), 91.

(54) S. Reynolds, *Kingdoms and Communities in Western Europe, 900-1300* (Oxford, 1984), 268-71.

(55) P. J. P. Goldberg, ed., *Women in England, 1275-1525* (Manchester, 1995), 239.

(56) G. Ruggiero, *The Boundaries of Eros: Sex, Crime and Sexuality in Renaissance Venice* (Oxford, 1985).

(57) T. Dean, *Crime in Medieval Europe* (Harlow, 2001), 77-8.

(58) B. Hanawalt, *The Ties that Bound: Peasant Families in Medieval England* (Oxford, 1986); S. Farmer, *Surviving Poverty in Medieval Paris* (Ithaca, 2002); C. Gauvard, *De Grace Especial*, 2 vols (Paris, 1991); E. Le Roy Ladurie, *Montaillou* (Paris, 1978)〔エマニュエル・ル・ロワ・ラデュリ『モンタイユー――ピレネーの村 1294～

1324』上・下，井上幸治，渡邊昌美，波木居純一訳，刀水書房，1990・1991 年／新装版，2021 年〕.

(59) D. L. Smail, *The Consumption of Justice: Emotions, Publicity and Legal Culture in Marseille, 1264-1423* (Ithaca, 2003); A. Musson, ed., *Expectations of the Law in the Middle Ages* (Woodbridge, 2001).

(60) J. Duvernoy, ed., *L'Inquisition en Quercy* (Castelnaud La Chapelle, 2001), 148.

(61) D. L. Smail, 'Common Violence: Vengeance and Inquisition in Fourteenth-Century Marseille', *Past & Present* 151 (1996): 55-7.

(62) C. Wickham, *Courts and Conflict in Twelfth-Century Tuscany* (Oxford, 2003); P. Hyams, *Rancor and Reconciliation in Medieval England* (Ithaca, 2003).

(63) J. B. Given, *Inquisition and Medieval Society* (Ithaca, 1998); J. H. Arnold, *Inquisition and Power* (Philadelphia, 2001).

第 3 章

(1) Ramon Muntaner, *The Chronicle of Muntaner*, trans. Lady Goodenough, Hakluyt Society, 2nd series 47, 50 (reprint: Nendeln, 1967), I, 10-16 (cap. III-VI).

(2) R. C. Rhodes, 'Emile Durkheim and the Historical Thought of Marc Bloch', *Theory and Society* 5 (1978): 45-73; P. Burke, *The French Historical Revolution: The Annales School 1929-89* (Cambridge, 1990), 16ff〔ピーター・バーク『フランス歴史学革命――アナール学派 1929-89 年』大津真作訳，岩波書店〈New History〉，1992 年／〈岩波モダンクラシックス〉，2005 年〕.

(3) 例えば，E. Cohen and M. de Jong, eds, *Medieval Transformations: Texts, Power and the Gift in Context* (Leiden, 2001); W. I. Miller, 'Gift, Sale, Payment, Raid: Case Studies in the Negotiation and Classification of Exchange in Medieval Iceland', *Speculum* 61 (1986): 18-50; M. de Jong, *In Samuel's Image: Child Oblation in the Early Middle Ages* (Leiden, 1994).

(4) J. Le Goff, *Time, Work and Culture in the Middle Ages* (Chicago, 1980)〔ジャック・ル・ゴフ『もうひとつの中世のために――西洋における時間，労働，そして文化』加納修訳，白水社，2006 年〕と *The Medieval Imagination* (Chicago, 1985)〔ジャック・ルゴフ『中世の夢』池上俊一訳，名古屋大学出版会，1992 年〕.

(5) V. Turner, *The Ritual Process* (Chicago, 1969)〔ヴィクター W. ターナー『儀礼の過程』冨倉光雄訳，思索社，1976 年／ちくま学芸文庫，2020 年〕.

(6) C. Walker Bynum, 'Women's Stories, Women's Symbols', in *Fragmentation and Redemption* (New York, 1991), 27-51.

(7) P. Brown, 'The Rise and Function of the Holy Man in Late Antiquity', in *Society and the Holy in Late Antiquity* (London, 1982), 103-52; P. Brown, 'The Christian Holy Man in Late Antiquity', in *Authority and the Sacred* (Cambridge, 1995), 55-

78.

(8) J. Goody and I. Watt, 'The Consequences of Literacy', in J. Goody, ed., *Literacy in Traditional Societies* (Cambridge, 1968), 27-68; W. Ong, *Orality and Literacy* (London, 1982)〔W. J. オング『声の文化と文字の文化』桜井直文，林正寛，糟谷啓介訳，藤原書店，1991年〕.

(9) J. M. H. Smith, *Europe After Rome: A New Cultural History 500-1000* (Oxford, 2005), 38-9.

(10) J. Halverson, 'Goody and the Implosion of the Literacy Thesis', *Man* n.s. 27 (1992): 301-17.

(11) B. Stock, *The Implications of Literacy* (Princeton, 1983).

(12) P. Bourdieu, *Outline of a Theory of Practice* (Cambridge, 1977); M. de Certeau, *The Practice of Everyday Life* (Berkeley, 1984)〔ミシェル・ド・セルトー『日常的実践のポイエティーク』山田登世子訳，国文社，1987年／ちくま学芸文庫，2021年〕.

(13) T. Fenster and D. L. Smail, eds, *Fama: The Politics of Talk and Reputation in Medieval Europe* (Ithaca, 2003); C. Wickham, 'Gossip and Resistance among the Medieval Peasantry', *Past & Present* 160 (1998): 3-24.

(14) W. I. Miller, *Bloodtaking and Peacemaking: Feud, Law and Society in Saga Iceland* (Chicago, 1990).

(15) http://www.stg.brown.edu/projects/catasto/overview.html を参照のこと．なお，このデータベースを有意義に利用するためには，付属のファイル，特に「コードブック」をすべて読む必要がある．このカタストという史料については *Les Toscans et leurs familles* で詳細な解説がなされており，英訳版 *Tuscans and Their Families* (New Haven, 1985)にも簡単な説明がある．〔日本語では清水廣一郎「十五世紀フィレンツェの税制改革——一四二七年のカタスト」(清水『イタリア中世都市国家研究』岩波書店，1975年，所収)を参照．なお，クリスティアーヌ・クラピッシュ＝ズュベールには以下の論文の翻訳がある．「イタリア都市の公的空間における女性——14-15世紀」江川温訳，『女性史学』第9号，1999年〕

(16) S. K. Cohn, 'Prosperity in the Countryside', in *Women in the Streets* (Baltimore, 1996), 137-65.

(17) S. K. Cohn, *The Cult of Remembrance and the Black Death* (Baltimore, 1992).

(18) S. A. C. Penn and C. Dyer, 'Wages and Earnings in Late Medieval England', *Economic History Review* n.s. 43 (1990): 356-76.

(19) H. Swanson, 'The Illusion of Economic Structure', *Past & Present* 121 (1988): 29-48; G. Rosser, 'Crafts, Guilds and the Negotiation of Work in the Medieval Town', *Past & Present* 154 (1997): 3-31.

(20) J. M. Murray, *Bruges, Cradle of Capitalism 1280-1390* (Cambridge, 2005),

130ff.

(21) J. Davis, 'Baking for the Common Good', *Economic History Review* n.s. 57 (2004): 465-502.

(22) 最近のマルクス主義的な中世像については，批判的な解説も併せて，次の文献を参照．S. H. Rigby, 'Historical Materialism: Social Structure and Social Change in the Middle Ages', *Journal of Medieval and Early Modern Studies* 34 (2004): 473-522.

(23) C. Dyer, *An Age of Transition? Economy and Society in England in the Later Middle Ages* (Oxford, 2005).

(24) 以下の記述については，次の文献を参照．I. Biron, et al., 'Techniques and Materials in Limoges Enamels', in J. P. O'Neil, ed., *Enamels of Limoges, 1100-1350* (New York, 1996).

(25) 過去の遺産と現在の可能性についての最近の見解は，次の文献を参照．L. Bourgeois, et al., eds, *La Culture matérielle: Un objet en question. Anthropologie, archéologie et histoire. Actes du colloque international de Caen (9 et 10 octobre 2015)* (Caen, 2018).

(26) B. K. Davison, 'The Origins of the Castle in England', *Archaeological Journal* 124 (1967): 202-11; R. Allen Brown, 'An Historian's Approach to the Origins of the Castle in England', *Archaeological Journal* 126 (1969): 131-48; R. Liddiard, ed., *Anglo-Norman Castles* (Woodbridge, 2003).

(27) R. Liddiard, *Castles in Context* (Macclesfield, 2005).

(28) A. I. Beach, *Women as Scribes: Book Production and Monastic Reform in Twelfth-Century Bavaria* (Cambridge, 2004); A. Radini, et al., 'Medieval Women's Early Involvement in Manuscript Production Suggested by Lapis Lazuli Identification in Dental Calculus', *Science Advances* 5 (2019).

(29) R. Gilchrist and B. Sloane, *Requiem: The Medieval Monastic Cemetery in Britain* (London, 2005).

(30) V. Thompson, *Dying and Death in Later Anglo-Saxon England* (Woodbridge, 2004), 33-5.

(31) B. Effros, *Caring for Body and Soul* (University Park, PA, 2002); *Merovingian Mortuary Archaeology* (Berkeley, 2003). 以下も参照のこと．H. Williams, 'Rethinking Early Medieval Mortuary Archaeology', *Early Medieval Europe* 13 (2005): 195-217.

(32) F. Curta, *The Making of the Slavs* (Cambridge, 2005).

(33) A. M. Koldeweij, 'Lifting the Veil on Pilgrim Badges', in J. Stopford, ed., *Pilgrimage Explored* (York, 1999), 161-88.

(34) T. Williamson, *Shaping Medieval Landscapes* (Macclesfield, 2002).

(35) P. Sawyer, 'Markets and Fairs in Norway and Sweden between the Eighth and Sixteenth Centuries', in T. Pestell and K. Ulmscheider, eds, *Markets in Early Medieval Europe* (Macclesfield, 2003), 168–74.

(36) H. Pirenne, *Mahomet et Charlemagne* (Brussels, 1937)〔アンリ・ピレンヌ『ヨーロッパ世界の誕生――マホメットとシャルルマーニュ』中村宏，佐々木克巳訳，創文社，1960年／講談社学術文庫，2020年〕.

(37) M. McCormick, *Origins of the European Economy* (Cambridge, 2001).

(38) S. Fiddyment, et al., 'So You Want to Do Biocodicology? A Field Guide to the Biological Analysis of Parchment', *Heritage Science* 7 (2019): 1–10.

(39) K. R. Dark, 'Houses, Streets and Shops in Byzantine Constantinople from the Fifth to the Twelfth Centuries', *Journal of Medieval History* 30 (2004): 83–107.

(40) R. Gilchrist and M. Oliva, *Religious Women in Medieval East Anglia* (Norwich, 1993); R. Gilchrist, *Gender and Material Culture* (London, 1994), 163–7.

(41) J. Masschaele, 'The Public Space of the Marketplace in Medieval England', *Speculum* 77 (2002): 383–421; D. C. Mengel, 'From Venice to Jerusalem and Beyond: Milíč of Kroměříž and the Topography of Prostitution in Fourteenth-Century Prague', *Speculum* 79 (2004): 407–42.

(42) 初期の例としては，次の文献を参照．C. Pamela Graves, 'Social Space in the English Medieval Parish Church', *Economy and Society* 18 (1989): 297–322.

(43) D. Raoult, et al., 'Molecular Identification by "Suicide PCR" of *Yersinia pestis* as the Agent of Medieval Black Death', *Proceedings of the National Academy of Sciences* 97.23 (2000); S. Haensch, et al., 'Distinct Clones of *Yersinia Pestis* Caused the Black Death', *PLOS Pathogens* 6 (2010); K. I. Bos, et al., 'A Draft Genome of *Yersinia pestis* from Victims of the Black Death', *Nature* 478 (2011); L. Seifert, et al., 'Strategy for Sensitive and Specific Detection of *Yersinia pestis* in Skeletons of the Black Death Pandemic', *PLOS One* 8.9 (2013).

(44) Y. Cui, et al., 'Historical Variations in Mutation Rate in an Epidemic Pathogen, *Yersinia pestis*', *Proceedings of the National Academy of Sciences of the USA* 110 (2013); D. M. Wagner, et al., '*Yersinia pestis* and the Plague of Justinian 541–543 AD: A Genomic Analysis', *The Lancet: Infectious Diseases* 14.4 (2014); M. Feldman, et al., 'A High-Coverage *Yersinia pestis* Genome from a Sixth-Century Justinianic Plague Victim', *Molecular Biology and Evolution* 33.11 (2016).

(45) M. H. Green, 'Taking "Pandemic" Seriously: Making the Black Death Global', in M. H. Green, ed., *Pandemic Disease in the Medieval World* (Kalamazoo, 2015); M. H. Green, 'Putting Africa on the Black Death Map: Narratives from Genetics and History', *Afriques* 9 (2018).

(46) P. J. Geary, 'The Use of Ancient DNA to Analyze Population Movements be-

tween Pannonia and Italy in the Sixth Century', in *Le migrazioni nell'alto medioevo, Settimane di Studio LXVI* (Spoleto, 2019); P. J. Geary, et al., 'Understanding 6th-century Barbarian Social Organization and Migration through Paleogenomics', *Nature Communications* 9 (2018); P. J. Geary, et al., 'A Genetic Perspective on Longobard Era Migrations', *European Journal of Human Genetics* 27 (2019).

(47) L.-J. Richardson and T. Booth, 'Response to "Brexit, Archaeology and Heritage: Reflections and Agendas"', *Papers from the Institute of Archaeology* 27.1 (2017).

(48) F. C. Ljungqvist, 'A New Reconstruction of Temperature Variability in the Extra-Tropical Northern Hemisphere During the Last Two Millennia', *Physical Geography* 92.3 (2010): 339-51; J. Servonnat, et al., 'Influence of Solar Variability, CO_2 and Orbital Forcing between 1000 and 1850 AD in the IPSLCM4 Model', *Climate Past* 6 (2010): 445-60.

(49) B. M. S. Campbell, *The Great Transition: Climate, Disease and Society in the Late Medieval World* (Cambridge, 2016). 重要な書評と文脈については, M. Green, 'Black as Death', *Inference: International Review of Science* 4 (2018)を参照のこと.

(50) K. Pribyl, *Farming, Famine and Plague: The Impact of Climate in Late Medieval England* (Cham, 2017).

(51) S. Helama, et al., 'Something Old, Something New, Something Borrowed: New Insights to Human-Environment Interaction in Medieval Novgorod Inferred from Tree Rings', *Journal of Archaeological Science: Reports* 13 (2017); U. Büntgen and N. di Cosmo, 'Climatic and Environmental Aspects of the Mongol Withdrawal from Hungary in 1242 CE', *Scientific Reports* 6 (2016). 同誌第7号に掲載の Pinke らによる反論と Büntgen と di Cosmo による再反論も参照.

(52) P. Squatriti, 'The Floods of 589 and Climate Change at the Beginning of the Middle Ages: An Italian Microhistory', *Speculum* 85 (2010)による警告を参照. また, R. Hoffmann, *An Environmental History of Medieval Europe* (Cambridge, 2014)の第9章における, より広範な注意事項にも気をとめておきたい.

(53) 校訂版は, A. Flores, *Mediaeval Age* (London, 1963), 141. (Gillian Barker と Kenneth Gee による)翻訳をここでは少し修正した. デビッド・ウェルズ教授に感謝する.

(54) R. M. Karras, *From Boys to Men* (Philadelphia, 2002).

(55) J. Watts, 'The Pressure of the Public on Later Medieval Politics', in L. Clark and C. Carpenter, eds, *Political Culture in Late Medieval Britain* (Woodbridge, 2004), 159-80.

(56) W. M. Ormrod, 'The Use of English: Language, Law and Political Culture in Fourteenth-Century England', *Speculum* 78 (2003): 750-87.

(57) C. Brémond, J. Le Goff and J.-C. Schmitt, *L'Exemplum* (Turnhout, 1982), 111-

43; J. H. Arnold, 'The Labour of Continence', in A. Bernau, R. Evans and S. Salih, eds, *Medieval Virginities* (Cardiff, 2003), 102–18.

(58) B. Hanawalt, 'Whose Story Was This? Rape Narratives in Medieval English Courts', in *Of Good and Ill Repute: Gender and Social Control in Medieval England* (Oxford, 1998), 124–41.

(59) M. Toch, 'Asking the Way and Telling the Law: Speech in Medieval Germany', *Journal of Interdisciplinary History* 16 (1986): 667–82.

(60) 例えば, J. Dumolyn and J. Haemers, '"A Bad Chicken Was Brooding": Subversive Speech in Late Medieval Flanders', *Past & Present* 214 (2012); C. D. Liddy, *Contesting the City: The Politics of Citizenship in English Towns, 1250–1530* (Oxford, 2017); T. Dutour, *Sous l'Empire du bien: 'Bonnes gens' et pacte social (XIIIe-XVe siècles)* (Paris, 2015).

(61) C. Clover, '"Regardless of Sex": Men, Women and Power in Early Northern Europe', *Speculum* 68 (1993): 363–87; R. N. Swanson, 'Angels Incarnate?', in D. Hadley, ed., *Masculinity in Medieval Europe* (Harlow, 1999), 160–77.

(62) J. Burckhardt, *The Civilisation of the Renaissance in Italy* (London, 1860)〔ヤーコプ・ブルクハルト『イタリア・ルネサンスの文化』新井靖一訳，筑摩書房，2007年／ちくま学芸文庫，上・下，2019年；柴田治三郎訳，世界の名著45，中央公論社，1966年／中公文庫，上・下，1974年／中公クラシックス，I・II，2002年〕.

(63) R. W. Southern, *The Making of the Middle Ages* (London, 1953)〔R. W. サザーン『中世の形成』森岡敬一郎，池上忠弘訳，みすず書房，1978年〕; W. Ullmann, *The Individual and Society in the Middle Ages* (Baltimore, 1966)〔W. アルマン『中世における個人と社会』鈴木利章訳，ミネルヴァ書房，1970年〕; C. Morris, *The Discovery of the Individual 1050–1200* (London, 1972)〔C. モリス『個人の発見——1050–1200年』古田暁訳，日本基督教団出版局，1983年〕.

(64) C. W. Bynum, 'Did the Twelfth Century Discover the Individual?', in *Jesus as Mother* (Berkeley, 1982), 97.

(65) R. Kaeuper, *Chivalry and Violence in Medieval Europe* (Oxford, 1999); S. Crane, *The Performance of Self: Ritual, Clothing and Identity During the Hundred Years War* (Philadelphia, 2002).

(66) P. Blickle, *The Revolution of 1525* (London, 1991)〔ペーター・ブリックレ『1525年の革命——ドイツ農民戦争の社会構造史的研究』前間良爾，田中真造訳，刀水書房，1988年〕.

第4章

(1) S. K. Cohn, *The Black Death Transformed* (London, 2002).

(2) M. Zerner, ed., *Inventer l'hérésie?* (Nice, 1998); P. Biller, 'Goodbye to Waldensianism?', *Past & Present* 192 (2006): 3-33; F. Somerset, et al., eds, *Lollards and Their Influence in Late Medieval England* (Woodbridge, 2003).
(3) R. I. Moore, *Formation of a Persecuting Society* (London, 1985). 以下の考察も参照せよ. J. H. Arnold, 'Persecution and Power in Medieval Europe', *American Historical Review* 123 (2018): 165-74.
(4) S. Farmer, *Surviving Poverty in Medieval Paris* (Ithaca, 2002); D. L. Smail, *Imaginary Cartographies: Possession and Identity in Late Medieval Marseille* (Ithaca, 2003); C. Beattie, *Medieval Single Women* (Oxford, 2007).
(5) *The Annals of Flodoard of Reims, 919-966*, ed. S. Fanning and B. S. Bachrach (Ontario, 2004), 10-11; 以下も参照のこと. G. Koziol, *Begging Pardon and Favor: Ritual and Political Order in Early Medieval France* (Ithaca, 1992), 111.
(6) R. Hutton, *The Rise and Fall of Merry England* (Oxford, 1994); R. W. Scribner, 'Ritual and Popular Religion in Catholic Germany', *Journal of Ecclesiastical History* 35 (1984): 47-77.
(7) G. Althoff, *Spielregeln der Politik im Mittelalter* (Darmstadt, 1997); G. Althoff, 'The Variability of Rituals in the Middle Ages', in G. Althoff, J. Fried and P. Geary, eds, *Medieval Concepts of the Past* (Cambridge, 2001), 71-87〔ゲルト・アルトホフ『中世人と権力――「国家なき時代」のルールと駆引』柳井尚子訳, 八坂書房, 2004 年. 本書は, 1998 年に一般読者に向けて書かれた書物の翻訳である〕.
(8) E. Palazzo, *L'Invention chrétienne des cinq sens dans la liturgie et l'art au Moyen Age* (Paris, 2014); M. C. Gaposchkin, *Invisible Weapons: Liturgy and the Making of Crusade Ideology* (Ithaca, 2017).
(9) P. Buc, *The Dangers of Ritual* (Princeton, 2001).
(10) *The Ecclesiastical History of Orderic Vitalis*, ed. M. Chibnall (Oxford, 1975), V, 315-21 (bk X, cap. 19).
(11) H. Fichtenau, *Living in the Tenth Century* (Chicago, 1991), 32.
(12) S. Lindenbaum, 'Ceremony and Oligarchy', in Hanawalt and Reyerson, eds, *City and Spectacle*, 171-88.
(13) Koziol, *Begging Pardon and Favor*, 298.
(14) T. Asad, *Genealogies of Religion* (Baltimore, 1993)〔タラル・アサド『宗教の系譜――キリスト教とイスラムにおける権力の根拠と訓練』中村圭志訳, 岩波書店, 2004 年〕.
(15) G. Althoff, 'Ira Regis: Prolegomena to a History of Royal Anger', in B. Rosenwein, ed., *Anger's Past* (Ithaca, 1998), 59-74.
(16) C. Phythian-Adams, 'Ceremony and the Citizen', in P. Clark and P. Slack, eds, *Crisis and Order in English Towns 1500-1700* (London, 1972), 57-85; J. Bossy,

'The Mass as a Social Institution 1200-1700', *Past & Present* 100 (1983): 29-61. 以下も参照のこと．M. James, 'Ritual, Drama and Social Body in the Late Medieval English Town', *Past & Present* 98 (1983): 3-29. もっとも彼の分析は，後の批判において時折指摘されるよりも緻密なものである．

(17) Koziol, *Begging Pardon and Favor*; W. I. Miller, *Bloodtaking and Peacemaking: Feud, Law and Society in Saga Iceland* (Chicago, 1990); C. Wickham, *Courts and Conflict in Twelfth-Century Tuscany* (Oxford, 2003). 以下も参照のこと．W. Davies and P. Fouracre, eds, *The Settlement of Disputes in Early Medieval Europe* (Cambridge, 1986).

(18) A. W. Lewis, 'Forest Rights and the Celebration of May', *Mediaeval Studies* 53 (1991): 259-77.

(19) S. MacLean, 'Ritual, Misunderstanding and the Contest for Meaning', in B. Weiler and S. MacLean, eds, *Representations of Power in Medieval Germany 800-1500* (Turnhout, 2006), 97-119.

(20) K. Petkov, *The Kiss of Peace* (Leiden, 2003); K. M. Phillips, 'The Invisible Man: Body and Ritual in a Fifteenth-Century Noble Household', *Journal of Medieval History* 31 (2005): 143-62.

(21) G. Duby, *La Société aux XIe et XIIe siècles dans la région Mâconnaise* (Paris, 1953).

(22) S. Reynolds, *Fiefs and Vassals* (Oxford, 1994); D. Barthélemy, *La Mutation de l'an mil, a-t-elle eu lieu? Servage et chevalerie dans la France des Xe et XIe siècles* (Paris, 1997).

(23) *The Usatges of Barcelona*, ed. and trans. D. J. Kagay (Philadelphia, 1991), 65-6 (nos 4-7, 9, 11).

(24) Alain de Lille, *The Art of Preaching* (Kalamazoo, 1981). ここで取りあげたのはあくまでも一般信徒向けのものであるが，それ以上に，さまざまな「祈る人々（オラトーレス）」のための説教もある．

(25) R. van Uytven, 'Showing off One's Rank in the Middle Ages', in W. Blockmans and A. Janse, eds, *Showing Status: Representation of Social Positions in the Late Middle Ages* (Turnhout, 1999), 20.

(26) *Usatges*, 67 (nos 8, 10).

(27) ジョゼフ・モルセルは，集団としての「貴族」概念は，1400年頃に初めて登場したと挑発的に論じている．Joseph Morsel, 'Inventing a Social Category: The Sociogenesis of the Nobility at the End of the Middle Ages', in B. Jussen, ed., *Ordering Medieval Society* (Philadelphia, 2001), 200-40.

(28) S. Imsen, 'King Magnus and Liegemen's "Hirðskrå": A Portrait of the Norwegian Nobility in the 1270s', in A. J. Duggan, ed., *Nobles and Nobility in Medieval Europe*

(Woodbridge, 2000), 205-20.

(29) R. Bartlett, *The Making of Europe* (London, 1993), 47〔R. バートレット『ヨーロッパの形成――950年-1350年における征服，植民，文化変容』伊藤誓，磯山甚一訳，法政大学出版局，2003年〕.

(30) M. H. Gelting, 'Legal Reform and the Development of Peasant Dependence in Thirteenth-Century Denmark', in P. Freedman and M. Bourin, eds, *Forms of Servitude in Northern and Central Europe* (Turnhout, 2005), 343-68; J. M. Bak, 'Servitude in the Medieval Kingdom of Hungary', in Freedman and Bourin, eds, *Forms of Servitude in Northern and Central Europe*, 387-400; P. Jones, 'From Manor to *mezzadria*' in N. Rubinstein, ed., *Florentine Studies* (London, 1968), 193-241.

(31) P. Franklin, 'Politics in Manorial Court Rolls', in Z. Razi and R. Smith, eds, *Medieval Society and the Manor Court* (Oxford, 1996), 162-98; R. B. Goheen, 'Peasant Politics? Village Community and the Crown in Fifteenth-Century England', *American Historical Review* 96 (1991): 42-62.

(32) S. Shahar, *The Fourth Estate: A History of Women in the Middle Ages* (London, 1983).

(33) R. M. Smith, 'Geographical Diversity in the Resort to Marriage in Late Medieval Europe', in P. J. P. Goldberg, ed., *Women in Medieval English Society* (Stroud, 1997), 16-59.

(34) A. J. Duggan, ed., *Queens and Queenship in Medieval Europe* (Woodbridge, 2002); S. J. Johns, *Noblewomen, Aristocracy and Power in the Twelfth-Century Anglo-Norman Realm* (Manchester, 2003).

(35) K. Parker, 'Lynn and the Making of a Mystic', in J. H. Arnold and K. J. Lewis, eds, *A Companion to the Book of Margery Kempe* (Cambridge, 2004), 55-74.

(36) William Caxton, *The Game of Chess* (London, 1870) (facs. BL King's Library C.10.b.23), second traytye, pars 11.

(37) Ibn Khaldûn, *The Muqaddimah*, trans. R. Rosenthal, abridged by N. J. Dawood (Princeton, 2005), 279〔イブン＝ハルドゥーン『歴史序説』全4巻，森本公誠訳，岩波文庫，2001年〕.

(38) J. Abu-Lughod, *Before European Hegemony: The World System AD 1250-1350* (Oxford, 1989)〔ジャネット L. アブー＝ルゴド『ヨーロッパ覇権以前――もうひとつの世界システム』上・下，佐藤次高ほか訳，岩波書店，2001年／岩波人文書セレクション，2014年／岩波現代文庫，2022年〕.

(39) P. Spufford, *Power and Profit: The Merchant in Medieval Europe* (London, 2002), 248-55, 309-18; P. Freedman, *Out of the East: Spice and the Medieval Imagination* (New Haven, 2008).

(40) Spufford, *Power and Profit*, 311.

(41) V. Hansen, *The Silk Road: A New History* (Oxford, 2012)〔ヴァレリー・ハンセン『図説 シルクロード文化史』田口未和訳，原書房，2016 年〕.

(42) J. de Vries, 'The Limits of Globalization in the Early Modern World', *Economic History Review* 63 (2010).

(43) 一つの重要な例として，直近の次の文献を参照．S. Davis-Secord, *Where Three Worlds Met: Sicily in the Early Medieval Mediterranean* (Ithaca, 2017).

(44) D. Nirenberg, 'Mass Conversion and Genealogical Mentalities: Jews and Christians in Fifteenth-Century Spain', *Past & Present* 174 (2002); S. A. Epstein, *Speaking of Slavery: Color, Ethnicity and Human Bondage in Italy* (Ithaca, 2001).

(45) B. Jervis, 'Assembling the Archaeology of the Global Middle Ages', *World Archaeology* 49 (2017).

(46) 後者について，部分的には以下を参照．J. Rubin, *Learning in a Crusader City: Intellectual Activity and Intercultural Exchanges in Acre, 1191-1291* (Cambridge, 2018).

(47) M. A. Gomez, *African Dominion: A New History of Empire in Early and Medieval West Africa* (Princeton, 2018), 106.

(48) そのような試みの一つとして，以下を参照．M. S. G. Hodgson, *The Venture of Islam: Conscience and History in a World Civilization,* 3 vols (Chicago, 1974).

(49) R. I. Moore, 'A Global Middle Ages?', in J. Belich, et al., eds, *The Prospect of Global History* (Oxford, 2016).

(50) D. Goodall and A. Wareham, 'The Political Significance of Gifts of Power in the Khmer and Mercian Kingdoms 793-926', *Medieval Worlds* 6 (2017): 156-95 at p. 179.

(51) 代表的な例を挙げれば，S. Yarrow, 'Masculinity as a World Historical Category of Analysis', in J. H. Arnold and S. Brady, eds, *What Is Masculinity?* (Houndmills, 2011); R. Forster and N. Yavari, eds, *Global Medieval: Mirrors for Princes Reconsidered* (Boston, 2015); J. T. Palmer, 'The Global Eminent Life: Sixth-Century Collected Biographies from Gregory of Tours to Huijiao of Jiaxiang Temple', *Medieval Worlds* 8 (2018).

(52) K. Davis, *Periodization and Sovereignty: How Ideas of Feudalism and Secularization Govern the Politics of Time* (Philadelphia, 2008); G. Heng, 'Early Globalities, and its Questions, Objectives and Methods', *Exemplaria* 26 (2014).

(53) C. Holmes and N. Standen, eds, *The Global Middle Ages* (Oxford, 2018).

(54) R. Zhu, et al., *A Social History of Middle Period China* (Cambridge, 2016).

(55) N. Standen, 'Colouring Outside the Lines: Methods for a Global History of Eastern Eurasia, 600-1350', *TRHS*, 6th series, 29 (2019): 62.

(56) 近世史のさまざまな挑発的な視点については，以下を参照．J.-P. Ghobrial,

ed., *Global History and Microhistory* (Oxford, 2019).

(57) E. Power, 'A Plea for the Middle Ages', *Economica* 5 (1922): 180.

(58) Peter Schott, *Lucubratiunculae* (Strasbourg, 1497), fol. 116. 英訳は次の文献. G. G. Coulton, *Life in the Middle Ages* (Cambridge, 1928), I, 242.

(59) D. Dymond, 'God's Disputed Acre', *Journal of Ecclesiastical History* 50 (1999): 464-97.

(60) M. Bakhtin, *Rabelais and His World* (Bloomington, 1984)〔ミハイール・バフチーン『フランソワ・ラブレーの作品と中世・ルネッサンスの民衆文化』川端香男里訳, せりか書房, 1973年/新装版, 1980年〕.

(61) J. Delumeau, *Catholicisme entre Luther et Voltaire* (Paris, 1971).

(62) J. Le Goff, *Time, Work and Culture in the Middle Ages* (Chicago, 1980)〔ジャック・ル・ゴフ『もうひとつの中世のために――西洋における時間, 労働, そして文化』加納修訳, 白水社, 2006年〕; J.-C. Schmitt, 'Religion Populaire et Culture Folklorique', *Annales ESC* 31 (1976): 941-53.

(63) J. van Engen, 'The Christian Middle Ages as an Historiographical Problem', *American Historical Review* 91 (1986): 519-52. これに応えたものとして, J.-C. Schmitt, 'Religion, Folklore, and Society in the Medieval West', in L. K. Little and B. H. Rosenwein, eds, *Debating the Middle Ages* (Oxford, 1998), 376-87.

(64) R. Schnell, 'The Discourse on Marriage in the Middle Ages', *Speculum* 73 (1998): 771-86.

(65) H. Grundmann, 'Litteratus-illitteratus', *Archiv für Kulturgeschichte* 40 (1958): 1-65. 本論文の英訳は次の文献に所収. J. K. Deane, ed., *Herbert Grundmann (1902-1970): Essays on Heresy, Inquisition and Literacy* (York, 2019). また, M. Irvine, *The Making of Textual Culture* (Cambridge, 1994); M. T. Clanchy, *From Memory to Written Record*, 2nd edn (Oxford, 1993).

(66) D. H. Green, 'Orality and Reading', *Speculum* 65 (1990): 267-80.

(67) A. Gurevich, 'Oral and Written Culture of the Middle Ages', *New Literary History* 16 (1984): 51-66; J. M. H. Smith, 'Oral and Written: Saints, Miracles and Relics in Brittany c. 850-1250', *Speculum* 65 (1990): 309-43; M. Innes, 'Memory, Orality and Literacy in an Early Medieval Society', *Past & Present* 158 (1998): 3-36.

(68) R. Fletcher, *The Conversion of Europe* (London, 1997); P. Brown, *The Rise of Western Christendom*, 2nd edn (Oxford, 2003).

(69) M. Camille, *Image on the Edge: The Margins of Medieval Art* (London, 1992)〔マイケル・カミール『周縁のイメージ――中世美術の境界領域』永澤峻, 田中久美子訳, ありな書房, 1999年〕.

(70) R. McKitterick, ed., *Carolingian Culture* (Cambridge, 2003).

(71) 以下も参照のこと. D. Crouch, *The Chivalric Turn: Conduct and Hegemony in*

Europe before 1300 (Oxford, 2019).
(72) J. Baldwin, *Masters, Princes and Merchants: The Social Views of Peter the Chanter and His Circle*, 2 vols (Princeton, 1970); P. Biller, *The Measure of Multitude: Population in Medieval Thought* (Oxford, 2001).
(73) H. Grundmann, *Religious Movements in the Middle Ages* (Notre Dame, 1995).
(74) J.-C. Schmitt, *The Holy Greyhound* (Cambridge, 1983); M. G. Pegg, *The Corruption of Angels: The Great Inquisition of 1245-1246* (Princeton, 2001).
(75) J. M. Bennett, 'Writing Fornication', *TRHS*, 6th series, 13 (2003): 131-62.
(76) V. Reinburg, 'Liturgy and the Laity', *Sixteenth-Century Journal* 23 (1992): 529-32.
(77) M. Goodich, 'The Politics of Canonization in the Thirteenth Century', *Church History* 44 (1975): 294-307; A. Kleinberg, *Prophets in Their Own Country: Living Saints and the Making of Sainthood in the Later Middle Ages* (Chicago, 1992).
(78) L. A. Smoller, 'Defining the Boundaries of the Natural in Fifteenth-Century Brittany', *Viator* 28 (1997): 333-59.
(79) R. Rusconi, *L'ordine dei peccati* (Bologna, 2002); A. Vauchez, ed., *Faire croire* (Rome, 1981).
(80) W. C. Jordan, *The French Monarchy and the Jews from Philip Augustus to the Last Capetians* (Philadelphia, 1989).
(81) J. B. Given, 'Chasing Phantoms: Philip IV and the Fantastic', in M. Frassetto, ed., *Heresy and the Persecuting Society in the Middle Ages* (Leiden, 2006), 273.
(82) J. R. Strayer, *On the Medieval Origins of the Modern State* (Princeton, 1970)〔ジョセフ・ストレイヤー『近代国家の起源』鷲見誠一訳，岩波新書，1975年〕.
(83) 次の2点を比較されたい．D. Barthélemy, *La Mutation de l'an mil a-t-elle eu lieu? Servage et chevalerie dans la France des Xe et XIe siècles* (Paris, 1997); T. Bisson, *The Crisis of the Twelfth Century* (Princeton, 2008).
(84) C. Wickham, *Framing the Early Middle Ages* (Oxford, 2005), 56-150.
(85) R. Bonney and W. M. Ormrod, eds, *Crises, Revolutions and Self-Sustained Growth* (Stanford, 1998).
(86) S. R. Epstein, 'Town and Country', *Economic History Review* 46 (1993): 464.
(87) P. Wormald, 'Germanic Power Structures', in L. Scales and O. Zimmer, *Power and the Nation in European History* (Cambridge, 2005), 105.
(88) P. Freedman, *Images of the Medieval Peasant* (Stanford, 1999), 242, 38.
(89) V. Groebner, 'Losing Face, Saving Face: Noses and Honour in the Late Medieval Town', *History Workshop Journal* 40 (1995): 1-15.
(90) G. Halsall, ed., *Violence and Society in the Early Medieval West* (Woodbridge, 1998); R. Kaeuper, ed., *Violence in Medieval Society* (Woodbridge, 2000).

(91) R. Weissmann, *Ritual Brotherhood in Renaissance Florence* (New York, 1982).
(92) M. McLaughlin, *Consorting with Saints: Prayer for the Dead in Early Medieval France* (Ithaca, 1994), 176-7.
(93) G. Koziol, 'England, France and the Problem of Sacrality in Twelfth-Century Ritual', in T. Bisson, ed., *Cultures of Power* (Philadelphia, 1995), 124-48; 次の文献も参照. N. Vincent, *The Holy Blood: King Henry III and the Westminster Blood Relic* (Cambridge, 2001), 186-201.
(94) J. Nelson, 'Royal Saints and Early Medieval Kingship', *Studies in Church History* 10 (1973): 39-44; G. Klaniczay, *Holy Rulers and Blessed Princesses: Dynastic Cults in Medieval Central Europe* (Cambridge, 2002).
(95) G. Ferzoco, *Il murale di Massa Marittima* (Leicester, 2005).
(96) J. Gillingham, *The English in the Twelfth Century* (Woodbridge, 2000), および Patrick Wormald, 'Engla Lond: The Making of Allegiance', *Journal of Historical Sociology* 1 (1994): 1-24.
(97) M. Innes, *State and Society in the Early Middle Ages* (Cambridge, 2000).
(98) Smail, *Imaginary Cartographies*; G. L. Harriss, 'Political Society and the Growth of Government in Late Medieval England', *Past & Present* 138 (1993): 28-57; A. Musson and W. M. Ormrod, *The Evolution of English Justice* (Basingstoke, 1998).
(99) S. K. Cohn, *The Lust for Liberty: The Politics of Social Revolt in Europe 1200-1425* (Cambridge, MA, 2006); D. A. Carpenter, 'English Peasants in Politics, 1258-1267', *Past & Present* 136 (1992): 3-42; C. Liddy, 'Urban Conflict in Late Fourteenth-Century England', *English Historical Review* 118 (2003): 1-32.

第5章

(1) 引用元は次の文献. Southern, 'Aspects of the European Tradition . . . IV', *TRHS*, 5th series, 23 (1973): 252.
(2) R. W. Southern, *History and Historians*, ed. R. J. Bartlett (Oxford, 2004), 133.
(3) O. G. Oexle, 'The Middle Ages through Modern Eyes', *TRHS*, 6th series, 9 (1999): 121-42.
(4) S. Reynolds, 'The Idea of the Nation as a Political Community', in L. Scales and O. Zimmer, *Power and the Nation in European History* (Cambridge, 2005), 54-66.
(5) D. Nirenberg, 'Mass Conversion and Genealogical Mentalities: Jews and Christians in Fifteenth-Century Spain', *Past & Present* 174 (2002): 3-41; S. A. Epstein, *Speaking of Slavery: Color, Ethnicity and Human Bondage in Italy* (Ithaca, 2001); S. Ahmed, 'Race as Sedimented History', *Postmedieval: A Journal of Medieval Cultural Studies* 6 (2015). 同誌に掲載された他の小論および次の文献も参照のこと. G. Heng, *The Invention of Race in the European Middle Ages* (Cambridge, 2018).

(6) この種のさまざまな視点については，次の文献の新しい後書きを参照．F. Fukuyama, *The End of History and the Last Man* (London, 2006)〔フランシス・フクヤマ『歴史の終わり』上・下，渡部昇一訳・解説，三笠書房，1992年／新版，2020年〕．また，R. Scruton, *The West and the Rest* (London, 2003); S. Huntingdon, *The Clash of Civilizations and the Remaking of the World Order* (New York, 1996)〔サミュエル・ハンチントン『文明の衝突』鈴木主税訳，集英社，1998年〕．

(7) より深い根源に関する持続的な分析については，次の文献を参照．Matthew X. Vernon, *The Black Middle Ages: Race and the Construction of the Middle Ages* (Basingstoke, 2018)．

(8) W. C. Jordan, 'Saving Medieval History', in J. van Engen, ed., *The Past and Future of Medieval Studies* (Notre Dame, 1994), 264–5; B. Holsinger, 'Medieval Studies, Postcolonial Studies, and the Genealogies of Critique', *Speculum* 77 (2002): 195–227; B. Holsinger, *The Premodern Condition* (Chicago, 2005)．

(9) J. C. Scott, *Domination and the Arts of Resistance* (Yale, 1992); C. Taylor, *Sources of the Self* (Harvard, 1992)〔チャールズ・テイラー『自我の源泉――近代的アイデンティティの形成』下川潔，桜井徹，田中智彦訳，名古屋大学出版会，2010年〕．〔ジェームズC. スコットについては以下の邦訳があり，歴史学にも刺激を与えている．『モーラル・エコノミー――東南アジアの農民叛乱と生存維持』高橋彰訳，勁草書房，1999年；『ゾミア――脱国家の世界史』佐藤仁監訳，みすず書房，2013年；『実践 日々のアナキズム――世界に抗う土着の秩序の作り方』清水展，日下渉，中溝和弥訳，岩波書店，2017年；『反穀物の人類史――国家誕生のディープヒストリー』立木勝訳，みすず書房，2019年．また，日本語に訳されているノルベルト・エリアスの重要な業績の一部は以下である．『文明化の過程(上) ヨーロッパ上流階層の風俗の変遷』赤井慧爾，中村元保，吉田正勝訳，法政大学出版局，1977年／新装版，2004年／改装版，2010年；『文明化の過程(下) 社会の変遷／文明化の理論のための見取図』波田節夫，溝辺敬一，羽田洋，藤平浩之訳，法政大学出版局，1978年／新装版，2004年／改装版，2010年；『宮廷社会』波田節夫，中埜芳之，吉田正勝訳，法政大学出版局，1981年〕

(10) L. Zhang, *The River, the Plain, and the State: An Environmental Drama in Northern Song China, 1048–1128* (Cambridge, 2016); T. Johnson, *Law in Common: Legal Cultures in Late-Medieval England* (Oxford, 2020)の第3章．

(11) M. Kestemont, V. Christlein and D. Stutzman, 'Artificial Paleography: Computational Approaches to Identifying Script Types in Medieval Manuscripts', *Speculum* 92 (2017)．

(12) 主に文学研究での展開については，以下を参照．K. Van Eickels, R. Weichselbaumer and I. Bennewitz, eds, *Mediaevistik und Neue Medien* (Ostfildern, 2004)．

(13) 本書の初版を書いた時点で見てとれた初期の展開については，以下を参照．
L. K. Little, 'Cypress Beams, Kufic Script and Cut Stone: Rebuilding the Master Narrative of European History', *Speculum* 79 (2004): 909-28; J. P. Arnason and B. Wittrock, eds, *Eurasian Transformations, Tenth to Thirteenth Centuries* (Leiden, 2004).

(14) J. M. Bennett, 'Our Colleagues, Ourselves', in van Engen, ed., *The Past and Future of Medieval Studies*, 245-58.

(15) J. R. Strayer, 'The Future of Medieval History', *Medievalia et Humanistica* n.s. 2 (1971): 179-88.

【著者】
ジョン・H. アーノルド(John H. Arnold)
1969年生．中世フランス史．ヨーク大学で中世学(Medieval Studies)のPh.D.を取得．イースト・アングリア大学，ロンドン大学バークベック校を経て，現在，ケンブリッジ大学歴史学部教授．邦訳に『歴史〈1冊でわかる〉』(新広記訳，福井憲彦解説，岩波書店，2003年)．中世異端の問題を皮切りに，中世社会における多様な信仰実践など，幅広く宗教と文化の問題に取り組む．

【訳者】
図師宣忠
1975年生．中世フランス史．京都大学博士(文学)．甲南大学文学部教授．著書に『エーコ『薔薇の名前』――迷宮をめぐる〈はてしない物語〉』(慶應義塾大学出版会，2021年)ほか．中世の異端審問記録の作成・保管・利用の実態を探り，「声の文化」と「文字の文化」が織りなす関係の変容を追跡する．

赤江雄一
1971年生．中世イングランド史および教会史．リーズ大学で中世学のPh.D.を取得．慶應義塾大学文学部教授．著書に *A Mendicant Sermon Collection from Composition to Reception* (Brepols, 2015)ほか．活版印刷以前の〈マス・メディア〉としての托鉢修道会の説教を糸口として，宗教・文化・政治・学問が絡み合う中世のインテレクチュアル・ヒストリーを探究する．

中世史とは何か　　ジョン・H. アーノルド

2022年12月23日　第1刷発行

訳　者　図師宣忠(ずしのぶただ)　赤江雄一(あかえゆういち)

発行者　坂本政謙

発行所　株式会社 岩波書店
〒101-8002 東京都千代田区一ツ橋2-5-5
電話案内 03-5210-4000
https://www.iwanami.co.jp/

印刷・法令印刷　カバー・半七印刷　製本・牧製本

ISBN 978-4-00-061577-8　　Printed in Japan